高等职业教育专业教材

中国轻工业“十三五”规划教材

保健食品GMP实施与管理

主 编
孙金才

中国轻工业出版社

图书在版编目(CIP)数据

保健食品GMP实施与管理/孙金才主编.—北京:
中国轻工业出版社,2021.2
ISBN 978-7-5184-3276-9

Ⅰ.①保… Ⅱ.①孙… Ⅲ.①疗效食品—食品工业—
质量管理体系—中国 Ⅳ.①F426.82

中国版本图书馆CIP数据核字(2020)第232099号

责任编辑:张 靓　　责任终审:张乃柬　　封面设计:锋尚设计
版式设计:砚祥志远　　责任校对:吴大鹏　　责任监印:张 可

出版发行:中国轻工业出版社(北京东长安街6号,邮编:100740)
印　　刷:三河市万龙印装有限公司
经　　销:各地新华书店
版　　次:2021年2月第1版第1次印刷
开　　本:710×1000　1/16　印张:19.25
字　　数:380千字
书　　号:ISBN 978-7-5184-3276-9　定价:46.00元
邮购电话:010-65241695
发行电话:010-85119835　传真:85113293
网　　址:http://www.chlip.com.cn
Email:club@chlip.com.cn
如发现图书残缺请与我社邮购联系调换
200084J2X101ZBW

本书编写人员

主　编　孙金才（浙江医药高等专科学校、海通食品集团有限公司）

副主编　周春晖（广东轻工职业技术学院）

王彩霞（宁波御坊堂生物科技有限公司）

参　编　（以姓氏笔画为序）

邓鸿铃（广东食品药品职业学院）

朱金燕（安庆医药高等专科学校）

刘爱琴（浙江医药股份有限公司）

许新德（浙江医药股份有限公司）

肖功年（浙江科技学院）

杨媛媛（南阳医学高等专科学校）

张小涛（浙江医药高等专科学校）

前　言

在工业发达、全球经济一体化进程不断加快的今天，大众消费观念升级，人民对美好生活的诉求不断增加，消费者对食品质量与安全、营养与功能等要求日益提高。随着食品科学和营养保健的基本知识和技术要求不断进步，食品、保健食品相应的法律法规标准更新随之加快。

保健食品生产是一个复杂而又严格的过程，也是影响和决定保健食品质量的关键环节，需要完善和严谨的质量管理体系来支撑。保健食品 GMP 的实施与管理既可以规范保健食品生产环节和保障产品质量，也可以衡量保健食品生产企业的技术水平，更是保健品开发与管理专业、保健食品质量与管理专业学生必须掌握的专业知识。

本教材根据应用教育、高职高专的教育特色，以食品行业技术领域对食品及保健食品岗位的任职要求及其职业能力分析为依据，遵循“以就业为导向、全面素质为基础、职业能力为本位”的原则，把保健食品生产质量管理不断更新和发展的新技术、新设备、新方法引入教材中。

全书共分十二章。内容包括：保健食品 GMP 和质量管理，机构与人员管理、厂房与设施管理、设备管理、物料与产品管理、文件管理、生产管理、品质控制与品质保证等管理，新增了供应商管理、产品销售与产品召回管理、委托生产管理与检验、原料提取物与复配营养素管理、保健食品生产许可管理，以及保健食品 GMP 典型案例等内容。每一章设有知识目标、能力目标和思考题模块，并设有必要的案例讨论、拓展阅读、知识链接以及实训操作模块。

本教材主要编写人员由具有十年以上食品企业工作经历人员组成，侧重企业、行业，突出实用，达到实学实效的目的。具体编写分工如下：第一章、第二章由孙金才、肖功年编写，第三章由王彩霞编写，第四章由朱金燕编写，第五章由邓鸿铃、周春晖编写，第六章由邓鸿铃、王彩霞编写，第七章由杨媛媛编写，第八章由周春晖编写，第九章、第十章由许新德、刘爱琴编写，第十一章由王彩霞、孙金才编写，第十二章由张小涛、孙金才编写。全书由孙金才、周春晖统稿。

本教材的编写得到众多专家的支持和指导，也得到了著名保健食品企业和行业内人士的指导，在此致以衷心的感谢！

本教材编写过程中参考了大量国内外文献资料和相关专业网站资料，有些未能列出，在此向这些文献资料的作者表示感谢！

保健食品生产的法律法规和技术标准在不断更新，管理要求也在不断提高，涉及相应的内容、管理要求时，以最新的为准。

由于编者水平有限，书中疏漏及不妥之处恳请读者不吝指正。

编者

2020 年 9 月

目 录 CONTENTS

第一章

保健食品GMP概述

知识目标

1. 掌握保健食品生产和质量管理的基本概念。
2. 熟悉保健食品生产质量管理的内容和特点；实施保健食品 GMP 的目的和意义。
3. 了解保健食品生产质量管理的实施依据；保健食品行业现状及其发展趋势。

能力目标

1. 能够简述保健食品 GMP 的特点及其各要素的关系。
2. 能够正确理解实施保健食品生产质量管理的重要意义。
3. 能够基本理解保健食品生产质量管理的内容，了解行业现状与发展趋势。

第一节　保健食品生产质量管理认识

我国保健食品行业伴随着国家经济发展而兴起，经济发展促进了消费水平的提高。2019 年我国人均 GDP 已逾越 1 万美元，大众消费观念升级，健康管理意识增强，人民对美好生活的诉求不断增加，居民人均寿命不断提高。随着大健康时代的来临，大多数居民在步入小康社会后更关注健康，食品的营养和保健功能越来越受到人们的重视。作为一个新兴产业，保健食品是在争论中发展起来的，食品科学和健康营养的基本知识和技术要求不断进步，食品、保健食品相应的法律法规标准更新随之加快，保健食品良好生产规范也有了新的要求和变化，实施保健食品质量管理，持续改进运营和管理方式，以更好地增进顾客满意度，提高企业组织整体绩效。

一、 概念

（一）保健食品相关概念

1. 保健食品（health food）

保健食品亦称功能性食品，是一个特定的食品种类。它具有调节人体功能的作用，但不以治疗疾病为目的，适宜于特定人群食用。国家把保健食品列入特殊食品实行严格监督管理。

保健食品具有明确的法律定位，产品属性为食品。GB 16740—2014《食品安全国家标准　保健食品》中对保健食品有严格定义：保健食品是指声称并具有特定保健功能或者以补充维生素、矿物质为目的的食品，即适宜于特定人群食用，具有调节机体功能，不以治疗疾病为目的，并且对人体不产生任何急性、亚急性或者慢性危害的食品。

2. 保健食品需符合的条件

（1）经必要的动物和人群功能试验，证明其具有明确、稳定的保健作用。

（2）各种原料及其产品必须符合食品卫生要求，对人体不产生任何急性、亚急性或慢性危害。

（3）配方的组成及用量必须具有科学依据，需具有一种以上明确的功效成分。

（4）标签、说明书及广告不得宣传疗效作用。

3. 食品良好生产规范

良好生产规范（Good Manufacture Practice，GMP）也称良好生产质量管理规范。食品 GMP 是通过对产品生产加工应具备的硬件条件和管理要求加以规定，从选址、厂房、车间内部结构到生产设备、原料、人员、生产过程、制度等各方面符合国家规定的要求，具备基本的食品生产的条件，并在生产的全过程实施科学管理和严格监控来获得产品预期质量。国际上，食品 GMP 多以法律、法规和技术规范等形式体现，是对食品生产经营企业强制性的要求。

（二）保健食品质量管理的概念

《中华人民共和国食品安全法》明确指出：“国家对保健食品、特殊医学用途配方食品和婴幼儿配方食品等特殊食品实行严格监督管理。”保健食品作为特殊食品，应获得注册或备案。“依法应当注册的保健食品，注册时应当提交保健食品的研发报告、产品配方、生产工艺、安全性和保健功能评价、标签、说明书等材料及样品，并提供相关证明文件”，“依法应当备案的保健食品，备案时应当提交产品配方、生产工艺、标签、说明书以及表明产品安全性和保健功能的材料”，“生产保健食品的企业，应当按照良好生产规范的要求建立与所生产食品相适应的生产质量管理体系”。

《保健食品注册与备案管理办法》第三条指出：“对申请注册的保健食品的安全性、保健功能和质量可控性等相关申请材料进行系统评价和审评”，“保健食品生产企业依照法定程序、条件和要求，将表明产品安全性、保健功能和质量可控性的材料提交食品药品监督管理部门进行存档、公开、备查”，体现了要加强保健食品的质量管理。保健食品注册与备案是保证保健食品质量、保障人体食用安全和健康而采取的保健食品管理必要的控制措施。保健食品的质量标准是达到生产合法性、质量可控性、食用安全性和营养保健的有效性保障，这就要求在保健食品生产过程中加强质量管理。保健食品的质量不仅取决于生产过程的质量管理，还包括产品配方的合理性、工艺设计的科学性。《保健食品良好生产规范》又称《保健食品 GMP》（GMP 也称生产质量管理），是将保健食品生产中发生的差错和误差、各类污染的可能性降到最低程度所规定的必要条件和管理措施，是保健食品生产全过程的质量管理制度。

二、 保健食品 GMP 的内容和特点

（一）内容

为规范保健食品良好生产质量管理，根据《中华人民共和国食品安全法》及其实施条例、《食品企业通用卫生规范》等，我国制定了保健食品 GMP，该规范是保健食品生产质量管理的基本准则，规定了保健食品生产企业的机构与人员、厂房与设施、设备、物料与成品、生产管理、质量管理和文件管理等方面的基本要求，保健食品 GMP 适用于所有保健食品生产企业。

（1）机构与人员　企业应当建立与保健食品生产相适应的管理机构，各机构和人员职责应当明确，包括对有关人员学历、专业、能力的要求及人员培训、健康、个人卫生等的要求。

（2）厂房与设施　包括对选址、总体布局、厂房设计、厂房布局、设施等的要求。

（3）设备　根据保健食品生产的条件，规定了不同保健食品的生产所必须具备的硬件设施。

（4）物料与成品　制定保健食品生产所用原辅料和包装材料的采购、验收、储存、发放和使用等管理制度。

（5）文件管理　建立文件的起草、修订、审查、批准、撤销、印制及保管的管理制度。

（6）生产管理　包括对生产工艺规程与岗位操作规程、工艺卫生与人员卫生、生产过程管理、标签与标识管理等的要求。

（7）质量管理　建立独立的、与生产能力相适应的质量管理机构，制定质量管理制度，明确质量管理部门的权利和责任，包括对质量检验所需的设备条件和人员条件及检验的要求。

（二）特点

保健食品良好生产质量管理与预防为主、全过程的质量管理的核心理念是一致的。主要涉及以下三个方面：①人员是关键要素——软、硬件系统及管理的制定者、实施者；②硬件是基础要素——厂房布局，生产环境、设施及设备和仪器，原辅材料；③软件是保障要素——完整的一套文件管理体系，规范企业行为的一系列标准，以及执行标准结果的记录。这三个方面是组成保健食品良好生产质量管理的要素。

1. 人员要素

作为一个企业，从产品设计、研制、生产、质量控制到销售的全过程中，“人”是最重要的因素。产品质量的优劣是全体员工工作质量好坏的反映，因为优良的设备和仪器要由人来操作，好的软件系统要由人来制订和执行，完好的环境、设施和供应要由人来持续维护、保障。人员的培训工作是一个企业生产质量工作开展、深入和持续的关键，必须加强员工的培训、教育工作。在组成生产质量的三大要素当中，人是最重要的，因为再好的设备和操作规程，没有高素质的人去操作就不可能出好产品。因此，保健食品生产企业应有计划、有目的地进行培训教育工作，建立个人培训档案，定期考核记录。具有高素质的人员是实施保健食品 GMP 的关键。

2. 硬件要素

实行良好生产质量管理是关系到企业发展的大事，而硬件的改造和完善是实施生产质量管理的必要条件。谈到良好的硬件设施人们普遍认为要有充足的资金投入。诚然，充足的资金投入是硬件建设的保障，但对于企业来说，资金充足与否始终是相对的，都要将投入的资金计入成本。因此，如何用有限的资金完成生产质量硬件改造和建设，成为企业在生产质量管理实施过程中必须首要考虑的问题。

在新厂房筹建或老厂房改造之前，应进行深入细致地评估和论证，广泛征求注册与备案、生产车间、研发技术、质量管理、设备和供应等部门的意见，对照生产质量的要求，就设备的选型、装修材料的挑选、工艺流程的布局进行综合考虑，制订出合理的资金分配方案，使有限的资金发挥最大的效能；而不应本末倒置，在外围生产区域装修上占用较多的资金，使关键的生产设备、设施因陋就简，这将给未来的生产埋下隐患。良好的厂房设备、完善的设施是重要的基础条件。

3. 软件要素

软件不如硬件那样直观、引人注目，常遭忽视。质量是设计和制造出来的，而产品的质量要通过遵循各种标准的操作和管理来保证，这就需要一套经过验证的、具有实用性的、可行性的软件系统。同其他事物一样，企业的软件管理也经历了一个形成、发展和完善的过程。从纵向看，各种技术标准、管理标准、工作标准是在长期的生产过程及各类验收检查、质量审计中逐步形成的，这一时期的各类标准是低水平、粗线条的。

此后随着生产质量实践的不断深入，从中细化出了各类具有实用和指导意义的软件标准操作规程（SOP）和标准管理规程（SMP）。良好的文件是质量保证体系不可缺少的基本部分，也是实施 GMP 的关键，其目的在于保证生产经营活动的全过程按书面文件进行运作，以减少口头交接所产生的错误。各产品生产企业都应建立一套由标准和记录组成的文件系统，必须建立和健全一切涉及产品生产、质量控制、营销活动所必需的书面标准、规程、办法、程序、职责、工作内容等，以及在实际生产活动中执行标准的每一项行为的记录。所有文件的标题、内容及目的均要表达清楚，用词明确，以便操作者能正确有效地使用，文件应格式化，语言应规范化。具有实用性、可行性的软件系统是产品质量的重要保证。

三、 实施保健食品 GMP 的目的和意义

《中华人民共和国食品安全法》第八十三条规定：生产保健食品，特殊医学用途配方食品、婴幼儿配方食品和其他专供特定人群的主辅食品的企业，应当按照良好生产规范的要求建立与所生产食品相适应的生产质量管理体系，定期对该体系的运行情况进行自查，保证其有效运行，并向所在地县级人民政府食品安全监督管理部门提交自查报告。保健食品的生产经营，实行严格监督管理。

（一）实施保健食品 GMP 的目的

（1）防止差错，防止计量传递和信息传递失真，把人为的误差降低到最低限度。

（2）防止生产过程中保健食品遭受污染或品质劣变；防止不同保健食品或其组分之间发生混杂；防止由其他保健食品或其他物质带来的交叉污染的情况发生，包括物理污染、化学污染、生物污染等。

（3）保证质量管理体系的高效性。建立完善的生产质量管理体系，防止遗漏任何生产和检验步骤的事故发生；防止任意操作不执行与低限投料等违章违法事故发生，保证保健食品的质量。

（二）实施保健食品 GMP 的意义

（1）有利于保健食品企业提高质量管理水平。食品生产企业实施 GMP，就是

完善企业质量管理体系，进行前瞻性的以预防为主的风险管理，确保生产出合格的产品，对提高整体质量管理水平有着积极的作用。

(2) 有利于促进保健食品企业质量管理科学化、规范化，提高企业加强自身质量管理的自觉性，提高保健食品产业整体管理水平。

(3) 有利于标准化管理。保健食品生产企业推行 GMP，全过程运用标准化模式管理，有利于生产过程遵循统一的规范标准，有利于对我国食品企业的质量管理体系与产品质量为国际所认可，促进保健食品企业的公平竞争。

(4) 有利于提高产品的竞争能力。保健食品质量依赖于企业的技术能力和管理水平，实施 GMP 并能通过认证，就是获得企业信誉和产品质量的一个佐证，是企业形象的重要标志。

(5) 有利于保护消费者的利益。推行 GMP 是保健食品企业保障人民食用安全和健康的体现，企业肩负着重大的社会责任。

(6) 有利于提高监督管理部门对保健食品企业进行监督管理的水平。

保健食品 GMP 实施，能最大限度地降低保健食品生产过程中的人为差错，防止保健食品在生产过程中遭到污染、混淆，建立健全的自主性质量保证体系。其中心指导思想是任何产品的质量是设计和生产出来的，而不是检验出来的。因此，必须以预防为主，实行全面质量管理。保健食品 GMP 制度是对生产企业及管理人员的长期保持和行为实行有效控制和制约的措施。

四、 保健食品 GMP 的历史及发展

保健食品良好生产管理规范又称保健食品 GMP，其概念来源于食品 GMP，而食品 GMP 的概念又是借鉴药品 GMP。20 世纪 50 年代的“反应停事件”，促使美国食品与药物管理局（FDA）在 1963 年颁布了世界上第一部药品良好生产规范（药品 GMP，Good Manufacture Practice for Drugs）。1969 年，美国以联邦法规的形式颁布了食品的 GMP 基本法，即《食品制造、加工、包装、储运的现行良好操作规范》，简称 FGMP 基本法。同年，FDA 将药品 GMP 应用到食品卫生质量管理中，制定了《食品良好生产工艺通则》，简称 CGMP。

世界卫生组织（WHO）认可并采纳了 GMP 体系的观点，积极建议各成员国制定食品的 GMP。国际食品法典委员会（CAC）制定了《食品卫生通则》（CC/RCP1—1969）以及 30 多种食品卫生实施法规，供各会员国政府在制定食品法规时作参考。在 CAC 先后制定的 190 多个食品国际标准中都涉及了 GMP。

我国食品企业质量管理规范的制定工作起步于 20 世纪 80 年代，从 1988 起先后颁布了 19 个食品企业卫生规范，主要控制食品的卫生质量，提高了我国食品企业的整体生产条件和管理水平。1994 年颁布了《食品企业通用卫生规范》（GB 14881—1994），但随着后来营养型、保健型和特殊人群专用的食品生产企业迅速增加，食品品种日益增多，单纯控制卫生质量的措施已不适应企业品质管

理的需要，于是1998年，原卫生部发布了GB 17405—1998《保健食品良好生产规范》。规范于1999年1月1日起实施，属强制性国家标准，内容涵盖保健食品生产过程的全部内容，包括人员、设计与设施、原料、生产过程、品质管理、成品储存与运输等。它是保健食品生产全过程的质量管理制度，也就是一般所说的GMP的内容。

《保健食品良好生产规范》是将保证食品质量的重点放在成品出厂前的整个生产过程的各个环节上，而不仅仅是着眼于最终产品，其目的是从根本上保证食品质量。与以往国家制定的食品企业卫生规范有所不同，后者主要以防止污染为主要目的，是对卫生操作方面的要求，而前者的内容包括了保健食品生产过程的卫生要求和质量规格要求，既包括生产过程的质量控制又包括防止污染。

第二节　我国保健食品生产质量管理发展和实施

一、　我国保健食品法律法规和标准

1995年10月发布的《中华人民共和国食品卫生法》，首次确定保健食品的法律地位，规定保健食品“不得有害于人体健康，其产品说明书内容必须真实，该产品功能和成分必须与说明书一致，不得有虚假”。1996年颁布了《保健食品管理办法》，将保健食品纳入法制化管理的轨道。1997年颁布了《保健（功能）食品通用标准》（GB 16740—1997）、《保健食品生产企业通用技术规范》等一系列部门规章及技术标准。1998年5月颁布了《保健食品良好生产规范》（GB 17405—1998）。2002年8月，原卫生部下发了“卫生部关于审查《保健食品GMP》贯彻执行情况的通知”。2003年4月发布了《保健食品良好生产规范审查方法和评价准则》。2005年6月国家食品药品监督管理局发布了《保健食品注册管理办法（试行）》和8个与保健食品申报及审批相关的规定。2014年12月24日国家卫生和计划生育委员会发布《食品安全国家标准　保健食品》（GB 16740—2014）代替GB 16740—1997《保健（功能）食品通用标准》，自2015年5月24日实施。2016年2月国家食品药品监督管理总局公布了《保健食品注册与备案管理办法》，自2016年7月1日起实施，2005年公布的《保健食品注册管理办法（试行）》同时废止。同年又发布了《保健食品注册申请服务指南》《保健食品注册审评审批工作细则》《保健食品生产许可审查细则》。2017年5月颁布了《保健食品备案工作指南（试行）》《保健食品备案产品可用辅料及其使用规定（试行）》《保健食品备案产品主要生产工艺（试行）》。2019年8月，针对保健食品备案管理发布了《保健食品原料目录与保健功能目录管理办法》。2019年8月、11月，先后发布《保健食品标

注警示用语指南》《保健食品命名指南（2019 年版）》，对保健食品的命名与包装标识宣传进行规范。

二、 保健食品质量管理体系

1. ISO 9000 质量管理体系

ISO 9000 质量管理体系由国际标准化组织（ISO）质量管理和质量保证技术委员会（TC176）制定并颁布的适用于所有组织的管理标准。该标准以顾客满意为目标，规定了在产品生产过程中的各项管理要求，使不同国家、不同地区、不同企业之间的贸易往来在质量管理方面有一个统一的要求和规则。该标准使组织能够将自身的质量管理体系与相关的管理体系要求结合或整合，因此往往被企业与其他质量管理体系共同应用，在保健食品业也应用广泛。

2. 危害分析与关键控制点

危害分析与关键控制点（Hazard Analysis and Critical Control Points，HACCP）体系通过识别、分析和评估生产过程中影响安全的危害因素，建立预防控制措施并实施监控，从而达到控制食品安全的目的。它是一个以预防为基础的食品安全生产、质量控制的保证体系。在工作过程的最后环节，要求组织定期对工作效果进行内部审核，及时发现问题并改进。HACCP 是目前国际上公认的最有效的食品安全保证体系。

3. 卫生标准操作程序

卫生标准操作程序（Sanitation Standard Operating Procedure，SSOP）是为了消除保健食品生产加工过程的人为影响因素，使整个加工过程符合国家 GMP 标准而由企业制定的实施清洗、消毒及保持卫生状况的作业指导文件。强调保健食品生产车间、环境、人员及与食品有接触的器具、设备中可能存在的危害的预防及清洁措施。

4. 保健食品 GMP

保健食品 GMP 为保障保健食品安全而制定的贯穿保健食品生产全过程的一系列措施、方法和技术要求。主要解决保健食品生产中的质量问题和安全卫生问题，要求企业具有良好的生产设备、合理的生产过程、完善的卫生与质量以及严格的检测系统，以确保保健食品的安全性和质量符合标准。

5. 保健食品 GMP 与其他质量保证体系的结合

（1）GMP 与 SSOP 结合　SSOP 实际上是在保健食品生产中实现 GMP 全面目标的卫生生产规范，是企业在生产中实施 GMP 全面目标而使用的过程。

（2）GMP 与 HACCP 结合　HACCP 不是一个独立的程序，仅是食品质量保证体系中安全控制的一部分，HACCP 要有效地应用于实施，必须配备预先的基础和程序，HACCP 体系必须建立在遵守现行 GMP 的基础上，GMP 才能有效保证保健食品加工的环境。

（3）GMP与ISO 9000标准体系结合 两者都是以预防为主和全面质量改进为主要内容的质量体系，最终能促使生产方和用户在成本、风险、效益三方面取得最佳组合。

三、 我国保健食品行业现状及产业前景

保健食品在欧美各国被称为“膳食补充剂”，在日本被称为“功能食品”。在我国，只有经过国家市场监督管理总局（原国家食品药品监督管理总局）的批准（含备案）才能称作保健食品。保健食品往往是对日常饮食的补充，它们本质上仍属于食品的范畴，具有一般食品的共性，只是针对特定的适宜人群有一定的保健功能。

我国膳食营养保健食品行业自20世纪80年代起发展至今已有40年的历史，20世纪90年代到2000年前为行业的快速发展期；2010年前后海外知名品牌开始进入国内，刺激行业高速增长；近年来由于监管进一步规范化，行业规模增长相对平稳。据统计数据显示，2016年我国保健食品行业市场规模达到2613.3亿元，2017年市场规模为2938.9亿元，同比增长12.46%。我国保健食品市场持续扩大，保健食品种类也增多，2019年中国保健食品市场规模约为3970亿元。根据我国经济发展状况，以及行业发展趋势，预计2020年我国保健食品行业市场规模将突破4500亿元。保健食品行业正在成为日益增长的、推进健康中国的强大力量。

2018年全国有保健食品生产许可企业2365家，从业人员近1000万。至2019年全国已经获批准注册的国产保健食品有16800多个，已发放保健食品备案凭证3000余个。目前，我国保健食品产品种类主要包括膳食补充剂、传统滋补类、运动营养品及体重管理产品。从注册和备案、生产和销售方面看功能声称，除了补充营养素功能，多数为增强免疫力、缓解体力疲劳、辅助降血脂、抗氧化、辅助降血糖、通便、增加骨密度、改善睡眠、保肝、减肥。保健食品在剂型上，主要为片剂、胶囊，其次为颗粒剂、口服液、粉剂等。

保健食品的保健作用在当今的社会中，已逐步被广大群众所接受。近年来，人们对于养生保健越来越重视，保健食品市场规模持续扩大，老年人希望更长寿、更健康，年轻人随着生活压力的提高，也想通过保健食品缓解体力疲劳、增加免疫力等，使保健食品产业方兴未艾。行业发展主要表现在以下几个方面。

1. 人口老龄化，保健食品消费基数增大、需求欲望提升

国家统计局数据显示，我国60周岁及以上的老年人口约2.5亿，占总人口的17.9%。近几年，老年消费迅速增长，预计2050年老年消费规模将达61.26万亿元。相对较长的寿命横向拉长消费者的可消费时间，增加对保健食品的购买频次，使得社会整体对营养保健食品的需求增长。随着老龄社会的深化，未来我国居民对于医疗保健的需求必将呈指数级增长。

2. 80后、90后将带来健康、保健食品的快速普及

随着80后、90后站上消费主舞台，在快节奏和高强度的现代社会中，亚健康

状态人群扩大，有利于保健食品向青壮年群体渗透。新生代消费者群体的崛起叠加消费观念转型将有效扩容保健食品市场的整体需求。我国的保健食品将进入渗透率和黏性比率提升的快车道。

3. 保健食品销售渠道业态更丰富

不同国家或地区保健食品消费的渠道差异很大，这与行业的成熟度有一定关系。随着保健食品渗透率和人均消费量的提升，保健食品的销售渠道逐步向非直销的药店、商超、专卖店延伸，此外随着消费者结构和习惯的变化，电商渠道也在近几年有了快速的发展。未来，保健食品的销售渠道将更多样，同时融合“互联网＋”的新业态也将逐步呈现。

4. 保健食品细分品类将加快增长

维生素及膳食营养补充剂是全球各国保健食品中占比最大的细分品类，尤其在亚洲各国，占比均近50%，此外还有传统滋补类、运动营养、体重管理保健食品等细分品类。随着人们健康意识的提高，预计2020年后保健食品细分品类将加快增长。

5. 大健康政策利好保健食品产业发展

大健康已成为保健食品市场的新增长力，随着大健康的进一步发展，政策将持续利好保健食品产业。《“健康中国2030”纲要》强调，推进健康中国建设，要坚持预防为主，强化早诊断、早治疗、早康复。而保健食品的主要作用是增强免疫力、促进细胞再生、促进病体康复等，同时也对健康的居民发挥预防和保健作用，大健康政策将有利于保健食品产业发展。

6. 保健食品市场监管将更加严格

国家重拳出击，不断规范行业的健康发展。新成立“特殊食品安全监督管理司”，专门负责保健食品、特殊医学用途配方食品和婴幼儿配方乳粉等特殊食品领域安全；《保健食品注册与备案管理办法》标志着保健食品行业正式步入“注册制”与“备案制”双轨并行时代。国家市场监督管理总局近期发布的《关于规范保健食品功能声称标识的公告》《食品保健食品欺诈和虚假宣传整治问答》《保健食品原料目录与保健功能目录管理办法》《保健食品标注警示用语指南》《保健食品命名指南（2019年版）》等从保健食品原料、功能评价、宣传等各方面进行了进一步规范。未来保健食品行业竞争将进一步加剧，行业整合加速，推动行业优胜劣汰，优质企业将会获得更好的发展空间，而不良的企业势必会被市场淘汰。企业将越来越注重开发好的产品、稳定的质量、先进的工艺。

知识链接

保健食品与食品、药品的异同点

保健食品是介于食品与药品之间的食品，它不同于一般食品又有别于药品，是一类特殊食品。

保健食品具有普通食品的基本属性，包括营养、感官、安全。普通食品适宜于所有人群食用，不具备特定功能，而保健食品有明确的功效成分，具有特定的保健功能，且为特定人群所食用，这是保健食品与普通食品最本质的区别。

保健食品可具有和药品相同的剂型，适宜于特定的人群。但保健食品是以调节机体功能为主要目的，而不是以治疗为目的；保健食品不宣传、不追求药品所具有的临床疗效，可长期服用且对人体不产生任何毒副作用，而药品可允许有一定的毒副作用。

拓展阅读

“反应停”事件

20 世纪 60 年代前后，欧美至少 15 个国家的医生都在使用这种药治疗妇女妊娠反应，很多人吃了药后的确就不吐了，恶心的症状得到了明显的改善，于是它成了“孕妇的理想选择”。于是，“反应停”被大量生产、销售，仅在联邦德国就有近 100 万人服用过“反应停”，“反应停”每月的销量达到了 1t 的水平。在联邦德国的某些州，患者甚至不需要医生处方就能购买到“反应停”。

但随即而来的是，许多出生的婴儿都是短肢畸形，形同海豹，被称为“海豹肢畸形”。1961 年，这种症状终于被证实是孕妇服用“反应停”所导致的。于是，该药被禁用，然而，受其影响的婴儿已多达 1.2 万名。

这起丑闻的产生是因为在“反应停”出售之前，有关机构并未仔细检验其可能产生的副作用，厂商不能提供足够的动物实验和临床试验数据，证明该药物的安全性。最终，“反应停”的销售者支付了赔偿。

思考题

1. 什么是保健食品 GMP？实施保健食品 GMP 的目的和意义是什么？
2. 保健食品 GMP 的具体内容有哪些？
3. 保健食品 GMP 与其他质量管理体系的关系是什么？
4. 我国保健食品质量管理有关的法律、法规、标准主要有哪些？
5. 简述我国保健食品行业现状与发展趋势。

第二章 质量管理

知识目标

1. 掌握质量管理的基本概念、方法及质量形成过程。
2. 熟悉影响食品质量安全的各种要素，质量风险管理的程序和方法。
3. 了解全面质量管理的核心，质量管理机构的主要职责。

能力目标

1. 能够解释 QMS、QA、QC 的含义，以及 QA、QC、GMP 的关系。
2. 能够正确理解保健食品质量管理的要求。
3. 能分析和评价质量风险，并能参与管理。

案例导入

案例： 古籍记载孟子述孔子之言“子曰：防祸于先而不至于后伤情。知而慎行，君子不立于危墙之下，焉可等闲视之。”可见古人对风险已有认识。

讨论： 如何判断此墙危险？

第一节　食品安全

一、　食品安全概述

“民以食为天，食以安为先”，食物乃人类生存所需的最重要的物质，而食物的安全，直接影响着人类的生活和繁衍。随着人类社会的发展和科技的进步，越来越多的物理、化学或生物材料被用在食品种植、生产、加工、包装、储存和运输过程中。同时，随着信息技术的广泛应用，基于互联网的食品制作、食品销售和食品运输，极大地改变了传统模式，更加方便、快捷，却也滋生出许多安全隐患。在食品工业蓬勃发展的同时，食品安全的重要性也日益凸显。

（一）基本概念

1. 食品

《中华人民共和国食品安全法》（2015 年版）第一百五十条规定，食品指各种供人食用或者饮用的成品和原料以及按照传统既是食品又是中药材的物品，但是不包括以治疗为目的的物品。

2. 食品安全

1996 年世界卫生组织（WHO）在《加强国家级食品安全计划指南》中，把食品安全定义为：对食品按其原定用途进行制作或食用时不会使消费者健康受到损害的一种担保。《中华人民共和国食品安全法》（2015 年版）第一百五十条规定，食品安全指食品无毒、无害，符合应当有的营养要求，对人体健康不造成任何急性、亚急性或者慢性危害。食品安全既包括生产安全，也包括经营安全；既包括结果安全，也包括过程安全；既包括现实安全，也包括未来安全。

3. 食品安全事故

《中华人民共和国食品安全法》（2015 年版）第一百五十条规定，食品安全事故指食源性疾病、食品污染等源于食品，对人体健康有危害或者可能有危害的事故。食品安全事故，即由于吃了某种不洁的食品而造成人体健康损害的事件，若人体健康损害的事件不是由不洁食品引起的，则不能称作食品安全事故。

（二）我国食品安全现状与保健食品管理

近年来，我国食品安全整体形势呈现稳中向好的态势，中国食品安全从危机应对到风险预防的重大变迁，完成了管理思路与格局的水平提升。中国食品安全的基石已基本夯实，食品安全整体水平提升，已被世界所认同。但是，食品安全隐患仍需关注，风险依然存在。食品安全的三大顽疾——微生物污染、超范围超限量使用食品添加剂、农兽药残留超标，依旧存在；科技创新带给食品安全管理的新挑战，“人造肉”、功能性食品非法添加等安全问题需逐一破解；食品真实性问题凸显，掺假欺诈行为屡见不鲜；急速发展的诸多电商、网红食品安全隐患随之而出。

1. 食品安全法律法规和标准体系及食品安全监管体系正不断完善

2009 年 2 月我国颁布了《中华人民共和国食品安全法》（简称《食品安全法》）。2015 年 4 月公布了修订的《中华人民共和国食品安全法》，被称为“史上最严的食品安全法”，该法明确规定食品安全工作实行预防为主、风险管理、全程控制、社会共治，建立科学、严格的监督管理制度。2018 年 12 月发布《中华人民共和国食品安全法》（2018 年修正版）。

根据《中华人民共和国食品安全法》，2009 年 7 月我国颁布了《中华人民共和国食品安全法实施条例》，2016 年 2 月修订，2019 年 3 月再次修订，并于 2019 年 12 月 1 日起施行。新实施的《中华人民共和国食品安全法实施条例》，从制度上解决了一系列问题，既为食品企业减轻压力，又加强对食品从业人员素质的要求；规范食品安全检验信息发布，禁止发布不规范、不准确的信息制造恐慌；重拳解决违法添加非食用物质问题，食品企业储存易违法添加的非食用物质即视为违法。

《中华人民共和国食品安全法》（2015 年版）首次规定：使用保健食品原料目录以外原料的保健食品和首次进口的保健食品应当经国务院食品安全监督管理部门注册。但是，首次进口的保健食品中属于补充维生素、矿物质等营养物质的，应当报国务院食品安全监督管理部门备案。其他保健食品应当报省、自治区、直辖市人民政府食品安全监督管理部门备案。根据该规定，《保健食品注册与备案管理办法》颁布并于 2016 年实施，保健食品实行注册与备案相结合的分类管理模式，规范统一了保健食品注册备案管理工作。结合最新的《食品生产许可管理办法》，保健食品从监管方面来看属于“宽进严出”，“轻许可重监督”；政府部门更多的从实际出发，简化了办事流程，更多地从服务于企业考虑，提高了办事效率。

与 2015 年《食品安全法》同时施行的《食品生产许可管理办法》，对食品生产许可活动做出了新的规定，如食品生产许可实行一企一证原则，增加保健食品、特殊医学用途配方食品、婴幼儿配方食品三类，并由省级市场监督管理部门负责这三类食品的许可等。同时，我国启用新版的食品安全许可证，食品包装上的“QS”（全国工业产品生产许可证）标识，被“SC”（食品生产许可证）替代。2020 年版《食品生产许可管理办法》由国家市场监督管理总局公告，自 2020 年 3 月 1 日起施行。新版《食品生产许可管理办法》将相关信息进行了高度融合，同时加强了与法律法规之间的关联一致性。

2009 年 6 月 1 日后，《食品安全法》要求“国务院卫生行政部门应当对现行的食用农产品质量安全标准、食品卫生标准、食品质量标准和有关食品的行业标准中强制执行的标准予以整合，统一公布为食品安全国家标准”；“食品安全标准是强制执行的标准。除食品安全标准外不得制定其他的食品强制性标准”。

虽然我国食品安全的法律法规标准体系正在不断完善，但仍存在诸多问题，如食品安全国家标准不完善，种类不全，覆盖不够广，药物残留量方面没有健全的标准体系，相关的检验方法也较缺乏。

为更好地开展食品安全监督管理等工作，国家在机构上也做了重大改革。2018年3月，十三届全国人大一次会议通过了《深化党和国家机构改革方案》，该改革方案对国家机构进行了新的调整，即组建国家市场监督管理总局，将原国家工商行政管理总局的职责、原国家质量监督检验检疫总局的职责、原国家食品药品监督管理总局的职责、国家发展和改革委员会的价格监督检查与反垄断执法职责，商务部的经营者集中反垄断执法以及国务院反垄断委员会办公室等职责整合，组建国家市场监督管理总局，作为国务院直属机构。

2. 食品安全认证不断得到应用和推广

根据ISO/EC 17000：2004（GB/T 27000—2006）《合格评定　词汇和通用原则》中的定义，认证指“与产品、过程、体系或人员有关的第三方证明”。其中的证明一词，指“根据复核后做出的决定而出具的说明，以证实规定要求已得到满足”。换句话说，认证就是由第三方来评定企业的质量管理体系并对样品进行检测，从而确认企业的产品、服务及管理体系是否符合规定要求，是否具备持续稳定地生产出符合标准要求的产品的能力，并给予书面证明的活动。

一个企业的产品，如果通过了国家认可或国际认可的认证机构的认证，就可以获得由认证机构颁发的“认证证书”，并允许在这种产品的包装上印上认证标志。这种认证方式在国际上被普遍接受。企业不但能够通过产品认证树立良好的企业形象，还可以使产品在出口其他国家时消除国际贸易壁垒。

随着社会和科技的发展，食品在“从农田到餐桌”全过程中，有多种不同的认证体系。有些体系，如GMP（良好生产规范），是我国强制要求执行的，也有一些体系，并非强制性要求，而是自愿原则，如ISO 22000（食品安全管理体系）。近年来，越来越多的企业建立了管理体系，并通过了认证，在很大程度上提高了企业的整体管理水平、提高了产品质量和安全性，同时对于消除国际贸易壁垒、走向国际市场也具有积极的促进作用。

3. 消费者对食品的安全和功能需求显著提高

随着我国国民经济的快速增长，人们的消费水平不断提高，人们对于生活品质的要求也在不断提高。近十年来，随着生产力发展所导致的生态环境恶化，或为了牟取暴利的不法分子在食品中非法添加有害物质，以及为防止食品原料因受病虫害的侵袭而在农产品生长过程中添加药物，使人们愈发担心食品的安全性。消费者对于食品安全的需求达到了前所未有的高度。与此同时，大众消费观念升级，更注重对自身健康的关注，对食品营养与保健功能需求也显著提高。

4. 网络食品交易迅猛发展，食品安全不容忽视

近年来，网络食品经营呈现爆发式上升。网络食品交易，为传统食品产业提供新的平台。然而，网络食品在带给人们方便快捷的同时，也存在许多安全隐患。特别是部分网络订餐准入审核把关不严，无证无照经营或证照不全，线上线下不一致、超范围经营、卫生状况堪忧等问题，威胁网络食品安全。假冒伪劣食品充斥、网络食品代购市场混乱、自制食品质量安全难以保证。

2016年10月1日，我国《网络食品安全违法行为查处办法》施行，对网络食品生产经营者提出了必须取得《食品生产经营许可》，网站主页面公示营业执照、食品生产经营许可证相关信息等要求，明确了网络食品交易第三方平台义务和相应法律责任。

5. 食品源头污染较严重

随着环境问题日益凸显及初级农产品生产方式的转变，我国初级农产品的生产过程往往受到较严重的污染。污水灌溉农作物、滥用高毒农药、大气污染物进入农田，而后再进入农作物体内；畜禽业的不合理使用饲料添加剂和生长激素；水产养殖中滥用抗生素和饲料添加剂，以及因水体污染而造成有害物质在水产品体内富集等，或因生产运输条件不足导致的初级农产品被微生物和寄生虫污染，使各类有害物质从源头进入食品链，严重影响食品安全和人体健康。

6. 食品从业人员的职业素养有待提高

（1）职业道德建设　国内一系列曝光的食品安全事件，与食品行业从业人员唯利是图、丧失职业道德有直接关系，这就对学校教育和企业培训提出了更高的要求。当前，学校的职业道德教育仅仅停留在宏观层面，缺乏行业针对性，不能与食品行业紧密联系；而食品企业对员工的培训，往往也是针对员工的工作积极性、专业技能、管理水平等方面进行培训，涉及职业道德的内容非常少，对于职业操守和道德准则没有明确界定。

（2）专业技能要求　新修订的《食品安全法》规定“食品生产经营应有专职或者兼职的食品安全专业技术人员、食品安全管理人员和保证食品安全的规章制度。”近年来，我国的食品行业得到迅速发展，食品生产、经营中需要控制的风险因素日益增多，食品安全风险防控能力所要求的专业性和技术性也越来越强。因此，食品生产企业应当配备专职或者兼职的食品安全技术人员和管理人员。

二、影响食品安全的各种危害

食品在从农田到餐桌的全过程中，都有可能受到环境、条件、时间及人类活动的影响，使食品中的有毒有害物质或对食品品质有影响的物质的含量超出了规定的限量值，导致食品出现安全隐患。这些影响食品安全的因素从性质上可分为三类：化学危害、生物危害、物理危害。

（一）化学危害

化学危害指存在于食品中的摄取一定数量后可能导致人发生疾病的化学物质

危害。化学危害可能来源于食品原料本身带有的天然物质，也可能来源于食品生产加工过程有意加入或无意带入的物质。

1. 食品中的天然毒素

人类的食物，均来自于大自然的动物、植物或微生物。一些生物体内天然含有对人体健康有害的物质，这些天然有毒物质严重影响了食品的安全性，应在食品生产加工中引起广泛的重视。

（1）含天然毒素的植物　目前已经查明，2000 多种植物或植物的果核中含有氰化物，如木薯、玉米、豆类、亚麻籽、竹笋、杏仁、苹果籽、葡萄籽等。其中很多植物中是以氰苷的形式存在的，氰苷本身无毒，当进入人体，氰苷会水解为氢氰酸，这是一种剧毒的物质，可致人死亡。除此之外，植物中还可能含有生物碱、植物酚、内酯类或有毒蛋白质等有毒物质。常见的含天然有毒物质的食物有：木薯、鲜黄花菜、白果、竹笋等。

（2）含天然毒素的动物　有些动物本身带有毒素，却也是人类美味的食物，因此，常会发生人们食用某种动物性食物而中毒的事件。在食品原料的挑选、食品生产、食品销售中应予以重视。常见的含天然有毒物质的动物有：河豚、贝类、含天然毒素的食用菌。

2. 环境污染物

随着 18 世纪 60 年代英国工业革命带动人类社会进入工业化发展，伴随着快速的经济增长，带来的是全球环境的污染和破坏。人类活动所产生的各类污染物质正通过各种方式进入环境，如烟囱排放二氧化硫、氮氧化物、烟尘等大气污染物；废水中所含的有机污染物病原微生物等也可能通过排污口进入附近的江、河、湖、海中；部分污水农灌及频繁的采矿活动给附近土壤带来了重金属污染等。由于环境的整体性和流动性，水分中的污染物通过水蒸气进入大气，大气中的污染物经过降雨落入土壤和水体中，影响着各类食品原料生长的环境。

在食品原料生长期间，环境污染物往往通过植物根系和叶片积聚，畜禽、鱼、贝类通过摄入带有污染物质的食物，使污染物在其体内不断积累。常见的环境化学污染物质有：石油类、重金属、农药残留、兽药残留、持久性有机污染物。

3. 食品添加剂

为了改善食品品质和色、香、味等感官吸引力以及出于保鲜、防腐或加工工艺的需要，人工合成色素、食用香精、甜味剂、防腐剂等食品添加剂被大量应用在食品工业中。然而随着食品工业的迅速发展，食品添加剂的安全性问题越来越受到人们的重视，如果这类物质添加进食品的量超过了一定的限量标准，则有可能成为影响人体正常机能的有害因素。

（二）生物危害

1. 细菌

细菌是自然界中存在数量最多的一类微生物，分布非常广泛。许多细菌用于制造各种食品，如味精、醋、酸奶等。也有许多细菌对人类是不利的，如对食品的污染、对人体健康的伤害、对人类生活的困扰等。

（1）细菌对食品的不利影响　主要表现在食物受细菌污染后发生的腐败和变质。食物中富含蛋白质、脂肪、碳水化合物、维生素、微量元素等营养物质。芽孢杆菌属、假单胞菌属、链球菌属等分解蛋白质的能力较强；枯草杆菌、巨大芽孢杆菌等能分解米饭中的淀粉；芽孢杆菌属、八叠球菌属的细菌能分解纤维素和半纤维素；假单胞菌属、无色杆菌属和黄色杆菌属的许多种细菌都能分解脂肪。

（2）细菌对人体健康的威胁　细菌是通过污染食品进入人体，引起食物中毒的。细菌性食物中毒发生的频率很高，是食物中毒中最常见的，可分为感染型和毒素型两类。因食用了大量含活的致病菌的食物而导致感染的称为感染型食物中毒；因食用了含致病菌产生的毒素的食物而导致中毒症状的称为毒素型食物中毒。常见的致病菌有：金黄色葡萄球菌、沙门菌、肉毒梭状芽孢杆菌、大肠埃希菌、副溶血性弧菌。

2. 真菌

自然界中存在多种多样的真菌，许多菌与人类关系非常密切，有些真菌应用于食品加工中，能够生产出口味独特的食品，如腐乳、甜酒等；也有些真菌对人类的生产生活有害，如引发食物发霉、头皮癣等，是我们想方设法避免的。

（1）真菌对食品的不利影响　主要表现在食物受真菌污染后发生的腐败和变质。真菌与细菌一起，分解蛋白质脂肪、碳水化合物等物质，产生许多不同的带有臭味的胺类、氨、硫化氢等，以及其他具有不同气味的醇、醛、酮、脂肪酸等。其中分解蛋白质的真菌主要有毛霉属、青霉属、曲霉属等；分解脂肪的真菌主要有白地霉、曲霉属、代氏根霉等；分解碳水化合物的真菌主要有青霉属、曲霉属和木霉属等。

（2）真菌对人体健康的威胁　主要是通过产生的毒素导致人们中毒。关于真菌中毒，早在11世纪时就有记载，20世纪以后，一些发达国家出现了规模较大的真菌中毒事件，如1952年日本大米受真菌污染，真菌产生的毒素导致许多人中毒生病；1960年英国因饲料含有发霉的花生粉（后经研究确认是被黄曲霉污染，所产生的毒素被命名为黄曲霉毒素）而导致10万只火鸡中毒死亡，这些事件引起了人们的高度重视。目前发现的能引起人、畜、禽致病的真菌毒素已经有不少于150种。真菌毒素实际上是真菌在生长繁殖过程中产生的代谢产物，这些代谢产物对人及其他动物有毒害作用。真菌污染了食物后，在一定的条件下（如食物的水分活度、环境温度等）会产生毒素，不同的食物，污染的真菌及产生的毒素差别很大，如花生、玉米在潮湿的环境下极易被黄曲霉污染进而产生黄曲霉毒素，而大米发霉主要是被青霉污染。

污染食物的主要的产毒真菌有曲霉属、青霉属、镰刀菌属和交链孢霉属。常见的真菌毒素有：黄曲霉毒素、黄绿青霉毒素、橘青霉毒素。

3. 病毒

通过食物导致人体致病的病毒主要有肝炎病毒、禽流感病毒、疯牛病病毒等。

（1）肝炎病毒具有传染性，已知有甲、乙、丙、丁、戊、已、庚7种能引起肝炎的病毒。肝炎病患排出的粪便中带有病毒，这些病毒有可能污染附近的水体和食品原料，因此，受污染的水和水产品最容易传染肝炎病毒，其他的食物如水果、乳、蔬菜等也可能传播该类疾病。

（2）禽流感病毒引起禽类流感，可传播给人，近年来常常有人因接触活的禽类而患禽流感的报道，死亡率较高。人感染后，经过3～5d的潜伏期，症状为感冒、呼吸不畅等，严重者引起内脏出血，甚至死亡。

（3）疯牛病病毒是一种具有传染性的蛋白质颗粒，会引起牛脑部组织变成海绵状，因此疯牛病也称为牛海绵状脑病，1986年首先在英国被发现。有报道称人类的克雅氏病与疯牛病有密切联系，该病潜伏期长，死亡率几乎100%。病牛身上任何部位都有可能传播该疾病，导致这一疾病在全球许多国家蔓延。

（三）物理危害

物理危害是指食用后可能导致物理性伤害的异物。物理性危害与化学性危害和生物性危害相比，有其特点，往往消费者看得见。物理危害包括各种外来物质，如沙子、石头、玻璃、金属、骨头、塑料等。这些物质往往是食品生产加工过程中因食品原料、包装材料或仪器设备等带来的杂质，这类危害往往造成消费者食用食品时受伤、感官不佳或心情不愉快等问题。

第二节　质量管理

一、质量管理概述

保健食品质量管理是以确定和达到保健食品质量所必需的全部职能和活动作为对象而进行的管理，目的在于防止事故，尽一切可能将差错消灭在制造完成以前，以保证保健食品质量符合产品注册或备案要求。质量管理主要是确定质量方针、目标和职责，并在质量体系中通过诸如质量策划、质量控制、质量保证和质量改进等使其实施全部管理职能的所有活动。

（一）基本概念

根据ISO 9000：2015《质量管理体系　基础和术语》的定义，以下术语是指：

1. 质量（quality）

质量是指“客体的一组固有特性满足要求的程度”。特性分为固有特性和赋予的特性，固有特性是指事物本来就有的特性，赋予的特性是指人为增加或给予事物的特性。要求可分为明示的、隐含的和必须履行的需求或期望。明示的要求是指明确提出来的或规定的要求，隐含的要求是指组织、顾客和其他相关方的惯例或一般做法，所考虑的需求或期望是不言而喻的。

根据固有特性满足要求的程度，可以用“好”或“差”等词语来修饰。这里所说的要求，包括如合同中对产品的要求、法律法规的要求、组织和相关方的惯例做法等。

产品质量是指产品“反映实体满足明确和隐含需要的能力和特性的总和”。

（1）朱兰质量螺旋模型　美国质量管理专家朱兰（J. M. Juran）定义质量是一种适用性，即产品在使用时能成功地满足用户需要的程度。他提出了质量螺旋模型，用来描述产品质量形成的规律。质量螺旋模型是一条螺旋上升的曲线，从下往上依次排列着产品质量形成的全过程，包括了市场研究、产品开发、产品设计、制定产品规格、确定工艺、采购、仪器设备配置、生产、工序控制、检验、测试、销售及服务共 13 个环节。以螺旋上升的模型来描述，用以体现产品质量形成的过程是一个不断上升的过程，每上升一圈，产品质量应有所提高，见图 2－1。

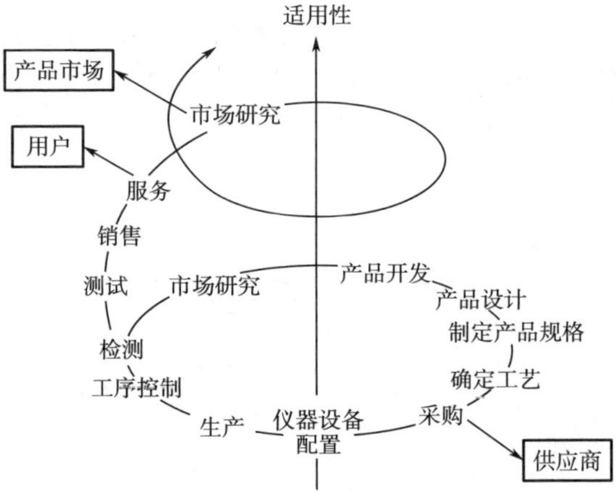

图 2－1　朱兰质量螺旋模型

（2）戴明质量环　美国质量管理专家戴明（W. Edwards Deming）定义“质量是一种以最经济的手段，制造出市场上最有用的产品。一旦改进了产品质量，生产率就会自动提高。”他提出的戴明环，也称为 PDCA 循环，这是管理学中一个著名的模型，是一个产品质量持续改进的模式。PDCA 中 P 指的是计划（plan），包括制订方针和目标，及活动的策划；D 指的是执行（do），即根据已经制订的计划或方案去操作、去运行；C 指的是检查（check），即在做完工作之后总结经验教训，有什么效果，有哪些收获和不足；A 指的是处理（action），即对检查的结果进行处理，做得好的方面继续保持和延续，不足的方面可进入下一轮 PDCA 循环中解决。

运行一轮 PDCA 循环包括以上四个步骤，一个循环结束了，可以进行下一个循环，又重复 P、D、C、A 这个步骤，下一个循环要解决的问题与前一个循环解决的问题不一样，因此，所制订的计划、所做的工作及检查和执行的内容都会不一样。每运行一轮 PDCA 循环，就可以解决一个问题，周而复始，不断地运行该循环，就使得产品质量能够不断地提高，见图 2－2。

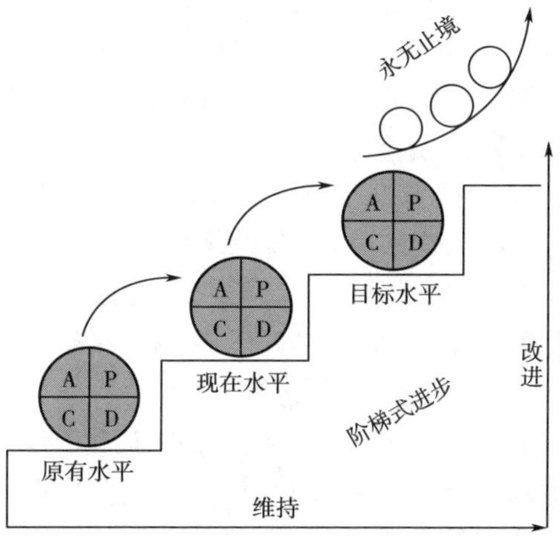

图 2－2　PDCA 循环

2. 组织（organization）

组织指为实现目标，由职责、权限和相互关系构成自身功能的一个人或一组人。组织包括，但不限于代理商、公司、集团、商会、企事业单位、行政机构、合营公司、协会慈善机构或研究机构，或上述组织的部分或组合。无论是否为法人组织，共有的或私有的都可称为组织。

3. 产品（product）

产品指在组织和顾客之间未发生任何交易的情况下，组织能够产生的输出。通常，产品包括硬件、流程性材料和软件。硬件是有形的，其量可以计数（如杯子）；流程性材料是有形的，其量是连续的（如汽油）；软件由信息组成，它可以采取任何形式的介质传递（如计算机程序、操作手册、字典、作品版权等）。

4. 质量特性（quality characteristic）

质量特性指与要求有关的、客体的固有特性。质量特性是指产品具有满足用户特定需要的（明确的和隐含的）、能够体现产品使用价值的，有助于区分和识别产品的、可以描述或可以度量的基本属性。分为有形产品的质量特性、服务质量特性、过程质量特性和工作质量特性。

5. 质量管理（quality management，QM）

质量管理指关于质量的管理，即关于质量的指挥和控制组织的协调活动。质量管理可包括制定质量方针和质量目标，以及通过质量策划、质量保证、质量控制和质量改进实现这些质量目标的过程。

（1）质量方针（quality policy） 由最高管理者正式发布的组织的质量宗旨和方向。质量方针是组织总方针的组成部分，与组织的总方针相一致。质量方针是一种精神，是企业文化的一个组成部分，与组织的愿景和使命相一致，并为制定质量目标提供框架。质量管理原则可以作为制定质量方针的基础。如某第三方检测机构的质量方针为：科学、公正、准确、高效。

（2）质量目标（quality objective） 是指关于质量要实现的结果。质量目标通常依据组织的质量方针制定。通常，在组织相关职能、层次和过程中分别制定质量目标。通俗地说，应先制定质量方针，再根据质量方针来确定质量目标，两者应保持一致。质量方针是大的方向，但不具体；质量目标是具体的，可测量的。如某食品企业质量目标为：①年产品质量投诉次数≤6 次；②顾客满意度≥98%。一般来说，质量目标不宜太难，也不宜太易，如果很轻易就能达到的，那不能称之为目标；而经过努力仍很难达到的，对组织而言，无疑是加重负担且难以有效运行。因此，质量目标应该是经过努力能达到的。

（3）质量策划（quality planning） 致力于制定质量目标并规定必要的运行过程和相关资源以实现质量目标。编制质量计划可以是质量策划的一部分。策划包括收集顾客的要求、相关方的需求和期望，在充分认识组织自身的环境和能力的基础上与管理者讨论建立质量目标，根据质量目标对产品设计进行评审，收集产品或管理方面的改进意见，确定质量管理的程序、方法和资源，制订组织评审计划、人员培训计划等。

（4）质量保证（quality assurance，QA） 致力于提供质量要求会得到满足的信任。这些要求包括顾客对产品的要求、法律法规标准对产品的要求、组织对产品的要求、行业对组织的要求等。通俗来说，就是提供必要的证据，以得到消费者对产品的信任、政府管理部门对组织和产品的信任等。

（5）质量控制（quality control，QC） 致力于满足质量要求。也就是采取一系列的措施、过程和方法对产品生产进行控制，使产品符合要求。如根据对原料、半成品、成品的检测来判断其是否符合要求的活动就属于质量控制。

（6）质量改进（quality improvement） 致力于增强满足质量要求的能力。即在量管理体系运行过程中，不断地发现问题、完善或解决问题，使产品质量或管理水平不断得到提高。

QA 是质量保证，是通过建立和维持质量管理体系来保证整个过程满足产品质量要求。QA 不仅要判断问题出在何处，还要制定解决方案，纠正和预防偏差。

QC 是质量控制，也可称为“品质控制”，QC 所关注的是产品，而非体系，目的与 QA 是一致的，QC 是为使产品满足质量要求所采取的作业技术和活动，包括检验等。因此 QC 的控制范围主要是在企业内部，确保产品满足质量要求，只有合格品才能交付给客户。

QA 与 QC 的职责对比见表 2－1。

表 2－1　　QA 与 QC 的职责对比

项目	QA	QC
职责	确保工作质量、过程满意	确保产品质量、结果满意
工作核心	纠正、预防差错，完善体系	发现、指明差错
工作侧重对象	体系	产品
工作领域	内部、外部	内部
工作目标演绎	提供满足质量的信任 相信产品做得满意	提供质量满足的信任 相信做的产品满意

从管理学角度来看，体系涉及人、事、物的所有要素，而管理体系主要涉及人和事，侧重管理。食品生产企业只有建立和健全质量管理体系，才能生产出符合预定用途和注册、备案要求的产品。

（二）质量管理的发展

质量管理方法最早是由美国提出的，并将其应用到了大型项目的施工管理中，第二次世界大战之后，日本引入美国质量管理的技术和方法，结合自身情况推进质量管理理论的发展，并取得了举世瞩目的成就。根据质量管理从产生到发展再到逐步完善的历程，可将其分为以下几个阶段。

1. 操作者的质量管理阶段

20 世纪以前，是人类生产力不太发达的时期，生产方式以手工业和个体生产为主，产品质量主要依靠生产者的技术、手艺和经验，这段时期称为“操作者质量管理”时期。《礼记》记载了周朝对食品交易的规定，这大概是我国历史上最早的关于食品质量管理的记载：“五谷不时，果实未熟，不粥于市”，意思是粮食没有经过完全的生长，果实没有成熟，不能到市场上买卖。要判断五谷和果实是否成熟，则通过看、闻、摸、按等经验方式，这是在过去长时间占主导地位的质量管理方式。我国的一些手工制品，在很长一段时间仍沿用这样的传统方式对产品质量进行控制，如某些瓷器制作等。

2. 质量检测阶段

随着英国工业革命的爆发，生产力迅速提高，生产规模不断扩大，生产工序越来越复杂，过去依靠操作者经验进行的质量管理方式已经不再适应如此大的生产规模。进入 20 世纪后，检验工作逐渐从生产中独立出来，企业相继出现了专门的质量检验部门和质量检验人员，他们的工作就是负责产品质量检验。企业生产的产品必须经过检验，合格的才能入库销售，不合格的进行返工，之后再检验，如此循环往复。这种质量管理方式存在两个问题：一是事后把关，不能在产品生产过程中对产品进行质量控制，仅仅通过最终检验来对品质把关，不合格品的数量较多，对企业而言损失极大；二是全数检验，即所有的产品必须通过检验才能入库销售，造成检验效率低下，同时，对于许多破坏性检验项目而言，根本行不通。

3. 统计质量管理（SQS）阶段

1924 年，美国贝尔电话所的休哈特博士提出“预防缺陷”的概念，首次将统计学理论引入质量管理中。他认为，质量管理除了事后检验外，还要在生产中发现有废品先兆时就应及时进行分析和改进，从而预防废品的产生。他所提出的“控制图”的出现，是质量管理由事后检验转为检验和预防相结合的标志。1929 年，休哈特的同事道奇和罗米格发表“抽样检查方法”，提出了抽样检验。

第二次世界大战初期，人们将“预防缺陷”的理论运用到军用品生产的质量管理中，改变了“事后把关”的质量管理方式，大大节省了生产成本，缩短了时间，将质量管理向前推进了一大步。战后，许多发达国家的企业纷纷效仿并推行了这种质量管理方式，并取得了成效。然而，这种质量管理方式过分强调数理统计方法，使人们误认为“质量管理就是统计方法”，“质量管理是统计学家的事”，同时，这些工作仅限于生产和检验部门，忽视了其他部门对品质量的影响，不能调动企业所有员工的积极性。

4. 全面质量管理（TQM）阶段

20 世纪 50 年代以后，随着生产力和科学技术的迅速发展，火箭、宇宙飞船等精密产品相继出现，质量问题显得更为突出。仅仅依靠检验和统计方法已经很难保证和提高产品质量，从而促使质量管理新的理论形成。1961 年，美国通用电气公司的质量控制经理阿曼德·费根堡姆出版了《全面质量管理》著作，他提出，执行质量职能是公司全体人员的责任；除了利用统计方法控制制造过程外，还需要对全过程进行质量管理。这一理论逐渐被世界各国所接受，并得到不断完善。

全面质量管理（Total Quality management，TQM）是指一个组织以质量为中心，全员参与为基础，目的在于通过让顾客满意和本组织所有成员及社会受益而达到长期成功的途径。全面质量管理应满足“三全一多”的基本要求。

（1）全员的质量管理　产品质量与企业各部门、各人员、各岗位的工作质量密切相关，因此，只有人人关注产品质量，每个员工充分理解各自岗位对产品质量的影响，全员充分参与质量管理，才能给企业带来更好的收益。

为此，企业应创造各种条件，鼓励员工积极参与质量管理工作，如采用培训、讲座、研讨、合理化建议等方式。

（2）全过程的质量管理　质量的形成过程与产品的实现过程是一致的，是由若干个相互联系的环节组成，每个环节对于产品质量都有一定影响。为了保证产品质量甚至提高产品质量，应使产品实现过程的每一个环节得到良好的控制，这就包括了从最初的市场调研、产品设计、采购、生产准备到产品生产、包装、运输、销售和售后服务全过程的质量管理。

（3）全面的质量管理　首先，全面质量管理的对象是质量，应对影响产品或服务质量的因素进行全面控制，这些因素包括人员、机器设备、原材料、工艺方法、环境和检测手段等。

其次，应考虑经济效益的全面性。除了保证生产企业的经济效益外，还应考虑社会效益，使原材料供应商、产品经销商、运输公司、消费者等均能得到最大效益。

（4）多方法的质量管理　虽然数理统计方法是非常有效的工具，然而由于质量管理涉及很多因素，单靠数理统计技术无法满足全面质量管理的需要。传统的质量管理方法是称为“QC 七工具”的因果图、直方图、控制图等；随着质量管理这门学科的发展，还出现了新的七种方法，如矢线图、关联图等；另外，近年来一些新的方法也受到人们广泛关注，如六西格玛法等。

（三）QA、QC、GMP 和 QMS 间的关系

质量管理是一个组织致力于保证质量所制定的总方针，质量保证（QA）则确保质量方针得以贯彻。良好生产规范（GMP）是 QA 的一部分，它特别强调不能通过检验成品来完全控制的如交叉污染和混淆等风险，它将质量建立于产品中，确保企业持续、一致、稳定地进行产品的生产和控制。质量控制（QC）又是 GMP 的一部分，它主要根据标准对环境、设施、物料、产品进行检验来控制产品质量。

ISO 9000：2005 对质量管理体系（quality management system，QMS）的标准定义为“在质量方面指挥和控制组织的管理体系”，通常包括制定质量方针、目标以及质量策划、质量控制、质量保证和质量改进等活动。实现质量管理的方针目标，有效地开展各项质量管理活动，必须建立相应的管理体系，这个体系就叫质量管理体系。质量管理体系的职能主要包括高层管理者职责，建立质量方针、目标、计划，资源管理，质量信息交流，管理评审和系统持续改进等方面。

《保健食品 GMP》是保健食品质量管理体系的一部分，也是控制保健食品生产关键方法和手段。

从概念所涵盖的范围上看，QC、GMP、QA 和 QMS 存在包含和被包含的关系，如图 2－3 所示。

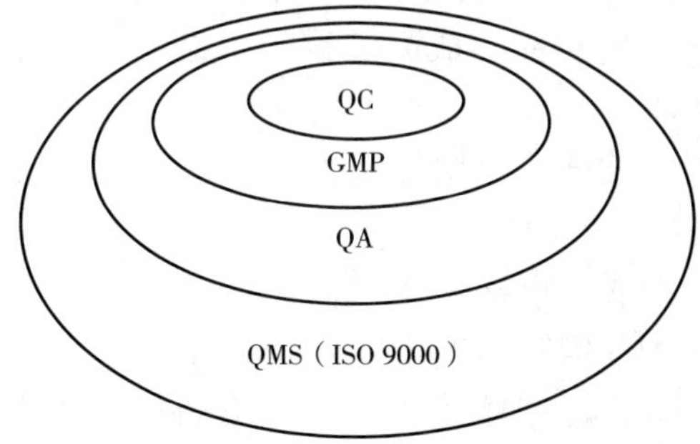

图 2－3　QA、QC、GMP 和 QMS 的关系

二、 质量管理组织机构与主要职责

（一）质量管理部门

保健食品 GMP 规定企业必须建立质量管理部门；并且为了保证质量管理部门对产品质量和质量相关问题独立做出决定，企业应设立独立的质量管理部门，履行质量保证和质量控制的职责。在保健食品生产企业中，质量管理分为两个部分，一是质量检验，二是质量管理和监督，并与生产部门截然分开，职责不同，因此，企业根据实际情况，质量管理部门可以分别设立质量保证部门和质量控制部门。

质量保证部门针对现代保健食品生产企业中的物料控制、生产控制、公用工程及维修部门控制中有许多影响产品质量的所有因素，强化每个环节的管理，建立质量保证系统，同时建立完整的文件体系，以保证系统有效运行。质量控制部门应建立有效的质量控制方法以保证保健食品的安全有效，对所有物料、中间产品、成品等进行取样、检验和复核，以保证这些物料和产品的成分、含量、纯度和其他性状符合已经确定的质量标准。

（二）质量管理部门的主要职责

质量管理部门应当参与所有与质量有关的活动，负责审核所有与 GMP 有关的文件。质量管理部门人员不得将职责委托给其他部门的人员，质量管理部门的职责应以文件形式规定，通常包括以下各项：

（1）负责制定、实施质量保证系统。

（2）参与生产管理文件的编写和修订。

（3）制定和修订物料、中间产品和成品的内控标准与检验操作规程，制定取样及留样制度与规程。

（4）制定检验用设备、仪器、试剂、试液、标准品（或对照品）、滴定液、培养基、实验动物等管理办法。

（5）负责制定及实施生产环境、人员、设备卫生监测计划并报告结果。

（6）负责原辅料、中间产品、成品的取样、检验、评价、报告，并决定使用及发放，审核不合格处理程序。

（7）负责产品的稳定性试验及留样考察，建立质量档案，进行质量统计、质量审核工作，负责或参与处理用户投诉工作。

（8）负责供货单位的质量审核。

（9）负责企业员工的保健食品 GMP 培训及考核。

（10）负责有关技术质量、监测设备、卫生等文件的文档管理。

质量管理部门在质量管理体系中独立履行的职责，按照相关法规的要求加以规定，质量管理部门人员的职责可以委托给具有相当资质的指定人员（质量授权人）；除了负责 GMP 规定的职责外，质量管理部门的工作范围有时还扩展到保健食品注册与备案等领域。

第三节　质量风险管理

《质量管理体系　要求》（ISO 9001：2015）强调“基于风险的思维”的核心理念，指出“基于风险管理的思维是实现质量管理体系有效性的基础”。识别风险并采取相应措施来消除风险、降低风险或者减缓风险的思维，贯穿在整个质量管理体系标准里。风险管理体现了因果关系、关键少数等概念，要求从受不确定性影响的事物中，使有显著影响的风险可见可控，也使可能的机遇可见可用。基于风险的思维方法应用程度取决于这个组织所处的环境，基于风险的分析应在两个层面上运行，一个层面就是组织层面，另外一个层面就是组织内部的过程。

质量风险管理（quality risk management，QRM）系在整个产品生命周期中采用前瞻或回顾的方式，对质量风险进行评估、控制、沟通、审核的系统过程，是质量管理方针、程序及规范在评估、控制、沟通和审核风险时的系统应用。

质量风险管理旨在提供证据信息的识别风险，为消除和降低风险提供有效的方法，从而达到可接受水平，主要包括：①认识风险及其对产品生产管理与质量控制的潜在影响；②识别引发风险的主要因素、系统及企业的薄弱环节；③有利于正确选择消除和降低风险的应对措施；④建立风险优先控制处理顺序；⑤通过调查采取纠正和预防偏差的措施进行防范；⑥满足监管要求。

一、　质量风险管理基本概念

（一）质量风险（quality risk）

质量风险是指与产品质量有关的危害发生的可能性及其严重程度的综合体。危害是指对健康造成的损害，包括由产品质量（安全性、有效性、均一性、稳定性、功能性）损失或可用性问题所导致的危害。对于保健食品而言，主要包括以下几个方面：

（1）生物性　细菌、霉菌、病毒的污染等。

（2）化学性　物料在生产、储存、转运过程中一些致敏物质、有害金属方面的污染和交叉污染等。

（3）物理性　杂质、性状、功能等方面不符合产品质量标准要求。

（4）品质　在规格、装量、包装、产品标志等方面因生产过程中的差错导致的不合格。

风险具有客观性、偶然性、必然性、可变性、可识别性、可控性和可收益性等特征。

（二）风险管理（risk management）

风险管理是一个系统化的过程，由风险的识别、量化、评价、控制、评审等过程组成，通过计划、组织、指挥、控制等职能，综合运用各种科学方法来保证活动顺利完成。风险管理具有生命周期性，在实施过程的每一个阶段，均应进行风险管理，根据风险变化状况及时调整风险应对策略，实现全生命的动态风险管理。

实施质量风险管理，对企业生存和发展具有深远的意义，主要包括以下几点：①提高风险管理意识，有效配置和使用风险管理资源；②实施主动性、前瞻性的管理，改善内部管理和控制；③改进对威胁和机会的识别；④促使企业的生产管理和质量控制达到合规性、严谨性；⑤避免或减少损失，改善资金状况和财务报告；⑥提高安全、环保、职业健康水平；⑦提高利益相关者对企业的信心；⑧提高企业的学习能力；⑨增强企业的生存和持续发展能力。

二、 质量风险管理的基本过程

保健食品的质量风险管理是在保健食品的整个生命周期对产品质量的风险进行评估、控制、沟通和审核的系统过程。

保健食品的生命周期是指从保健食品研发开始，到注册批准、生产批准、上市销售及上市后监测和再评价直至退市的整个过程，主要由研发阶段、生产阶段、流通阶段、使用阶段、上市后监测阶段组成。保健食品的质量风险管理贯穿于研发、生产和消费的各个方面。

风险管理流程包括风险评估、风险控制、风险沟通、风险审核。质量风险管理旨在解决五个方面的问题：哪些可能会出现风险？出现风险的可能性有多大？危害或损失如何？是否与利益相关方沟通？有无控制和防范措施？质量风险管理流程见图2-4。

（一）风险评估（risk assessment）

风险评估包括风险识别、风险分析和风险评价。

1. 风险识别（risk identification）

风险识别是确定事件并启动质量风险管理。系统地运用信息来辨识危险因素，这些信息可能包括历史数据、理论分析、意见以及基于风险涉众的考虑。风险识别主要是关注“什么可能出错”这个问题，包括识别可能的结果。质量风险管理有一个系统化的流程，以协调、改善与风险相关的科学决策。启动和规划一个质量风险管理包括下列步骤。

（1）确定问题和（或）风险提问，包括风险潜在性的有关假设。

（2）收集与风险评估相关的潜在危害源，或对人类健康产生影响的背景信息

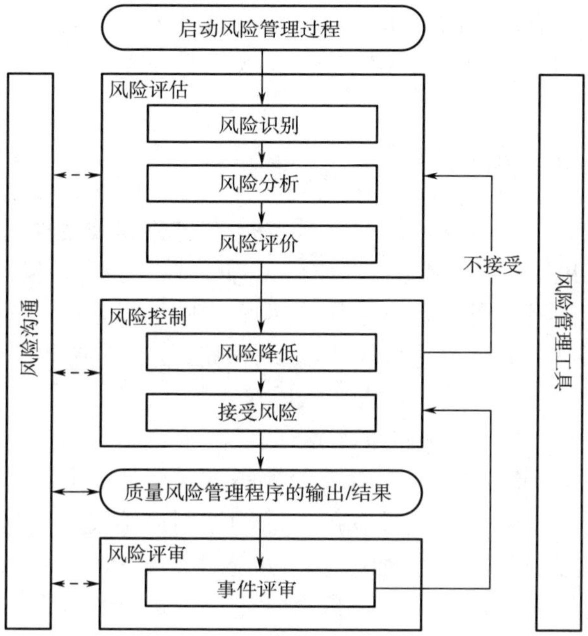

图 2－4　质量风险管理流程

与资料。

（3）明确决策者如何使用信息、评估和结论。

（4）确立领导者和必要的资源。

（5）提出质量风险管理进程的日程和预期结果。

确定风险的问题或事件对 QRM 的结果，通常需要考虑的风险包括对消费者的风险、产品不符合标准要求的风险、法规不符合的风险等。在此阶段还需收集背景信息，并确定 QRM 项目小组人员及资源配置等。

2. 风险分析（risk analysis）

在进行风险分析时，要评估风险发生和重现的可能性，风险产生的后果，也可以考虑测定风险发生或重现的能力。针对不同的风险项目需选择应用不同的分析工具和方法。

选择风险评估的工具和方法如下：

（1）确定风险的因素，如发生的可能性、危害的严重性、可测量性。

（2）界定风险因素的范围。

（3）界定风险的类型或确定风险的矩阵。

（4）确定采取的行动。

3. 风险评价（risk evaluation）

应用风险评估的工具进行风险评价，风险评价可以确定风险的严重性，将已识别和分析的风险与预先确定的可接受标准比较。可以应用定性和定量的过程确定风险的严重性。风险评估的结果可以表示为总体的风险值，例如：定量的表示为具体的数字，如 0 ~ 10（0% ~ 100%）；或定性的表示为风险的范围，如高、中、低。

（二）风险控制（risk control）

风险控制是在完成风险评估之后，采取措施避免和改变风险事件发生的可能性和后果的过程。风险控制包括消除风险、降低风险、接受风险。

采取措施消除和降低风险，改善风险因素和质量风险的可检测性，对不能消除的风险要降低到一个可接受的水平，加强管理控制，在控制已识别风险的同时，应采取的纠正与预防措施，避免引入新的风险。

对于严重风险，在采取措施消除或降低风险前，不可进行产品生产的任何操作，须深入调查，查明原因，采取纠正和预防措施整改，对纠正和预防措施的有效性进行评估。对于一般风险，采取措施能够控制风险发生可能性的同时，可以继续生产，要加强培训与沟通，加强生产过程中的检查、控制，立即查明原因，采取措施进行整改。对于低风险，可以继续生产，进一步强化和规范生产操作管理，对存在的问题和隐患及时发现并纠正，做好预防措施。

（三）风险沟通和审核（ongoing risk review）

当应用质量风险管理时，应有必要的风险沟通以及文件记录和批准。决策者与其他人员间交换或分享风险管理信息，回顾审核是否有超出风险控制状态下的情形，是否需要通过技术改进或采取其他措施消除或降低风险。质量风险管理的决定或行动基于当时的条件下做出，质量风险管理结果应根据新知识、新环境而更新，根据风险控制项目及水平在必要时进行回顾。

三、质量风险管理的方法

进行质量风险评估时，针对不同的风险项目或数据可选择不同的风险评估工具和方法。GB/T 27921—2011《风险管理　风险评估技术》给出了多种风险评估技术和方法，见表 2 -2。

表 2 -2　风险评估技术及使用性

序号	风险评估技术	风险评估过程				
		风险识别	风险分析			风险评价
			后果	可能性	风险等级	
1	头脑风暴法	SA	A	A	A	A
2	结构化/半结构化访谈	SA	A	A	A	A

续表

序号	风险评估技术	风险评估过程				
		风险识别	风险分析			风险评价
			后果	可能性	风险等级	
3	德尔菲法	SA	A	A	A	A
4	情景分析	SA	SA	A	A	A
5	检查表	SA	NA	NA	NA	NA
6	预先危险分析	SA	NA	NA	NA	NA
7	失效模式和效应分析	SA	SA	SA	SA	SA
8	危险与可操作性分析	SA	SA	A	A	A
9	危害分析与关键控制点	SA	SA	NA	NA	SA
10	结构化假设分析	SA	SA	SA	SA	SA
11	风险矩阵	SA	SA	SA	SA	A
12	人因可靠性分析	SA	SA	SA	SA	A
13	以可靠性为中心维修	SA	SA	SA	SA	SA
14	压力测试	SA	A	A	A	A
15	保护层分析法	A	SA	A	A	A
16	业务影响分析	A	SA	A	A	A
17	潜在通路分析	A	NA	NA	NA	NA
18	风险指数	A	SA	SA	A	SA
19	故障树分析	A	NA	SA	A	A
20	事件树分析	A	SA	A	A	NA
21	因果分析	A	SA	SA	A	A
22	根原因分析	NA	SA	SA	SA	SA
23	决策树分析	NA	SA	SA	A	A

注：SA 表示非常适用；A 表示适用；NA 表示不适用。

以下介绍几种常用的风险评估工具。

（一）因果分析

因果分析（cause and consequence analysis，CCA），即因果图法。因果图也称鱼骨图、鱼刺图，是一种用于分析质量特性（结果）与可能影响质量特性的因素（原因）的一种质量风险管理工具，如图 2－5 所示。

因果图是一个非定量的工具，可以帮助我们找出引起风险问题潜在的根本原因，促进问题解决。因果图的制作步骤：

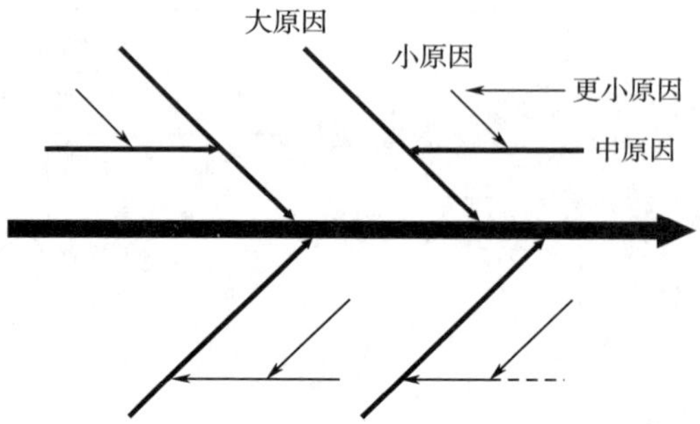

图 2-5　风险评估的因果图

（1）确定需要分析的质量特性，如产品质量、质量成本、产量、工作质量等问题。

（2）召集同该质量问题有关的人员参加的会议，充分发扬民主，各抒己见，集思广益，把每个人的分析意见都记录在图上。

（3）画一条带箭头的主干线，箭头指向右端，将质量问题写在图的右边，确定造成质量问题的原因类别。影响产品质量一般有人、机、料、法、环、测（5M1E）六大因素，所以经常见到按六大因素分类的因果图。然后围绕各原因类别展开，按大原因、中原因、小原因及相互间因果的关系，用长短不等的箭头线画在图上，逐级分析展开到能采取措施为止。

（4）讨论分析主要原因，把主要的、关键的原因分别用粗线或其他颜色的线标记出来，或者加上方框进行现场验证。

（5）记录必要的有关事项，如参加讨论的人员、绘制日期、绘制者等。

（二）失败模式和效应分析

失败模式和效应分析（failure mode and effects analysis，FMEA）是一种对工艺的失败模式及其对结果和（或）产品性能的可能产生的潜在影响的评估。一旦失败模式被建立，风险降低就可被用来消除、减少或控制潜在的失败。这有赖于对产品和过程的理解。FMEA 合理地对复杂的过程进行分析，将其分解为可操作的步骤。在总结重要的失败模式，分析引起这些失败和因素，以及这些失败的潜在后果方面，FMEA 是一个强有力的工具。

FMEA 工具依赖于对产品和流程的深入了解，针对每种失败模式确定相应的风险得分。

FMEA 可被用来排列风险的优先次序，监控风险控制行为的效果。

FMEA 可被用于设备和设施中，也可用于分析生产过程，以确定高风险步骤或关键参数。FMEA 的评价结果是每一种失败模式的相对风险性“分数”，这种“分数”被用于评价风险模式的等级。

（三）危害分析与关键控制点

危害分析与关键控制点（hazard analysis and critical control point，HACCP）是一个系统性、前瞻性和预防性的，用于确保产品质量、可靠性和安全性的方法，应用于了解技术和科学的原理分析、评估、预防和控制风险，或与设计、开发、生产和产品使用有关的危害的负效应。

HACCP 共有 7 步，该工具的应用需基于对过程或产品有深刻的理解。

（1）列出过程中每一步的潜在危害，进行危害分析和控制。

（2）确定主要控制点。

（3）对主要控制点建立可接受限度。

（4）对主要控制点建立监测系统

（5）确定出现偏差时的正确行动。

（6）建立系统以确定 HACCP 被有效执行。

（7）确定所建立的系统被持续维持。

HACCP 用于产品的物理、化学性质等危害分析，只有对产品及过程有全面的了解和认识时，方可正确地确定控制点，其输出结果可推广用于不同产品的生命周期阶段。

HACCP 可以用来确定和管理与物理、化学和生物学危害源（包括微生物污染）有关的风险。当对产品和工艺的理解足够深刻，足以支持危机控制点的设定时，HACCP 是最有效的。HACCP 分析的结果是一种风险管理工具，有助于监控生产过程的关键点。

（四）故障树分析

故障树分析（fault tree analysis，FTA），即过失树分析，是鉴别假设可能会发生过失的原因分析方法，是用于确定引起某种假定错误和问题的所有根本性原因的分析方法，这种方法一次只评价一个系统（或子系统）错误，但是它也能通过识别因果链，将多个导致失败的原因结合起来。其结果可以通过过失模式的树装图形式来表示，如图 2－6 所示，在树状图的每一级，过失模式的结合方式通过逻辑符号（和、或等）来描述 FTA 依赖于专家们对工艺的理解，以确定错误因素。

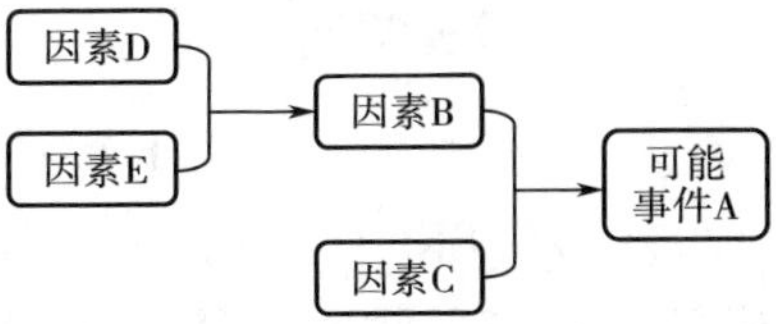

图 2－6　故障树分析图

FAT结合过失产生原因的多种可能假设，基于对过程的认识做出正确的判断。

这种方法可被用于建立一个途径以找到错误的根源。在对投诉或者偏差进行调查时，可以利用FTA充分了解造成错误的根本原因，确保针对性改进方法能根本性地解决一个问题，而不引起其他问题。过失树状分析是一个评估多种因素如何影响一个既定结果的好方法。FTA的分析结果既包括了对错误模式的一种形象化描述，又包括了对每一个错误模式发生可能性的量化评估，它在风险评估及设计阶段的监控程序中都十分有用。

知识链接

ISO 9001：2015《质量管理体系　要求》

ISO 9001质量管理体系用于证实组织具有提供满足顾客要求和适用法规要求的产品和服务的能力，目的在于增进顾客满意度，帮助提高组织整体绩效。ISO 9001适合于希望改进运营和管理方式的任何组织，不论其组织规模大小、行业及产品/服务类型如何。2015版ISO 9001标准较前各版标准的主要变化有：①“产品和服务”替代了2008版中的“产品”；②对最高管理者提出了更多的要求，要求更加具体更加专业；③“外部提供的过程、产品和服务”替代2008版中的“采购”，包括外包过程；④用“成文信息”替代了“文件化的程序和记录”；⑤新的条款4.1“理解组织及其环境”、4.2“理解相关方的需求和期望”；⑥强调“基于风险的思维”这一核心概念；⑦特别重要的子条款是关于组织的知识；⑧值得关注新要求，即“改进产品和服务，以满足要求并关注未来的需求和期望”（条款10.1），扩充了改进方式，加大了改进力度；⑨去掉了“预防措施”这个术语；去掉了针对“质量手册”和“管理者代表”的具体规定性的要求；⑩质量管理原则由八项改七项：以顾客为关注焦点、领导作用、全员参与、过程方法、持续改进、循证决策、关系管理。

拓展阅读

7S管理

5S管理即“5S现场管理法”，是源于日本的企业的一种管理模式。5S：整理（SEIRI）、整顿（SEITON）、清扫（SEISO）、清洁（SEIKETSU）、素养（SHITSUKE），又被称为“五常法则”或“五常法”。S1——整理：区分要与不要的物品，现场只保留必需的物品；S2——整顿：必需品依规定定位、定方法摆放整齐有序，明确标示；S3——清扫：清除现场内的脏污、清除作业区域的物料垃圾；

S4——清洁：将整理、整顿、清扫实施的做法制度化、规范化，维持其成果；S5——素养：人人按章操作、依规行事，养成良好的习惯。

随着管理水平的不断提升，涌现7S管理办法，即增加了“安全”（SAFETY）、“节约”（SAVING）。S6——安全：保障员工的人身安全，保证生产的连续安全正常的进行，同时减少因安全事故而带来的经济损失，每时每刻都有安全第一观念，防患于未然。S7——节约：就是对时间、空间、能源等方面合理利用，以发挥它们的最大效能，从而创造一个高效率的，物尽其用的工作场所。

思考题

1. 简述食品安全和食品安全事故的概念和解释。

2. 食品中的有毒有害物质或对食品品质有影响的因素从性质上可分为哪几类？分别有什么危害？举例说明。

3. 什么是质量？质量是怎么形成的？

4. QA、QC分别包括哪一些内容和要求？它们与GMP和QMS之间的关系是怎样的？

5. 保健食品质量管理机构及其职责的内容是什么？

6. 什么是质量风险管理？其过程包括哪些基本内容？

第三章

保健食品GMP——机构与人员管理

知识目标

1. 掌握生产、质量管理部门的职责；质量安全负责人、食品安全管理人员的职责。
2. 熟悉保健食品生产企业对各级人员培训的要求。
3. 了解人员的素质要求；保健食品 GMP 关于机构与人员的相关规定。

能力目标

1. 熟练掌握组织机构中各部门之间的关系及其权责分配。
2. 学会根据不同岗位的需要制订培训计划和实施培训。

第一节 组织机构及部门职责

保健食品生产企业要建立生产和质量管理组织机构，这是保健食品 GMP 的一个重要的要求。企业的生产和质量管理组织机构是否协调、高效运转是影响保健食品质量的重要因素之一。保健食品企业组织机构中各个部门对保健食品质量都负有一定的责任。

一、 组织机构的基本要求

在影响保健食品质量的诸多因素中，企业的人员、组织机构及企业的管理模式被认为是最活跃、影响最大和最主要的因素。保健食品生产企业的组织机构不仅要适应现代化的生产及其企业的经营战略需要，而且也要适应实施质量保证与实施保健食品 GMP 的需要。

GMP 没有规定企业的组织机构模式和管理模式，企业可根据自身的实际情况设置组织机构，但有几个基本要求是必须遵循的。

（一）基本要求

（1）必须分别设置生产管理部门和质量管理部门。

（2）生产管理部门和质量管理部门负责人不能互相兼任。

（3）组织机构图中要充分体现企业各部门的设置、隶属管理、职责范围及各部门之间的管理。

（4）为了确实保证产品质量，一般企业的质量管理部都直接由总经理管理，当总经理不具备学历、资历条件时，可授权/委托质量安全负责人（主管质量副总经理）代其行使质量管理的职能。

（5）质量管理部门受企业负责人直接领导。

（6）质量管理部门在企业中的地位至少与其他部门平级。

（二）企业组织机构

企业组织架构包括职责以及各级职能部门之间的关系，应将组织架构形成书面文件，一般用组织机构图示意，如图 3－1 所示。

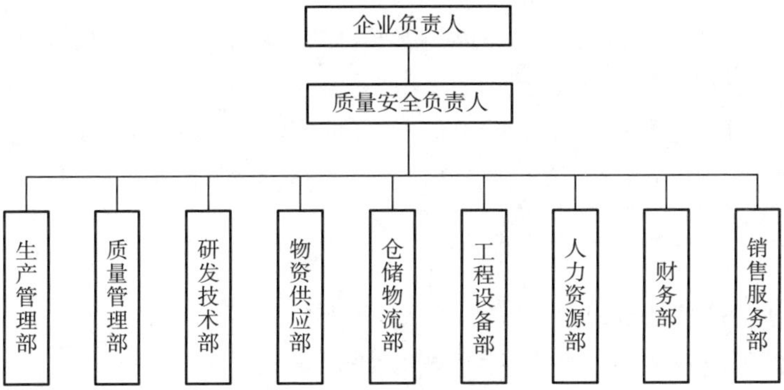

图 3－1　一般用组织机构图示意

二、 主要管理人员及职能部门的质量职责

近年来，食品安全问题已经成为社会高度关注的问题。我国的《食品安全法》也明确指出了企业是食品安全的第一责任人。食品生产经营企业应当有专职或者兼职的食品安全专业技术人员、食品安全管理人员和保证食品安全的规章制度。解决食品安全问题，一要靠企业诚信；二要靠政府监管。但是，食品安全不是管出来的，更不是靠检测出来的，而主要是靠生产出来的，食品安全的关键在于落实企业的主体责任。为督促食品生产加工企业落实质量安全主体责任、规范食品生产加工企业质量安全监督检查工作、保障食品质量安全，原国家质检总局制定了《食品生产加工企业落实质量安全主体责任监督检查规定》，自2010年3月1日起执行。因此，保健食品生产企业应制定组织机构中各部门的职责，特别是关于保健食品生产的卫生质量责任，使之各司其职，各负其责。部门、岗位职责的制定应体现GMP的所有规定、权利，责任明确，无交叉、无空白。

（一）企业负责人主要职责

（1）食品生产经营企业的主要负责人应当落实企业食品安全管理制度，对本企业的食品安全工作全面负责。建立并落实本企业的食品安全责任制，加强供货者管理、进货查验和出厂检验、生产经营过程控制、食品安全自查等工作。

（2）制定企业的质量管理方针、产品质量目标，领导企业依法经营，建立健全质量保证体系，确保产品质量目标的实现。贯彻执行国家各项政策法规，组织全面实施《食品安全法》及相关法规。

（3）对产品质量直接负责。由于管理幅度和专业素质的原因，保健食品生产企业负责人可以将质量安全管理的职能委托给质量安全负责人，但其对产品质量的职责不能委托。

（4）为产品的生产和质量管理提供必要的资源条件，如人员、厂房和设备等。所提供的厂房设施设备必须符合保健食品GMP的要求并与保健食品生产工艺及品质要求相匹配，所配备人员在数量上能适应生产工艺及质量管理的要求，在人员素质上应能胜任本岗位的工作，且具备足够的专业知识和实践经验。

（二）质量安全负责人主要职责

（1）由公司总经理授权，负责全公司质量工作。

（2）熟悉国家有关食品的法律法规及质量政策，组织员工认证学习贯彻落实《产品质量法》《食品安全法》及相关质量政策。

（3）主持公司质量会议，组织公司全员质量培训，提高全员质量意识及整体质量管理水平。

（4）审核并放行原辅料、包装材料、中间产品和成品。

（5）审核工艺操作规程以及投料、生产、检验等各项记录，监督产品的生产过程。

（6）批准质量标准、取样方法、检验方法和其他质量管理规程。

（7）审核和监督原辅料、包装材料供应商。

（8）监督生产厂房和设施设备的维护情况，以保持其良好的运行状态。

（9）组织决定原料、辅料、包装材料异常质量情况的处理方案。

（10）主持ISO 9001质量体系的运作。

（11）负责审核不合格品处理程序及返工产品放行程序。

（12）负责食品包装、标签、说明书的监管及政策符合性。

（13）负责食品用户投诉及不良反应的最终处理及结论。

（14）负责食品质量问题的善后协调及上报。

（15）负责食品生产、许可涉及的所有质量工作。

（三）食品安全管理人员主要职责

（1）协助企业主要负责人做好食品安全管理工作。

（2）定期协助组织本企业生产相关人员进行食品安全法律法规和食品安全知识培训。

（3）制定本单位食品安全管理制度及岗位责任制度，并对执行情况进行督促检查。

（4）检查食品生产环节中的食品安全状况并记录，对检查中发现的不符合要求的行为及时制止并提出处理意见。

（5）对食品安全检验工作进行管理。

（6）对本企业从业人员进行健康管理，督促患有有碍食品安全疾病和病症的人员调离相关岗位。

（7）建立健全的食品安全管理档案，保存各种检查记录。

（8）所在企业发生食品事故时，协助单位及时报告卫生及市场监督管理部门，采取措施防止事态扩大，配合监管部门调查处理。

（9）协助所在企业定期向市场监督管理部门上交本企业食品安全综合自查报告。

（10）与保证食品安全有关的其他管理工作。

（四）食品安全技术人员主要职责

（1）负责食品安全相关的各种法律、法规、条例、相关问答与解读以及食品安全标准的收集与更新，及时向企业负责人及食品安全管理人员进行宣贯。

（2）负责设计企业食品安全管理体系，制定保证企业食品安全的管理制度，设计切实可用的相关记录表格。

（3）负责制定产品生产工艺流程和操作指导书，设计合理的工艺参数，通过危害分析确定生产过程中的关键控制工序。

（4）明确对食品原辅材料、与产品接触材料（包括内包装材料、生产设备和加工器具）、洗涤剂、消毒剂的采购要求，制定生产过程产品和终产品质量标准，确保产品质量安全。

（5）负责对公司原辅材料、包装材料、成品进行检验，对生产车间的环境控制等进行验证检验。

（6）定期组织对企业的食品安全状况进行自查，发现问题时及时向企业负责人报告。

（五）质量管理部门主要职责

保健食品生产企业应当设立独立的质量管理部门，包括质量检验（QC）和质量保证（QA）职能，至少应具有以下职责：

（1）审核并放行原辅料、包装材料、中间产品和成品。

（2）审核工艺操作规程以及投料、生产、检验等各项记录，监督产品的生产过程。

（3）批准质量标准、取样方法、检验方法和其他质量管理规程。

（4）审核和监督原辅料、包装材料供应商。

（5）监督生产厂房和设施设备的维护情况，以保持其良好的运行状态。

（6）负责内部检查及产品召回等质量管理活动。

（7）负责不合格品的管理。

（8）负责其他与产品质量有关的活动。

（六）生产管理部门主要职责

保健食品生产企业生产管理部门主要质量责任是完成生产计划，生产出既符合工艺规程要求和有关管理操作标准要求，又符合产品内控质量标准要求的保健食品，其至少应具有以下职责：

（1）按照生产工艺和控制参数的要求组织生产。

（2）严格执行各项生产岗位操作规程。

（3）审核产品批生产记录，调查处理生产偏差。

（4）实施生产工艺验证，确保生产过程合理有序。

（5）检查确认生产厂房和设施设备处于良好运行状态。

（6）确保生产相关人员经过必要和持续的培训。

（七）工程设备部门主要职责

工程设备部门的主要质量责任是为保健食品生产提供符合 GMP 要求的、能保证产品质量和足够产量的生产场地、水、电、气、压缩空气和设备。其主要职责如下：

(1) 制定相关标准操作规程（SOP），包括厂房设施、设备维护保养制度及作业规程、设施、设备标准操作规程等。

(2) 提供保健食品生产所需要的必要条件，包括厂房、设施及设备，并确保符合保健食品 GMP 要求且与生产规模、品种、工艺相匹配。

(3) 及时供应生产所需工艺用水、电、蒸汽、洁净空气、压缩空气、真空等介质，并确保提供的介质质量及卫生符合质量标准和工艺规程的要求，保证生产的正常运行。

(4) 负责厂房、设施及设备的日常管理工作，制定厂房、设施和设备的维护保养计划，并组织实施，确保生产厂房、设施及设备处于完好的状态。

(5) 负责厂房、空调系统、工艺用水系统及主要设备等的验证工作。

（八）研发技术部门主要职责

研发技术部门的主要质量责任是研究出能满足消费者需要的优质新产品，提供给生产部门生产。其主要职责如下：

(1) 负责制定新产品研发阶段质量管理制度，确保产品的设计质量。

(2) 制定新产品原辅料质量规格与检验方法，制定中间产品的质量控制项目、方法与标准，优选产品的工艺及工艺控制参数，选择合适的包装形式并制订包装材料的质量规格，制定成品的质量规格与检验方法。

(3) 组织新产品的功效试验，确保产品能达到说明书上标明的功效。

(4) 对新产品进行必要的稳定性考察，为合理制定产品有效期提供科学依据。

(5) 新产品注册申报，使之获得批准文号或备案号。

(6) 负责进行小试、中试及放大试验，为大生产积累数据。

(7) 负责牵头进行新产品生产工艺验证，确认生产工艺规程并交付生产部门。

（九）物资供应部门主要职责

物资供应部门的主要质量责任是为保健食品生产提供足够用量、符合质量标准、保存期内质量稳定的物料。其主要职责如下：

(1) 负责制定与采购、仓储相关的 SOP 及卫生管理制度。

(2) 按采购计划向合格供应商采购主要原料、辅料、包装材料和其他物料。

(3) 对供应商进行质量保证体系的审计与评估。

（十）仓储物流部门主要职责

仓储物流部门的主要质量责任是为保健食品生产过程中的原辅材料、包装材料、中间产品、成品等物料的仓储管理。其主要职责如下：

（1）按规定的条件储存物料，防止混淆、差错、污染及变质，并保证先进先出，确保物料在储存期质量稳定。

（2）负责向生产车间发送物料，确保领用物料的质量及数量准确。

（3）负责成品的储存及发运，保证成品的质量稳定，确保未经放行的成品不出厂。

（十一）销售服务部门主要职责

销售服务部门的主要质量责任是向合法的客户销售产品，同时做好售后质量管理工作。其主要职责如下：

（1）做好市场营销，完成销售计划。

（2）制定用户调查处理规程。收集用户的质量投诉及不良反应，及时反馈至质量管理部门。

（3）会同有关部门，建立不合格品召回制度，协助产品退货和召回工作。

（4）建立并保管好产品销售记录。

（十二）人力资源部门主要职责

人力资源部门的主要质量责任是为保健食品的生产、销售提供符合要求的各级管理人员及各类操作人员，其主要职责如下：

（1）根据保健食品 GMP 的要求及生产管理的要求，为各部门配备各类符合要求的人员。

（2）组织制定各部门及各岗位职责。

（3）制定人事、劳资、培训等各项管理制度。

（4）制定企业培训计划，并负责组织实施。

（5）建立人员档案，包括人事、培训与考核及人员健康档案。

（6）负责组织、人事、劳动工资、社保、劳动卫生等工作。

《中华人民共和国食品安全法实施条例》已于 2019 年 3 月 26 日修订通过，自 2019 年 12 月 1 日起施行，该条例首次明确了“处罚到人”的要求。鉴于实践中一些故意违法行为是企业高层的决策部署，仅仅对企业进行处罚还不能真正惩治违法行为的源头，为此，党中央、国务院要求对于食品安全违法行为要处罚到人。《中华人民共和国食品安全法条例》第七十五条规定：食品生产经营企业等单位有食品安全法规定的违法情形，除依照食品安全法的规定给予处罚外，存在故意实施违法行为，违法行为性质恶劣，违法行为造成严重后果等情形之一的，对单位的法定代表人、主要负责人、直接负责的主管人员和其他直接责任人员处以其上一年度从本单位取得收入的 1 倍以上 10 倍以下罚款。

第二节　人员要求

人是诸多生产要素中的重要因素，保健食品卫生、质量取决于生产全过程中全体人员的共同努力。一个满意的质量保证体系的建立、维护及保健食品的正确生产和管理工作都要依靠人。各级人员在保健食品质量保证中的重要性是不容置疑的。据报道，各种产品质量方面的事故，绝大多数是由于人为的过错或是漫不经心而引起的，很少是工艺的原因。因此，人员管理是保健食品生产企业最重要的管理之一。保健食品企业必须依据本企业的实际情况和生产质量管理对人员的要求，配备足够的并与各级岗位素质要求相适应的人员。

一、　人员的素质要求

人的素质既指先天通过遗传获得的一系列自然的生理解剖特点，又指后天通过环境和教育形成的一系列社会品质，包括人的思想、身体、心理、品质、知识等。人员素质的高低对于保健食品企业各项工作的顺利开展以及推行保健食品GMP工作起着决定性的作用。因此，保健食品企业要认真分析组织机构中各层级人员数量及素质要求，并根据保健食品GMP对人员的要求编制企业职位序列及职位说明书。保健食品企业的职位序列及职位说明书至少要满足保健食品GMP的要求，并明确岗位在机构中的位置、岗位人员基本素质要求及岗位职责，并以此为标准配备各级管理及操作人员。

保健食品GMP在人员方面着重强调了负责保健食品生产和质量管理的企业领导人、部门负责人等各级管理人员和技术人员的专业素质，要求企业必须配备与保健食品生产相适应的具有相关专业知识、生产经验及组织能力的管理人员和技术人员，专职技术人员的比例不低于职工总数的5%。保健食品生产有特殊要求的，专业技术人员应符合相应管理要求。

二、　关键岗位人员的要求

（1）主管保健食品技术的企业负责人，应具有与保健食品管理、生产、检验相关的专业，如医药、食品、生物等相关专业大专以上学历或相应技术职称，具有三年以上食品医药生产相关质量管理经验。

（2）生产管理部门负责人和质量管理部门负责人，应当是专职人员，不得相互兼任，且具有医药、食品、生物等相关专业大专以上学历或中级技术职称，三年以上从事食品医药生产或质量管理经验。

（3）采购人员等从事影响产品质量的工作人员，应具有相关理论知识和实际操作技能，熟悉食品安全标准和相关法律法规。

（4）企业应当具有两名以上专职检验人员，检验人员必须具有中专或高中以上学历，并经培训合格，具备相应检验能力。实验室检验人员和生产操作人员不可相互兼任。

（5）企业应具有空气洁净度检测设备和技术人员，定期进行悬浮粒子、浮游菌、沉降菌等项目的检测。

（6）企业应当具有两名以上能够鉴别动植物等原料真伪优劣的专业技术人员。

第三节　人员管理

一、 人员的健康卫生管理

人是保健食品生产过程中重要的污染源之一，因此必须严格人员健康卫生的管理。《食品安全法》第四十五条规定：食品生产经营者应当建立并执行从业人员健康管理制度。患有国务院卫生行政部门规定的有碍食品安全疾病的人员，不得从事接触直接入口食品的工作。从事接触直接入口食品工作的食品生产经营人员应当每年进行健康检查，取得健康证明后方可上岗工作。食品从业人员应当按照《食品安全国家标准　食品生产通用卫生规范》（GB 14881—2013）的要求做好个人卫生。这是因为生产第一线的人员要对保健食品进行各种各样的加工操作，直接或间接地与保健食品接触，人员的身体状况和个人卫生习惯等可对保健食品的卫生、安全造成不同程度的影响。

（一）人员健康管理

（1）应建立并执行食品加工人员健康管理制度。食品加工人员是指直接接触包装或未包装的食品、食品设备和器具、食品接触面的操作人员。

（2）应建立人员健康档案。食品加工人员上岗前应接受健康检查，每年应进行健康检查，取得健康证明，并登记造册备案；上岗前应接受卫生培训。

（3）食品加工人员如患有痢疾、伤寒、甲型病毒性肝炎、戊型病毒性肝炎等消化道传染病，以及患有活动性肺结核、化脓性或者渗出性皮肤病等有碍食品安全的疾病，或有明显皮肤损伤未愈合的，应当调整到其他不影响食品安全的工作岗位。

（二）人员卫生管理

（1）进入食品生产场所前应整理个人卫生，防止污染食品。

进入作业区域应规范穿着洁净的工作服，并按要求洗手、消毒；头发应藏于工作帽内或使用发网约束。正确佩戴发网、工作帽示意图如图 3－2 所示：

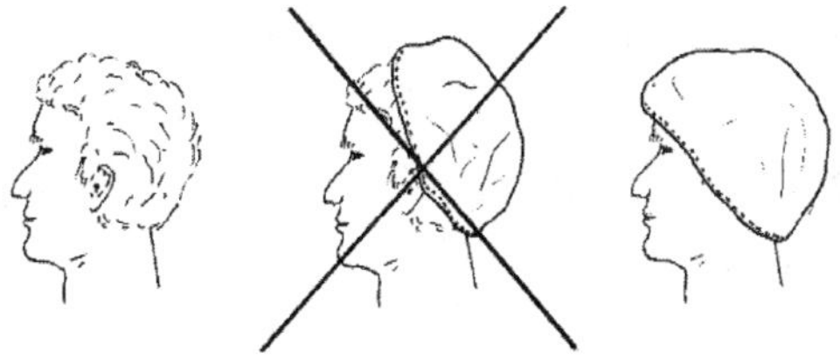

图 3－2　正确佩戴发网、工作帽示意图

（2）进入作业区域不应佩戴饰物、手表，不应化妆、染指甲、喷洒香水；不得携带或存放与食品生产无关的个人用品。

（3）使用卫生间、接触可能污染食品的物品、或从事与食品生产无关的其他活动后，再次从事接触食品、食品工器具、食品设备等与食品生产相关的活动前应洗手消毒。

（三）外来人员卫生管理

（1）非食品加工人员不得进入食品生产场所，特殊情况下进入时应遵守和食品加工人员同样的卫生要求。

（2）进入食品生产场所前需由车间卫生员或车间管理人员对外来人员健康状况、手指甲情况、是否佩戴首饰等进行确认。

因此，人员的健康卫生管理方面，除了要求人员的身体健康以外，生产人员还必须具有良好的卫生习惯，例如穿戴与其职责相适应的衣服；根据需要，头、面、手和臂可能要求戴适当的防护用品以防止污染产品等。这就要求保健食品生产企业需要提供和管理好这些防护用品。

二、　人员的培训管理

在保健食品的生产中，人的作用十分重要。据资料显示，人的差错及过失是造成保健食品质量问题的重要原因，而培训是提高人员整体素质使之适应保健食品生产及质量管理要求的重要手段。《食品安全法》第二十条规定：食品生产经营企业应当加强对食品安全管理人员的培训和考核。食品安全管理人员应当掌握与其岗位相适应的食品安全法律、法规、标准和专业知识，具备食品安全管理能力。食品安全监督管理部门应当对企业食品安全管理人员进行随机监督抽查考核。考核指南由国务院食品安全监督管理部门制定、公布。《保健食品生产许可审查细则》中规定：企业应建立从业人员培训制度，根据不同岗位制订并实施年度培训计划，定期进行保健食品相关法律法规、规范标准和食品安全知识培训和考核，并留存相应记录。因此，保健食品企业务必重视全员教育培训。通过培训，促使员工在相关法规知识、相关专业知识、工作技能、质量意识、工作责任心、执业品德、改变不良卫生习惯等方面不断提高，以获得足够能力履行其职责，为实施保健食品 GMP 奠定坚实的基础；通过培训，促使员工在日常工作中将差错减少至最低限度，最大限度地保证企业的产品卫生质量。

（一）培训基本原则

为了有效地实施培训，根据保健食品生产企业的实践经验，一般应贯彻下述原则。

（1）战略的原则　企业应从战略的高度考虑企业的人员培训，培训规划应与企业的中长期发展规划相适应。企业的最高领导层对培训的认同和支持是培训成功与否的关键。纵观基业长青的企业无一不是在员工的培训上下功夫。

（2）多层次分级培训的原则　一个企业的有效运作，需要不同层次的人员组成团队。不同层次的人员所需要的知识和技能是不相同的，因此企业应根据各层级、各岗位的实际需要来规划培训的内容。

（3）理论联系实际、学以致用的原则　执业培训与普通教育的根本区别在于它特别强调针对性和实践性。企业发展需要什么、胜任岗位工作需要什么、员工缺什么，企业就培训什么。

（4）全员培训和突出重点、因人施教的原则　一方面要根据企业发展规划、工作目标及 GMP 推行的要求有计划、有步骤地对所有在职员工进行培训；另一方面，又要分清主次先后和轻重缓急，进行规划，根据不同的对象选择不同的培训内容和方式。

（5）主动参与原则　要调动员工的学习积极性，促使员工主动参与培训，这对增强培训效果有非常重要的意义。

（二）培训计划

（1）保健食品生产企业每年都应制订对员工培训的书面计划，其内容可包括：培训内容、对象、学时、培训方式、时间、地点、讲课人、考核形式及负责部门等。

（2）培训计划的制订既可以由上而下，也可以由下而上编写，然后由企业统一汇总，形成整个企业的完整计划。

（3）每年可向各部门收集培训需求，集合企业经营及保健食品 GMP 实施工作目标编制企业年度培训计划。

（4）培训计划必须由企业主管领导批准，颁发至有关部门实施。

（三）培训内容

1. 初级培训

所有新招聘的员工，不管其是否来自保健食品生产企业，均须经过初级培训。

初级培训一般应在新员工录用之日起一个月内进行，内容至少包括：

（1）企业的概况、企业文化、基本管理制度及安全生产知识。

（2）保健食品 GMP 基本知识。介绍保健食品 GMP 的基本概念、实施的重要性和必要性、保健食品 GMP 的基本内容。重点进行微生物学基本知识、洁净作业和个人卫生教育。学习微生物学的基础知识，包括微生物的分类、危害性、基本结构、生长繁殖特点、杀灭方法等内容。

（3）产品知识的培训。学习企业的主要保健食品品种基本知识，包括产品类别、剂型、功效；对于直接从事生产的人员还应培训相关产品的生产工艺、作业过程的安全防护知识等。

（4）岗位培训。分配到特定岗位的员工，必须接受岗位 SOP、岗位技能、必要的安全操作及消防、环保等知识的培训。员工必须理解并掌握相关 SOP、批记录及相关岗位操作记录等有关文件规定的具体内容和实际含义。

（5）岗位实习。经过岗位培训后的员工，必须在有资格进行独立操作的员工指导下实习，经过一定时间的实习并经相关应知应会考核合格后，签发“上岗证”。

2. 日常培训

（1）相关法律法规及标准的培训　企业必须随时跟踪政府相关法规颁布、质量标准的变更，对于新发布的与保健食品相关的法规及标准应及时组织对有关人员培训，以便及时地贯彻执行。

（2）保健食品 GMP 的系统培训　培训对象为已经过初级培训的全体员工，培训内容包括：对厂房硬件、人员卫生、生产全过程的卫生质量控制、文件系统、物料系统的管理要求、本岗位的质量责任及工作场所的安全等内容进行系统的培训。以相关 SOP 为主要培训内容，主要讲解操作流程、各工序关键控制要点、防止混淆和污染的措施和方法、清洁卫生方法。不仅要讲解如何做，还要讲清为什么要这样做以及不按规程操作可能产生的危害。

（3）HACCP 系统的培训　企业应采取各种途径对从事生产质量各级人员进行系统的 HACCP 相关知识的培训。

（4）工艺技术培训　对直接从事生产和质量控制的人员要安排产品生产工艺技术的培训，强化员工对企业所用相关技术控制措施的认识和理解。

（5）纠正性培训　把企业在生产质量控制过程中发生的卫生质量偏差、企业内部质量审计过程中发现的偏差、市场质量问题投诉案例等，加以提炼归纳总结，编写成适用的教材，对员工进行必要的纠正性培训，让员工参与分析产生问题的原因，讨论改进方法措施等。

3. 不同级别、不同岗位人员的重点培训

（1）行政领导者　对各级行政领导者应进行食品安全、保健食品等有关法律、法规和规章的培训。进行 GMP、HACCP 等质量管理体系方面的培训，提高他们的质量管理意识、深刻地了解建立GMP、HACCP等质量管理体系的意义以及决策者应起的关键作用，同时还掌握质量管理体系运行的有关组织技术、方法及评价体系有效性的准则等。

（2）食品安全管理人员和技术人员　进行食品安全管理知识、法律法规、GMP、HACCP等质量管理体系知识的培训；对专业技术人员还应进行专业技术知识的培训，使他们有能力在各自的岗位上实施各项生产和质量管理活动；在培训中还应注意学习统计技术方面的知识，如工序能力研究、统计抽样、数据收集与分析、质量问题的识别、分析及纠正措施等。

（3）采购人员　对原材料采购人员应进行必要的GMP知识、供应商管理、原料贮运条件要求以及检验原料是否符合质量卫生要求等知识和技能的培训。

（4）生产班组长和操作工人　企业必须对所有生产班组长和操作工人进行生产所需的知识、技能和方法的培训，包括正确操作机器、工具、仪器，阅读和理解有关图纸、工艺等文件，了解本岗位的质量责任及技术安全操作知识；应进行GMP、HACCP、SOP等方面的培训，使他们具有高度的卫生意识、质量意识及生产质量控制所应具备的各种技能。

4. 新管理规程或操作规程的培训

文件修订后生效前必须对相关人员进行必要的培训和考核，以保证所有执行人员都能够理解和掌握新规程的内容和要求，使“照章办事”落到实处。

（四）培训方式

1. 企业内组织的培训

一次成功的培训，关键在于选择最合适的培训方法。所谓最合适，就是培训方法要适合培训对象，能考虑到成年人在学习时需要自主、参与及实用的特点，让学员多做多说，使他们身心参与，得到最佳的学习效果。常用的方法如下：

（1）讲授法　教员讲，学员听。以单向沟通为主，学员处于被动地位。此法运用较普遍，主要适用于知识理论、国内外法规的介绍和相关经验的传授。

（2）讨论法　以讨论的形式来达到传授知识和技能的目的。此法也可与讲授法结合起来用。教员结合实际提出问题并引导学员积极参与讨论，通过讨论加深对事物的理解，这种互动式的教学方法可充分调动学员的学习积极性，收到良好的学习效果。

（3）案例法　这是管理学教学中常用的方法。通过实际发生的事件，引导学员从正反两方面进行讨论、分析。这种教学方法能使学员积极地思考问题，提高学员对生产和质量管理中实际问题的判断力和处理问题的能力。

（4）视听法　组织学员观看录像、视频等试听教材。这种图文并茂的教学方法直观生动。

（5）实地作业法　该法是指由受训者一边进行作业，一边接受教员的指导和纠正的培训方法。这种方法实用性强、效果较好，适合于基层操作人员的作业培训。

在培训过程中应灵活运用以上各种方法，充分调动企业员工的学习积极性。另外，企业还要提高教员自身素质和授课水平，在提高教学效果方面下功夫；培养企业内训师，开发精品课程，促进企业内训的有效开展。

2. 企业外组织的培训

应根据需要选派有关人员参加外单位组织的培训课程。例如，参加上级或有关单位举办的专业培训班和 GMP 培训班，或请外面有关专家到企业来对有关员工进行培训。

（五）培训效果的考核、评估、资格认证

1. 培训效果的考核及评估

有的培训能够很快反映到员工的工作绩效上，而有的培训很难有立竿见影的效果，甚至要到若干年后效果才能显示出来。尽管如此，每一期、每一个阶段或者每年度培训课程结束后，还需要进行培训效果评估与追踪，以检查培训是否到位。

培训效果评估应是双向的，即一方面是学员对培训效果的评估，可采用学员填写《培训满意度调查表》方式，通过对调查表的统计分析，来评价培训效果；另一方面是通过考试或考核，评价学员学习的效果。考核的方法有多重，可以是提问的方式、可以是学员现场操作的方式、也可以是讨论的方式，目的在于了解学员对培训内容理解和掌握的程度。培训评估后，还可以对培训效果进行评价，并提出改进措施。

2. 食品安全管理人员的考核

针对食品安全管理人员，国家市场监管总局依据《食品安全法》等法律法规的规定，贯彻落实《中共中央国务院关于深化改革加强食品安全工作的意见》，督促指导企业更好地落实食品安全主体责任，加强食品安全管理人员的培训考核，提升食品质量安全管理能力和水平，组织编写了《食品生产企业食品安全管理人员必备知识考试题库》（以下简称《题库》），并开发了“食安员抽考 APP”。各地市场监管部门对企业开展食品生产许可现场核查和监督检查时，统一使用“食安员抽考 APP”对食品生产企业的主要负责人和食品安全管理人员随机进行监督抽查考核，公布考核情况。抽考不合格的，督促企业限期整改，并及时安排补考。监督抽查考核试题从《题库》中随机抽取。原则上每人考试题目不少于 30 道，答对率 90% 及以上为合格。食品生产企业要对职工进行食品安全知识培训，可以使用《题库》和“食安员抽考 APP”对食品安全管理人员进行考核，考核不合格的不得从事食品安全管理工作。

3. 资格认证

对从事特殊工艺操作、检验和试验的人员，应从操作的技能和实践经验等方面进行培训、严格考核，并进行资格认证，取得上岗证书后方可上岗。

对于特殊工种作业的人员如锅炉工、电工、焊工、电梯工、驾驶员等应按国家规定，经培训考核，取得上岗证后方可上岗。

（六）培训档案管理

1. 培训记录

每一次培训都应填写一份培训记录，记录培训的实施情况，培训记录一般包括：

（1）培训时间、地点；

（2）培训形式；

（3）培训的主题及主要内容；

（4）培训负责人/授课教员签名；

（5）参加培训人员名单及签名；

（6）培训考核情况/培训效果评价；

（7）讲稿；

（8）试卷；

（9）培训现场照片。

培训记录是企业培训情况的原始记录，也是员工培训档案的依据。

2. 员工个人培训档案

企业应建立员工培训档案，培训档案的内容包括：

（1）工号、姓名、职称、学历、毕业时间、学校、专业；

（2）所在部门、岗位、入职日期；

（3）培训形式、学时及主题内容；

（4）培训时间、地点；

（5）试卷原件；

（6）职务调动部门、岗位及日期。

培训档案记载了企业员工接受培训及考核的客观状况，它是员工人事档案的组成部分，应认真建立并妥善保管。

案例讨论

宁夏某食品有限公司安排未取得健康证明人员从事食品生产加工案

案例：银川市市场监督管理局兴庆区分局对宁夏某食品有限公司进行检查时发现，部分工作人员未办理健康证明从事直接入口食品生产，执法人员现场下发《责令改正通知书》，要求该公司立即组织工作人员办理健康证明。执法人员对该公司进行复查时发现，仍有工作人员未办理健康证明从事食品生产加工。宁夏某食品有限公司生产经营行为违反了《中华人民共和国食品安全法》第四十五条规定。2019年8月16日，银川市市场监督管理局兴庆区分局依据《中华人民共和国食品安全法》第一百二十六条规定，决定对该公司处以罚款5000元的行政处罚。

问题： 1. 哪些行业需要办理健康证？

2. 从事食品生产经营的单位和个人在员工健康管理方面要注意什么？

拓展阅读

内训师（TTT）

培训师是指根据市场发展状况和企业自身需要，运用现代观念和手段，策划和实施培训项目，并从事培训咨询和教学活动的人员。内部培训师（Training the Trainer to Train，TTT）意为培训培训师，一般情况下，他是通过企业管理培训领域的职业培训师、企业内训师的职业技能和职业素质训练课程，有时特指在某个专业领域内的专业技能培训师的培训技能训练课程。

TTT的课程是企业目前所需的最实用的培训。通过前期企业系统化的需求调研，确定企业问题的关键原因和责任人，然后运用视觉化工具进行问题的分析和解决方案，在需求调研的前提下，运用视觉化工具进行结构的设计和课程的互动内容的设计，设计引导框架，最后讲师授课，是企业目前所需的最实用的培训之一。它让企业完全站在了主导地位，使培训的效益最大化，完全符合当今企业培训以自主性为主的发展方向。使企业培训走上认同文化—提高技能—人才储备的良性发展循环。

思考题

1. 保健食品生产企业组织机构中各部门之间有什么关系？
2. 保健食品企业生产部门的职责有哪些内容？
3. 保健食品企业中对食品安全管理人员有哪些要求？
4. 保健食品企业人员的健康卫生管理有哪些内容？
5. 保健食品企业人员的培训有哪些内容？

实训操作项目一　制定员工健康管理规程

一、 实训目的

通过制定员工健康管理规程的训练，让学生了解保健食品从业人员健康规定，掌握员工体检管理操作要点，从而贯彻良好生产质量管理，保证保健食品安全生产。

二、 实训准备

利用各种搜索引擎与参考书，查询保健食品中各岗位的健康要求、保健食品从业人员健康体检的项目与体检频次，体检管理流程、体检报告的处理方案。

三、 实训职责

人力资源部负责组织新员工体检，每年按要求组织员工体检，并对健康异常员工及时采取措施。

四、 实训内容

1. 人员健康检查规定

（1）凡是从事直接接触保健食品生产的每一位员工，如患有痢疾、伤寒、甲型病毒性肝炎、戊型病毒性肝炎等消化道传染病，以及患有活动性肺结核、化脓性或者渗出性皮肤病等有碍食品安全的疾病，或有明显皮肤损伤未愈合的，应当调整到其他不影响食品安全的工作岗位。

（2）体检管理

①体检项目：

a. 呼吸系统检查（包括胸部X光透视等）。

b. 消化系统检查（包括粪便检查等）。

c. 皮肤病方面的检查。

d. 肝功能检查。

e. 其他必要的检查。

②体检频次：

a. 新员工进场前必须进行全面的身体检查，只有身体检查全部合格的员工方可考虑录用，否则不予录用。

b. 直接从事保健食品生产和现场管理的员工，每年必须按体检范围要求进行一次体检，体检合格，取得健康证方能继续从事其岗位的工作，否则必须立即停止工作，调离岗位。

③工作程序：

a. 新员工体检由人力资源部负责组织到指定医院体检。

b. 员工每年常规体检由各部门组织人员，人力资源部定期联系体检医院并组织体检。凡体检合格者，由体检医院发放健康证，存入本人健康档案。体检不合格者，按“员工健康异常处理程序”办理。

④员工健康异常处理程序：

a. 凡员工常规体检不合格者，由人力资源部填写《员工健康异常申报表》，说明健康异常原因、建议处理意见，报员工的原部门主管签署意见。

b.《员工健康异常申报表》经异常员工部门主管签署意见后，由分管副总经理审核、总经理批准。

c. 经总经理批准的《员工健康异常申报表》由行政部执行，并归入员工个人档案。

d. 立即停止患病员工的工作，调离岗位，让其回家休息。

e. 有传染病发生的岗位，凡与之有关的可能感染的员工均应体检。

f. 对传染病患者所在的岗位环境、设备、设施、用具等立即采取有效的消毒措施，并且对人员、环境、设备、用具等进行特殊强化的监控，以有效地防止传染病蔓延。

2. 体检合格证上岗规定

所有员工需持健康证上岗。

3. 重新上岗规定

因病离岗的员工在疾病痊愈、身体恢复健康后，应持公司指定医院医生所开具的健康合格证明方可重新上岗。

实训操作项目二　编写企业各部门岗位职责

一、 实训目的

通过本任务的岗位描述训练，学会编写各部门岗位的岗位职责、任职资格、上下级关系、绩效要求、服从规范等基本要求，作为企业岗位考核与招聘的依据。

二、 实训范围

适用于公司所有部门中各个岗位。

三、 实训职责

（1）企业负责人确定公司的组织架构图与部门职能。

（2）部门负责人确定部门内各岗位职责。

（3）部门负责人的上级领导确定该负责人的岗位职责。

四、 实训内容

（1）确定在公司的组织结构图中，要设置哪些部门，进行各个部门的职能描述。

（2）在部门职责明确前提下，为了满足组织的职能需要，进行部门的合理岗位设置（部门职能描述是对部门任务或者功能的阐述，是服务于公司的总任务或者总目标的）。

（3）规定各个岗位的职责和要求，编制岗位说明书，包括岗位职责、任职资格、上下级关系、绩效要求、服从规范等基本要求。

（4）岗位说明书经过直接上级和间接上级审核，复核后，交人力资源部备案。

（5）人力资源部把所有的岗位描述进行汇总后，形成公司完整的岗位描述体系进行文件管理，作为考核和招聘的依据。

岗位职责描述书模板

<table>
<tr><td rowspan="2">职位信息</td><td>职位名称</td><td>所属部门</td><td>直接上级</td><td>直接下级</td></tr>
<tr><td></td><td></td><td></td><td></td></tr>
<tr><td>职责描述</td><td colspan="4"></td></tr>
<tr><td>具体职能内容</td><td colspan="3">策略与计划性工作：
日常工作：
人事工作：</td><td>授权：</td></tr>
<tr><td>职位规范</td><td colspan="2">主要工作要求：</td><td colspan="2">常用关键绩效指标：</td></tr>
<tr><td>必须遵守的工作规范</td><td colspan="4">1.
2.
3.
……</td></tr>
<tr><td>在职资格</td><td colspan="4">1.
2.
3.
……</td></tr>
<tr><td>签署</td><td colspan="2">职位责任人签署：
人力资源部签署：</td><td colspan="2">分管领导签署：</td></tr>
</table>

第四章

保健食品GMP——厂房与设施管理

知识目标

1. 掌握保健食品生产车间的布局、洁净室的布局要求；人流、物流交叉污染的控制措施；空气洁净度级别的划分；空气过滤器的净化原理、过滤器的分类。

2. 熟悉保健食品厂厂房的设计原则与内容；厂房室内装修基本要求；空气净化设备。

3. 了解厂址选择、规划；厂区布局原则。

能力目标

1. 能根据保健食品生产的工艺判断各工序需要的车间洁净度级别。

2. 学会参与设计厂区及厂房的规划，能编写厂址选择报告，分析设计的合理性。

3. 能根据产品性质合理选择其生产及储存的温湿度条件。

4. 能合理的考虑人流、物流布局，采取相应的措施、避免人对物料、外界环境对物料和物料之间产生交叉污染。

5. 能根据车间洁净度要求正确选用空气净化装置和设备。

硬件设施是保健食品生产的基本条件。保健食品生产企业的厂房设施主要包括：厂区建筑物实体（含门、窗）；道路；绿化草坪；围护端；生产厂房的附属公用设施，如洁净空调和除尘装置、照明、消防喷淋、上、下水管网；洁净公用工程，如纯化水、注射用水、洁净气体的产生及其管网等。对以上厂房设施的设计，直接关系到保健食品质量。

GMP 的核心就是防止食品生产过程中污染、交叉污染以及混淆、差错。保健食品洁净厂房与设施的设计除了要严格遵守 GMP 的相关规定之外，还必须符合国家的有关政策，执行现行有关的标准、规范，符合实用、安全、经济的要求，节约能源和保护环境。在可能的条件下，积极采用先进技术，既要满足当前生产的需要，也要考虑未来的发展。对于现有建筑技术改造项目，要从实际出发，充分利用现有资源。用于保健食品生产的设施，应以满足现行 GMP 为最基本的要求，并在此基础上进行优化，以满足生产的要求及企业的商业利益。优化的设施设计与厂区的实际情况、生产的具体要求、生产方式、设备的选择等紧密相关。

第一节　厂址的选择与规划

一、 选址及厂区环境

厂址选择是保健食品生产企业开办首先进行的重要决策，对企业未来发展具有决定性的意义，也是保健食品生产企业能否顺利实施 GMP 的基础。选择厂址时，应按照国家方针政策、法律法规以及 GMP 规范，从生产条件到经济效益等方面出发，满足保健食品对厂址的基本要求。保健食品厂的选址、厂区环境的一般性设计、建筑和卫生设施亦应符合 GB 14881—2013《食品安全国家标准　食品生产通用卫生规范》的要求。

（一）选址

（1）厂区不应选择对保健食品有显著污染的区域。如某地对保健食品安全和食品宜食用性存在明显的不利影响，且无法通过采取措施加以改善，应避免在该地址建厂。

（2）厂区不应选择有害废弃物以及粉尘、有害气体、放射性物质和其他扩散性污染源不能有效清除的地址。

（3）厂区不宜选择易发生洪涝灾害的地区，难以避开时应设计必要的防范措施。

（4）厂区周围不宜选择有虫害大量滋生的潜在场所，难以避开时应设计必要的防范措施。

（二）厂区环境

（1）应考虑环境给保健食品生产带来的潜在污染风险，并采取适当的措施将其降至最低水平。

（2）厂区应按生产工艺流程及所要求的洁净级别进行合理布局，同一厂房和邻近厂房进行的各项生产操作不得互相妨碍。各功能区域划分明显，并有适当的分离或分隔措施，防止交叉污染。

（3）生产环境必须整洁、厂区地面、路面及运输等不应当对保健食品的生产造成污染，厂区内的道路应铺设混凝土、沥青或者其他硬质材料。空地应采取必要措施，如铺设地砖或铺设草坪等方式，保持环境清洁，防止正常天气下扬尘和积水等现象的发生。

（4）厂房建筑结构应当完整，能够满足生产工艺和质量、卫生及安全要求，同时便于进行清洁工作。厂区绿化应与生产车间保持适当距离，植被应定期维护，以防止虫害的滋生。

（5）生产、行政、生活和辅助区的总体布局应当合理，不得互相妨碍，如宿舍、食堂、职工娱乐设施等生活区应与生产区保持适当距离或分隔。

（三）选址原则

新办企业或改建企业在选址时，要确保合规和严谨，应遵循以下原则：

1. 符合国家的方针政策和法律法规的要求

厂址的地区布局应符合区域经济发展规划、国土开发及管理的有关规定，以适应当地近远期规划的统一布局，正确处理工业与农业、城市与乡村、远期与近期以及协作配套等各种关系。

2. 自然环境符合要求

根据保健食品 GMP 的要求，对产品与工艺有影响的自然环境因素进行全面考虑与甄别，有洁净厂房的生产企业，厂址宜选在自然环境较好的地区，远离有噪声、振动、严重空气污染地区。如不能远离，应根据风向频率玫瑰图选址布局。

3. 交通便利

所选用厂址应有较方便、快捷的交通运输条件，尽量降低人员、物料的进出成本，节省时间。

4. 确保水、电、汽供给

水、电、汽是生产的必需条件，不间断、稳定的电力供给和良好充足的水源是生产厂能正常生产的基本保证。

二、 厂址选择报告

厂址选择前期调研工作完成之后，可根据《轻工业建设项目厂址选择报告编制内容深度规定》编写厂址选择报告，一般含以下内容：

（1）厂址的坐落点，四周环境情况。

（2）地质及有关自然条件资料：地表、标高、起伏、气象、地质等。

（3）厂区范围、征地面积、发展计划、目前场地使用现状、需征土地情况及施工时有关的土方工程，并绘制 1∶1000 的地形图。

（4）原料、辅料的供应情况。

（5）水、电、燃料、交通运输及职工福利设施的供应和处理方式。

（6）废水排放情况、污水处理的方法。

（7）经济分析，要求对厂区一次性投资估算及生产中的经济成本等综合分析。

三、 厂区规划

厂址的选择和厂区的规划布局与规划是保健食品生产企业GMP硬件建设的第一步。厂区规划布局是一项复杂的综合性的技术工作，它是城市总体布局的有机构成部分，需要各方面的技术人员参加，共同研究讨论，从全部出发，互相配合，分别解决本专业的问题。

（一）规划内容

厂址确定后下一项工作就是厂区规划，厂区规划就是保健食品生产企业根据自身产品的性质与生产工艺流程以及GMP标准，对生产厂区格局总体进行的规划设计与布置。厂区的规划主要包括生产车间、辅助车间、仓库、动力与公用工程、管理设施、环保设施、生活设施、道路交通及绿化设施等的规划和布局。

（二）规划原则

厂区规划具有相对的灵活性，合理的布局可确保保健食品生产质量管理的顺利进行。应遵循以下原则：

1. 按功能区规划原则

厂区按生产、辅助、行政、生活等用途划分区域，合理布局，符合保健食品卫生、环保、安全防火等各项要求，避免保健食品生产中发生交叉污染，便于工业废物的处理。

2. 符合工艺与洁净原则

厂房和车间应根据产品特点、生产工艺、生产特性以及生产过程对清洁程度的要求合理划分作业区，并采取有效分离或分隔。例如，通常可划分为清洁作业区、准清洁作业区和一般作业区；或划分为清洁作业区和一般作业区等。一般作业区应与其他作业区域分隔。

总布局应综合考虑生产工艺特点和防止交叉污染的需求，减少与消除生产环境有可能对保健食品生产所导致的有关物料、中间产品、成品等混淆与差错。

清洁作业区应位于最大频率风向的上风侧，布置在厂区内环境清洁、人流物流交叉少的地方，与市政主干道距离不宜小于50m。原料生产区应置于产品生产区的下风侧。动力设施应接近负荷量大的车间，三废处理、锅炉房等严重污染的区域应置于厂区的最大频率风向的下风侧。变电所的位置应考虑电力线引入厂区的便利。危险品库应设于厂区安全位置，并有防冻、降温、消防等措施。动物房应设于僻静处，并有专用的排污与空调设施。运输量大的车间、仓库、堆场等应布置在货运出入口及主干道附近，避免人、货流交叉污染。

3. 符合人流与物流分开的原则

厂区内主要道路应遵循人流与物流分开的原则。人流和物流出入门必须分别设置，原料和成品的出入门也应分开设置，以避免人流、物流在厂区内造成交叉污染。且应以最短运输距离为准，不宜使运输车辆在厂区内长距离运行，造成振动、噪声及尘土飞扬。

厂区应设消防通道，洁净厂房宜设置环形消防车道。如有困难可沿厂房的两个长边设置消防车道。厂房周围应绿化，尽量减少厂区的露土面积，一般绿化面积在30%以上，铺植草坪，不宜种花。

第二节　厂房平面布局及设施

厂房的合理布局取决于科学合理的设计，要达到防止人流、物流混杂和交叉污染的基本要求，以及区域布置的要求，还要能保证对生产过程的有效管理，重点是洁净室（区）的管理。保健食品生产企业的运行是由众多的功能区运行构成的，各区区域应区隔合理，不得互相妨碍，它们的识别、划分、间隔、衔接、组合是总体布局与设计中首先要考虑的。

一、 生产车间的布局

生产车间应当有与生产规模相适应的面积和空间，以有序地安置设备和物料，便于生产加工操作，防止差错和交叉污染。生产车间布局一般满足以下原则：

1. 人流、物流分开要求

人员、物料必须分别设置不同通道，避免人流、物流相互干扰及交叉污染。人员从人员净化系统进出洁净区，物料从物料净化系统进出洁净区。

2. 工艺流程要求

生产车间内各生产操作间及各个功能间应按照产品工艺流程先后顺序紧凑合理的布局，以便于物料迅速传递，减少差错，利于生产管理，避免人流、物流迂回往返，防止混杂和交叉污染。

3. 洁净要求

生产车间分一般生产区和洁净区。洁净度高的厂房布局在靠近空调机房位置，洁净等级相同的厂房或操作室尽量集中在一起，洁净度高车间应布置在上风侧，易产生污染的安排在靠近回风口位置，洁净级别和卫生要求不同的厂房联系要有防污染措施，如气闸、传递柜、缓冲间等。

4. 物料、仪器设备放置要求

各生产、功能间的面积应满足安装设备、生产操作、中间产品暂存、方便机器维修等使用面积的需要。面积过小，影响生产使用，面积过大，造成能源浪费。车间内不应设置仓库大量储存物料，各物料存放间的面积设计，宜以一天或一班的存放量为限。

5. 噪声控制要求

根据GB 50073—2013《洁净厂房设计规范》规定，洁净室内的噪声级，即厂房设施已建成，并接通运行，无设备人员在场的噪声级，非单向流洁净室不应大于60dB（A），单向流、混合流洁净室不应大于65dB（A）。

6. 微振控制要求

有微振控制要求的洁净室，在结构选型、隔振缝设置、壁板与地面、壁板与顶棚连接处，应按微振控制要求设计。洁净室与周围辅助性站房内有强烈振动的设备及连接管道应采取主动隔振措施，并按规定测定洁净厂房内、外各类振源对洁净厂房精密设备、精密仪器仪表位置处的综合振动影响，以决定是否采取被动隔振措施。

二、 辅助区布局

1. 称量及前处理区

采用集中称量，按生产指令及配方批称量，集中放在备料室，以便生产者复合领料。称量及前处理岗位都是粉尘散发较严重的场所，故布置中为了要加强除尘措施，这些岗位尽可能采用多间独立小空间。

2. 包装区

包装区要尽可能集中，这样可以充分利用场地，节省面积。同时有多条生产线进行包装时，应采取隔离或其他有效防止污染或混淆的设施。

3. 清洗区

辅助区设有设备及容器具清洗室，清洁工具洗涤存放室，洁净工作服清洗、干燥室，休息室。10000级以上的洁净区其工作服应在同级别洁净区内的清洗间清洗、干燥、整理，必要时进行灭菌。无菌工作服的整理、其洁净度等级可按照10000来设置。100000级洁净区其工作服应设置在洁净室（区）内，其空气洁净度等级应不低于100000级。

生产过程中的容器、工具等在变换品种、生产批号或当班生产结束后都必须进行清洗，如有必要，须进行消毒灭菌，清洗时须有专用的设备容器清洗间及清洗槽，不得与洁具清洗间共用，工具、容器清洗消毒后，应存放在专用的存放间内，不宜存放在工具、容器清洗间，以免产生交叉污染。

4. 中间站

在生产车间内部设置中间站是降低人为差错，防止中间混料，保证产品质量的可靠措施之一。其容积应与生产品种和生产规模相适应，且一般生产区与洁净区的中间站应分别设置。

5. 功能区

功能区主要是空调机房、配电室、维修保养间等。空调机房应紧靠洁净生产区，使通风管道线路最短，这样可以减少管道接头和相应的渗漏、污染机会，能降低能源消耗。维修保养间主要用于机电、仪器简单的维修与保养工作，不设置在洁净区内部。

三、 仓储区布局

仓库应有原辅料库、包装材料库、成品库，如有必要还应设置中间产品库与危险品库，根据产品储存条件的要求，分别设置普通库、常温库、阴凉库、冷库、冷冻库等。①普通库：无温湿度要求；②常温库：温度 10～30℃，相对湿度 45%～75%；③阴凉库：温度不高于 20℃，相对湿度 45%～75%；④冷库：温度 2～10℃，相对湿度 45%～75%；⑤冷冻库：－25～10℃。

仓库应设有空气洁净度级别与生产要求一致的取样设施，以便取样检查。

仓库应装备完善的防火设施，库外需设置消防栓、配备消防带。

仓库内要有适当的照明和通风设施，能保持干燥、清洁、整齐。仓储区对温湿度及有特殊要求的物料应有有效的控制措施。

物料应堆放在地台板上，高度至少 10cm，结构应考虑便于清洁和冲洗。物料堆垛应留有一定距离，通常垛与垛之间距离不应小于 30cm，与库房顶、内墙、温湿度调控设备及管道设施距离不小于 30cm。固体与液体物料分开存放，易串味、易污染的物料与其他物料分开存放。

四、 质量控制区布局

质量控制实验室需根据产品需要设置各种理化检验、仪器分析、生物检定、微生物检验、留样观察、标本等实验室。

质量控制实验室与生产车间严格分开，避免相互妨碍及交叉污染，应当有自己的更衣室。理化检验室是对原辅料、中间产品进行化学检验及样品制备的场地，应具备有通风橱及良好的通风、采光条件。如有条件可设置包材检验室，专门用于各类包装材料、容器的检测，因为一般的包装材料，特别是外包材表面尘埃多，不宜在理化检验室内检测。仪器分析室可分为普通仪器室和精密仪器室。普通仪器室主要是存放对环境无特殊要求的常用普通仪器。精密仪器室用于存放比较贵重及精密的仪器，此类仪器大多对环境有特殊要求，需设置恒温恒湿、避光、防干扰、防尘等设施。标本室放置动、植物原料标本，需设置标本柜及防潮、防虫、防霉设施。留样观察室包括留样间及观察室，按照留样所需要的储存条件分别设置：常温留样间（柜）、阴凉留样间（柜）、低温留样间（柜），留样间必须避光且配置足够的留样柜。微生物实验室应划分成相应的活菌操作区域和洁净区域，活菌操作区应配有生物安全柜，形成负压空气环境，避免有害的生物因子对实验室人员和环境造成危害，各项工作应在专属区域完成，尽可能将交叉污染的风险降到最低。

五、 人员净化设施

人员净化是指人员在进入洁净区前必须经过净化处理，简称“人净”。在洁净厂房的众多污染源中，人是主要污染源之一，尤其是工作人员在洁净的环境中的活动，会明显增加洁净室的污染程度，且工作人员的灰尘量与其衣着情况、不同的动作幅度等因素有关，为了在操作过程中尽快减少人的活动产生的污染，必须设置人员净化设施。人员进入洁净区之前，要换洁净服、手消毒、戴手套，根据需要，有的还需要设置淋浴室和空气吹淋室。

一般人员净化用室须满足以下要求：

（1）入口处应设净鞋措施。

（2）存外衣、更换洁净工作服的房间应分别设置。且外衣存衣柜应按设计人数每人设一柜，洁净工作服宜集中挂入带有空气吹淋的洁净柜内。

（3）盥洗室应设洗手和烘干设施。

（4）空气吹淋室应设在洁净区人员入口处，并与洁净工作服更衣室相邻。

（5）根据不同的空气洁净度等级和工作人员数量，洁净厂房内人员净化用室和生活用室的建筑面积应合理确定，并宜按洁净区设计人数平均每人 2 ~ 4m^2计算。

六、物料净化设施

物料净化是指各种物件送入洁净区前必须经过净化处理，简称“物净”。洁净室内设备和物料出入口应根据设备和物料的性质、形状等特征设置物料净化用室及其设施。物料净化用室的布置应防止净化后物料在传递过程中被污染。物料净化系统一般设置拆包间、缓冲间或传递柜（窗），物流通道必须装有防止两门同时打开的自动连锁装置，缓冲间应设有洁净区用的地台板，洁净区设置废弃物的专门出口，可以带连锁装置的传递窗作为其出口。

物料净化设施见图 4 – 1。

(1)传递窗　　(2)货淋室

图 4 – 1　物料净化设施

七、安全疏散设施

厂房设计时，每层楼至少有两条人员疏散通道，采用疏散楼梯或直通室外地面，以便发生火灾时，人员能够迅速逃离现场。

洁净区的安全门必须按照 GB 50016—2014《建筑设计防火规范》进行设计，宜采用钢化玻璃密封，火灾发生时，可用锤子将玻璃打碎，以便逃生。人员通道不可作为安全出口。

八、平面布局参考图

固体制剂生产车间平面布局见图 4 – 2。

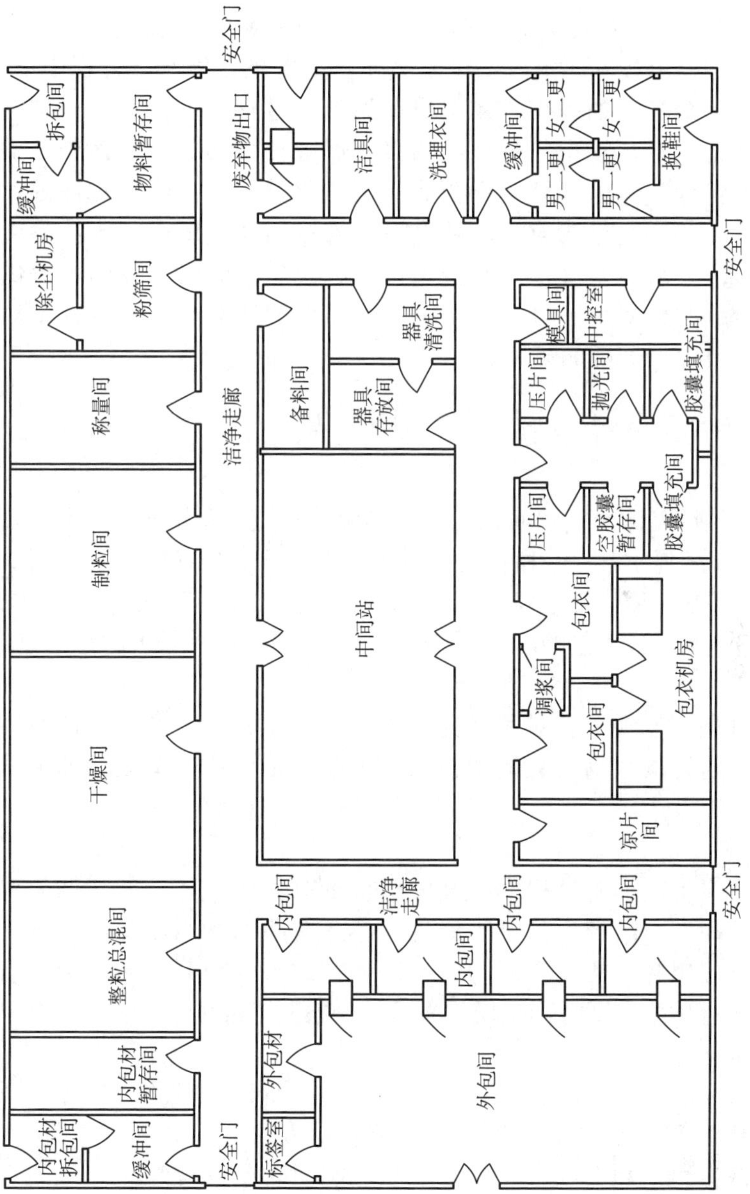

图4-2 某企业固体制剂生产车间平面布局图

第三节　空气净化设施

《保健食品良好生产规范》对保健食品生产环境的空气质量，如含尘量、温度、湿度都提出严格的技术要求。要保证保健食品质量在生产的过程中不受污染，空气净化技术是一个必要的条件。在保健食品生产过程中，存在着各种各样的影响食品质量的因素包括环境空气带来的污染、保健食品间的交叉污染和混淆、操作人员的人为差错等。保健食品生产企业空调净化系统主要通过对保健食品生产环境的空气温度、湿度、悬浮粒子、微生物等的控制和监测确保环境参数符合保健食品质量的要求，避免空气污染和交叉污染的发生，同时为操作员提供舒适的环境。另外，空调净化系统还可起到减少和防止保健食品在生产过程中对人造成的不利影响，并且保护周围的环境。

一、洁净区（室）内有害物质的来源

1. 尘粒

空气中的尘粒是固体制剂车间最大的污染源。它随风飘动扩散。其来源主要由以下几个方面：①外界空气；②物料及包装材料等；③设备；④生产中产生的，如固体物料的粉碎、过筛、混合等过程；⑤人员，人员进入洁净室，除了衣物可能带入尘粒外，人体本身还会散发大量的皮屑。有些洁净室，人员成为最大的污染源。

2. 微生物

微生物（细菌）来源广，对保健食品的危害比微粒更严重。与微粒相比，微生物更难控制，因为微生物具有下列特点：①存在范围广；②生长速度快；③生存能力强。

3. 有害气体

某些原辅料在生产加工过程中会散发出有毒有害的气体，如片剂的包衣过程中，有机溶剂的挥发，会产生易燃易爆的气体。有些原辅料本身易挥发，如香精挥发后易导致产品串味，铝塑泡罩包装工序，在成膜及热封合时，会释放出有毒气体。如不能及时排除，则会影响操作人员的健康与产品的质量。

4. 余热与余湿

余热与余湿来源广泛：①生产过程中易产生，提取时蒸煮、浓缩、干燥等环节都存在热交换过程；②仪器设备工作时都会散发热量；③外界空气；④人员，人体正常也会散发热量和水汽。这些高温高湿都需要及时处理，以保证产品质量。

二、空气洁净度级别

1. 空气洁净级别的划分

保健食品生产车间内应按生产工艺和卫生、质量要求，划分洁净级别。原则

上应分为一般生产区、30 万级区、10 万级区、1 万级区。具体要求见表 4－1。

表 4－1　　洁净室（区）空气洁净度级别表

空气洁净度等级	含尘浓度		含菌浓度		换气次数/（次/h）
	尘粒粒径/μm	尘粒数/（个/m^3）	沉降菌/cfu	浮游菌/（cfu/m^3）	
10000 级	≥0.5	≤350000	≤3	≤100	≥20
	≥5	≤2000			
100000 级	≥0.5	≤3500000	≤10	≤500	≥15
	≥5	≤20000			
300000 级	≥0.5	≤10000000	不作规定	不作规定	≥12
	≥5	≤61800			

注：（1）表中数值为静态测试值。
（2）沉降菌用 ϕ9cm 培养皿取样，暴露时间 0.5h。

该表中与空气洁净度有关的有两个指标：含尘浓度和含菌浓度。为了保证达到空气洁净度，还有两个相应要求，即温、湿度要求，《保健食品良好生产规范审查方法和评价准则》对洁净室（区）规定了温湿度控制要求：无特殊要求时，温度应控制在 18～26℃，相对湿度控制在 45%～65%。特殊产品根据产品要求确定。

2. 保健食品生产环境的洁净度级别要求

保健食品生产环境的洁净度级别一般不低于 10 万级，益生菌、热罐装和无菌灌装保健饮料的生产还需要更高级别的洁净度。酒类保健食品（含酒精度在 35% 以上的保健食品）应有良好的除湿、排风、除尘、降温等设施，人员、物料进出及生产操作应参照洁净车间管理。

三、洁净室（区）的净化

洁净室（区）应以微粒和微生物为主要控制对象，还应满足温度、湿度、压差、照度等参数的要求。为了保证洁净室达到净化级别要求，洁净室（区）应采用净化空气调节系统。空气净化系统是采用过滤法除去空气中尘粒而使空气得到净化的。空气过滤器是用于过滤空气的设备，是空气净化系统的重要组成部分。

（一）空气过滤器的净化原理

1. 静电吸附除尘

含尘空气经过高压静电场时被电分离，尘粒与负离子结合带上负电后，趋向阳极表面放电而沉积，从而除去而净化。该法使用时需要消耗电能，应用受到限制。

2. 黏性滤料黏附除尘

含尘空气通过滤料空隙的曲折通道时，尘粒碰到黏性滤料被黏附除去，而使空气净化。

3. 干式纤维过滤除尘

含尘空气通过过滤器，粒径大于滤材孔径的尘粒被截留，而使空气净化。该法操作方便稳定可靠，滤材可清洗、更换。故在保健食品行业的空气净化系统中应用广泛。

（二）空气过滤器的类型

1. 初效过滤器

初效过滤器主要滤除粒径5～100μm的悬浮粉尘和各种异物，保护中、高效过滤器和压缩机，以延长中、高效过滤器的寿命。通常设置在上风侧的新风过滤，因此也称预过滤器，主要滤材有粗、中孔径的泡沫塑料、人造纤维、玻璃纤维和无纺布，初效过滤器有平板型、袋型和卷绕型空气过滤器，易于拆卸。

2. 中效过滤器

中效过滤器主要用于滤出1～5μm的尘粒，一般置于高效过滤器之前，用以保护高效过滤器。主要滤材有中、细孔径的泡沫塑料、玻璃纤维、合成纤维无纺布。

3. 亚高效过滤器

亚高效过滤器主要滤出小于1μm的尘埃，置于高效过滤器之前以保护高效过滤器。一般置于高效过滤器之前，或作为30万级洁净车间的终端过滤器，主要滤材有亚高效玻璃纤维滤纸，过氯乙烯纤维滤布，聚丙烯纤维滤布等。常采用折叠式过滤器。

4. 高效过滤器

高效过滤器一般装在洁净厂房和局部净化设备的末端，主要滤除大于0.5μm的尘埃。必须在中效滤过器的保护下使用，安装时正反方向不能倒装。主要滤材有超细玻璃纤维滤纸、合成纤维纸，过滤时阻力大、效率高且不能再生，常用的是折叠式空气过滤器。

（三）空气过滤器的结构形式

1. 板式空气过滤器

板式空气过滤器是把滤材装到框架内，两侧用金属网压紧形成平面状，框架采用木材、金属或塑料等制成，是最简单而常用的过滤器。

2. 契式空气过滤器

契式空气过滤器是将平板状滤材交错摆放成契状，常用于中效过滤。

3. 袋式空气过滤器

袋式空气过滤器是把滤材作成细长的袋子，然后装入框架上，常用于中效过滤。

4. 折叠式空气过滤器

折叠式空气过滤器是将较薄的垫块状滤材折叠装入框架内，并且采用波纹形分隔板夹在褶状滤材之间，保持滤材褶与褶之间的间隙，支持手风琴状的滤材，防止滤材变形。该滤过器滤过面积大，可减少通过滤材的有效风速，微米级粉尘的捕集效率高，是经济而可靠的高效过滤设备。

空气过滤器结构形式见图 4－3。

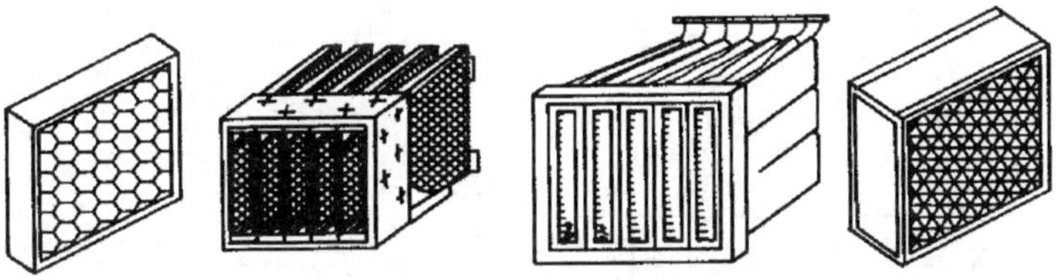

(1)板式　(2)契式　(3)袋式　(4)折叠式

图 4－3　空气过滤器示意图

（四）空气过滤器的技术参数

空气过滤器的性能指标主要有以下几项：阻力、效率、滤速、容尘量。除此之外，还有一些其他特性指标，如净化系数、穿透率等。这些指标主要和过滤器的结构及滤料有关。

（1）阻力　分为两部分，一是过滤器结构阻力，二是滤料阻力。过滤器的阻力占主要部分，严重影响能耗。通常把没有积尘时的阻力称初阻力，需要更换时的阻力称终阻力，一般取终阻力为初阻力的 2 倍。

（2）效率　是指被过滤器净化后的大气尘含量与过滤器进口时大气尘含量比值的百分数。

（3）滤速　滤料面积上通过的气流速度，它能反映滤料过滤性能和通过能力。

（4）容尘量　在额定风量下，过滤器的阻力达到终阻力时，其所容纳的尘粒总质量称为该过滤器的容尘量。由于滤料的性质不同，粒子的组成、形状、粒径、密度、浓度及黏滞性的不同，因此容尘量也不同。

（5）穿透率　空气穿过过滤器后，仍有没滤掉的微粒，这时用穿透率来表示这种穿过的程度。

（6）净化系数　指穿透率的倒数。表示通过过滤器后微粒降低的程度，也是衡量过滤器质量的标准之一。

四、　洁净空气的气流形式

气流形式是净化空气在洁净室内流动所形成的流动状态。根据流动状态可分为单向流和非单向流。洁净室可根据用途选择气流形式。

1. 单向流

空气流线呈平行，又称平行流或层流。分为水平单向流和垂直单向流。

（1）垂直单向流　以高效过滤器为送风口布满顶棚，地板全部做成回风口，使气流自上而下地流动。为克服空气对流，垂直层流的端面风速在 0. 25m/s 以上，换气次数在 400 次/h 左右，造价以及运转费用很高。

（2）水平单向流　以高效过滤器为送风口满布一侧壁面，对应壁面为回风墙，气流以水平方向流动。为克服尘粒沉降，端面风速不小于 0. 35m/s。水平层流的造价比垂直层流低。

单向流气流组织见图 4 –4。

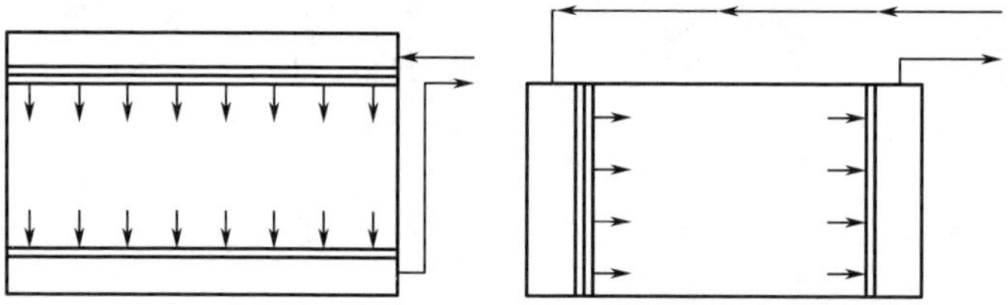

图 4 –4　单向流气流组织

2. 非单向流

非单向流也称“乱流”。一定数量的高效过滤器为送风口布置在洁净室墙壁或屋顶，但未布满墙壁或屋顶，气流在洁净室内不能以单一方向流动。其结构简单，投资和运行成本低，但洁净度不高。洁净度取决于送风口的密集程度和分布方式。

非单向气流组织见图 4 –5。

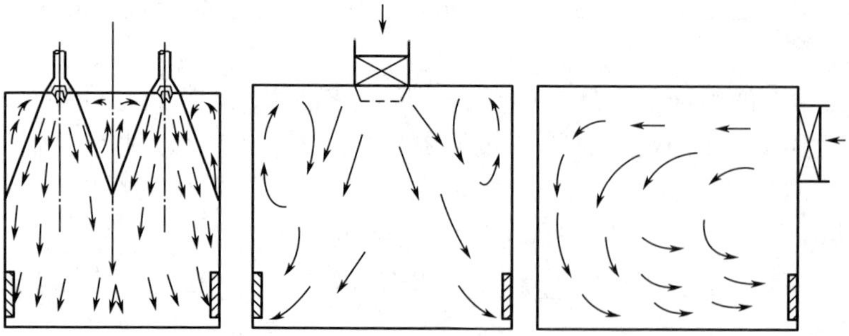

图 4 –5　非单向流气流组织

保健食品生产企业洁净室，可根据产品特性及生产的洁净度、压差需求，选择单向流或非单向流。

五、 空调净化系统

1. 空调净化系统的结构

空调净化系统由空调净化机箱、送风管道、静压箱、送风口、回风口和回风管道组成。比较简单的空调净化机箱由箱体、初效过滤器、表冷器、加热加湿器、风机、中效过滤器组成。

2. 空调净化系统的工作原理

新风通过初效过滤器后由风机送经干燥箱、中效过滤器，最后通过高效过滤器进入车间。净化空调系统的初效和中效过滤器一般集中布置在空调机房，高效过滤器常布置在净化空调系统的末端，如洁净室的顶棚上，以防送入的洁净空气再次受到污染。空气净化流程图见图 4 –6。在满足生产工艺的前提下，尽量利用循环回风，可节省能源与系统运行成本。

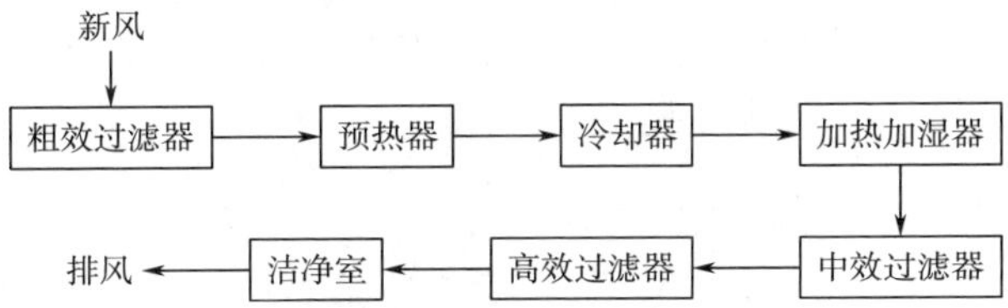

图 4 –6 空气净化系统流程图

3. 空调净化系统的分类

空调净化系统按照送风方式一般分为集中式、分散式和半集中式。

(1) 集中式空调净化系统 集中式空调净化系统是把洁净室置于一个空调净化系统之下的调控方式。

(2) 分散式空调净化系统 分散式空调净化系统是将净化系统的处理设备分散在各个被调节的房间内的系统，故又称为局部净化系统。

(3) 半集中式空调净化系统 半集中式空调净化系统是指在一个洁净厂房内除了有集中式空调净化系统外，还有局部的分散式空调净化系统。

4. 空调净化系统的设置

洁净厂房由于不同剂型或品种的生产对洁净区域有不同的要求，为防止不同操作区域之间粉尘的污染，并考虑到加工过程往往发生在不同的时间段，因此通常采用多个净化系统的设置方式。划分原则如下：

(1) 按生产区、辅助区划分。

(2) 按剂型的工艺区域划分，不同剂型的生产工艺对空气洁净度要求不同。

(3) 按防火防爆、产生剧毒有毒物质区域划分。

(4) 按照不同洁净度等级划分。

(5) 按照厂房或工艺平面分区划分。

对于10万级洁净室净化空调系统一般由初、中、高三级过滤+温、湿度控制设备（冷却器、加热器、加湿器等）组成。30万级与10万级相比，过滤要求低一些，因此有三种方案可供选择：①初效+中效+中效；②初效+中效+亚高效；③初效+中效+高效。

六、空调净化系统中需要注意的若干问题

（1）空调净化系统应配备冷暖控制设备，不宜采用散热器采暖。

（2）空调净化系统应合理利用回风，产尘量大的洁净室（区）经捕尘处理不能避免交叉污染的，其空气净化系统不得利用回风。

（3）空调净化系统应配备消毒设备。

（4）为防止室外含尘空气从门窗或其它缝隙漏入，室内必须维持一定正压。同样，相邻两个不同空气洁净度等级的房间之间，为保证各自的洁净度，也必须控制一定的正压值。一般不同空气洁净度等级的洁净室之间，洁净区与非洁净区之间的静压差应大于或等于5Pa。洁净区与室外的静压差应大于或等于10Pa。

（5）保健食品生产厂房禁止使用自净器。

第四节　室内装修

洁净室内装是对有洁净需求的建筑物内部，用专用的材料对其进行结构包装，以达到设计所需求的美观和洁净功能需求的整套工艺。在设计和建设厂房时，应考虑使用时便于进行清洁工作。洁净室（区）的内表面应平整光滑、无裂缝、接口严密、无颗粒物脱落，并能耐受清洗和消毒，墙壁与地面的交界处宜成弧形或采取其他措施，以减少灰尘积聚和便于清洁。洁净室（区）内各种管道、灯具、风口以及其他公用设施，在设计和安装时应考虑使用中避免出现不易清洁的部位。

一、洁净室的装修

洁净区的室内装修要符合《保健食品良好生产规范》的规定，洁净室（区）的装修材料内表面平整光滑、接口严密、无裂缝、不得有颗粒性物质脱落、耐清洗和消毒等要求。另外，对某种材料的选用，除了要看该材料能否满足GMP要求外，还要考虑材料的使用寿命、施工简便与否、价格、来源等各方面。具体要求如下。

1. 地面

车间的地面要用防滑、坚固耐磨、不渗水、易清洁、耐腐蚀的材料铺制，净化车间地面表面要平坦，无缝隙、不积水。常用的地面有：环氧地面环氧自流平地面、水磨石地面、PVC塑料地面和乙烯基塑料地面等。环氧地面平整、光洁、

刚性好、造价高。环氧自流平地面平整、光洁、刚性较差、易脱落。PVC 塑料地面和乙烯基塑料地面耐腐蚀、造价高。水磨石地面刚性好、经济实用，一般可满足保健食品生产车间的洁净区使用。

车间整个地面的水平在设计和建造时应该比厂区的地面水平略高，地面有斜坡度，便于清洁。

2. 墙

车间的墙面应该铺有 2m 以上的墙裙，墙面用耐腐蚀、易清洗消毒、坚固、不渗水、气密性良好、受温湿度影响小的材料铺制，用浅色、无毒、防水、防霉、不易脱落、可清洗的材料覆涂。目前国内常用的有彩钢板墙面和防霉抑菌涂料墙面。彩钢板墙面价格较低，具有保温功能，生产安装迅速快捷，在净化等级不高的许多洁净厂房被大量采用。缺点是易被氧化锈蚀，特别在潮湿的环境中更易被氧化。需要注意的是彩钢板表面涂层一旦被碰撞脱落后，裸露的钢板被氧化生锈后就成了细菌滋生的温床。对洁净度要求高的房间还是以防霉抑菌涂料较理想。净化车间的墙角，地角和顶角曲率半径不小于 3cm，呈弧形。

3. 顶

净化车间的顶面用的材料要便于清洁，有水蒸气产生的作业区域，顶面所用的材料还要不易凝结水球，顶分硬吊顶及软吊顶两大类。硬吊顶为钢筋混凝土吊顶。软吊顶常用材料有：PVC 中空板吊顶、石膏板吊顶、不锈钢吊顶和彩钢板吊顶等。石膏板吊顶易受潮变形，南方空气湿度大，一般不宜使用。PVC 中空板价格便宜，但需要解决静电吸尘问题。不锈钢吊顶一般要选用亚光板。彩钢板吊顶表面光洁、保温性能好，易清洁，便于施工和维修安装。

在建造时要形成适当的弧度，以防冷凝水滴落到产品上，接缝处要密封，便于清洁。

4. 门窗

洁净室门窗，造型宜简洁，不易积尘。结构要严密，与墙连接处要密封，以防外部空气渗入，造成污染。所用材料应耐腐蚀易清洗，不宜选用木制、纤维质材料，以免发霉、长菌或变形。尽可能选用气密性好，变形性小的材料。可供选择的门型式：铝合金门、钢板门、不锈钢板门、中密度板贴塑门、彩钢板门。不设门槛，并向洁净度高的方向开启。宜加闭门器，并有密闭条，以保证空气流组织和房间压差控制。尽可能不留窗台，如有窗台，离地面不少于 1m，并有 45°斜面，以便于清洁。为便于参观和管理，可在洁净区外面的一般生产区的走廊设置观察窗。

二、 一般生产区的装修

地面、顶、墙壁要求内表面平整，材料上要求应是易清洁，不易脱落，不易长霉。地面可选耐磨、易清洁的水磨石或水泥地面，墙壁可选用环氧树脂涂料或防霉防潮涂料。吊顶可选择单面彩钢板、夹芯彩钢板或其他轻质材料，但不能采用石棉纤维材料。门窗必须安装纱门、纱窗，以防止虫鼠等进入。

三、 电器照明

1. 电气设计和安装

洁净室（区）电气设计和安装必须考虑对工艺、设备甚至产品变动的灵活性．便于维修，且保持厂房的地面、墙面、吊灯的整体性和易清洁性。总体要求有以下几点：

（1）电源进线应设置切断装置，并宜设在非洁净区便于操作管理的地点。

（2）消防用电负荷应由变电所采用专线供电。

（3）配电设备，应选择不易积尘、便于擦拭、外壳不易锈蚀的小型暗装配电箱及插座箱，功率较大的设备宜由配电室直接供电。

（4）不宜直接设置大型落地安装的配电设备。

（5）配电线路应按照不同空气洁净度等级划分的区域设施配电回路。

（6）每一配电线路均应设置切断装置，并应设在洁净区内便于操作管理的地方。

（7）电气管线宜暗敷，管材应采用非燃烧材料。

（8）电气管线管口，安装于墙上的各种电器设备与墙体接缝处均应有可靠密封。

2. 照明设计和安装

保健食品生产企业有相当数量的洁净室（区）处于无窗的环境中，它们需要人工照明，同时由于厂房密闭不利防火，增加了对事故照明的要求。

（1）光源和灯具的选择　洁净室可选用光线柔和的冷光荧光灯，灯具尽可能造型简洁、便于清洁、密封性能好的灯具。

（2）照度标准　室内照明应根据不同工作室的要求，提供足够的照度值。净化车间内加工操作台的照度应不低于220lx，车间其他区域不低于110lx，检验工作场所工作台面的照度应不低于540lx，瓶装液体产品的灯检工作点照度应达到1000lx，并且光线不应改变被加工物的本色。车间灯具须装有防护罩。对照度要求高的部位可增加局部照明。洁净室（区）内一般照明的照度均匀度不应小于0.7。

（3）紫外线杀菌灯的应用与设计　洁净室（区）可以安装紫外线杀菌灯，但须注意安装高度、安装方法和灯具数量。

①紫外线波长为136～390nm，以253.7nm的杀菌力最强，但紫外线穿透力较弱，只适用于表面杀菌。

②紫外线灯的杀菌作用随菌种不同而不同，杀霉菌的照射量比杀杆菌大40～50倍。

③紫外线灯的杀菌力随使用时间增加而减退。

④紫外线灯通常按相对湿度为60%的基准设计，室内湿度增加时，照射量相应增加。

（4）事故照明　洁净厂房，一般自然采光较少，多靠灯光照明，尤其是晚上，因此必须建立应急事故照明系统，为突发事故停电时提供照明，引导室内人员迅速从各安全通道、安全出口疏散出去。一般可选择以下几种方式：

①设置带蓄电池的应急灯。平常由正常电源持续充电，事故时蓄电池自动接通供给应急照明。

②设置备用电源，接至所用照明灯。断电时，备用电源自动接通。

③设置专用事故照明电源，接至专用应急照明灯。

④在安全出口和疏散通道转弯处设置标识灯，专用消防箱设置应急照明等。

（5）防爆室的照明　要用防爆型灯具和防爆开关。必须使用灯时，可用36V低压行灯。

四、给排水系统

1. 给水

保健食品生产企业的给水主要有生活用水、生产用水、消防用水。

生活、生产及消防给水系统的选择应根据具体情况确定，可采用生产、生活及消防联合给水系统，也可采用生产、生活及消防分制的两种给水系统；系统的供水方式可以采用水泵—高位水箱联合供水，也可以采用变频调速恒压供水等方式。供水方向应逆加工进程方向，即由清洁区向非清洁区流。净化车间内的供水管路应尽量统一走向，冷水管要避免从操作台上方通过，以免冷凝水凝集滴落到产品上。为了防止水管外不洁的水被虹吸和倒流入管路内，须在水管适当的位置安装真空消除器。生活水管应采用镀锌钢管，管道的配件应采用与管道相应的材料。人员净化用室的盥洗室内宜供应热水。洁净厂房周围宜设置洒水设置。

2. 排水及废水处理

（1）洁净厂房的排水　洁净室（区）内的排水设备以及与重力回水管道相连接的设备，必须在其排除口以下部位设水封装置。排水系统应设有完善的透气装置。排水竖管不宜穿过洁净室（区），如必须穿过时，竖管上不得设置检查口。

洁净室（区）内的地漏等排水设施的设置应符合下列要求：无菌操作洁净室内不应设置地漏，一般生产区内设置地漏时，应注意其材质不易腐蚀，盖碗有足够深度以形成水封，开启方便，便于清洁消毒等，此外，车间排水的地漏要有防固形物进入的措施。排水沟的出口要有防鼠网罩。净化车间的地漏或排水沟的出口应使用U型、P型或S型等有存水弯的水封，以便防虫防臭。排水管直径应足够大，地漏标高应低于地坪，确保排水流畅。排水的方向也是从清洁区向非清洁区方向排放。

（2）废水处理　保健食品企业洁净厂房的废水因产品品种、生产工艺和原材料的不同而不同，有的产品在生产过程中排出的废水中含有病毒、有害微生物、致敏性物质等，必须按国家规定采用可靠的或特殊的处理方法处理，使其达到排放标准后才能排入市政管网。当排出废水化学耗氧量（COD）和生化需氧量（BOD）超标时，均应经适当方法处理达标后方可排入市政管网。

拓展阅读

风向玫瑰图

风向玫瑰图是根据某一地区气象台观测的风向资料，绘制出的图形，因图形似玫瑰花朵而的名。风向玫瑰图表示风向的频率。风向频率是在一定时间内各种风向出现的次数占所有观察次数的百分比，根据各个方向风的出现频率，以相应的比例长度按风向中心吹，描在用 8 个或 16 个方位所表示的图上，然后将各相邻方向的端点用直线连接起来，绘成一个形成一个宛如玫瑰的闭合折线，就是风向玫瑰图，见图 4－7。风向玫瑰图可直观地表示年、季、月等的风向，为城市规划、建筑设计和气候研究所常用。

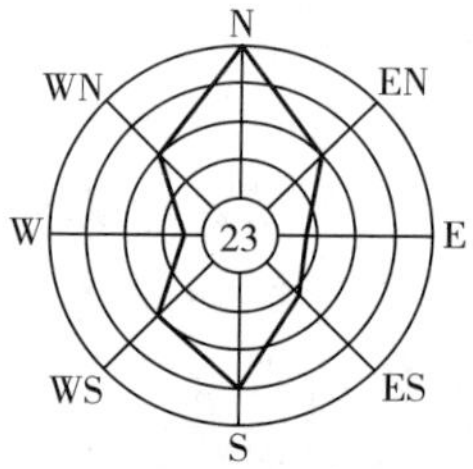

图 4－7　风向玫瑰图

思考题

1. 保健食品生产企业车间布局的基本原则与要求是什么？
2. 保健食品生产车间洁净室对温湿度控制要求是什么？
3. 仓库按储存条件和管理要求不同，分为哪些种类？
4. 空气洁净级别是如何划分的？保健食品生产车间对空气洁净度要求是什么？
5. 不同级别的洁净室如何设置空气净化系统？

实训操作项目三　参观保健食品厂洁净厂房和空调设备

一、实训目的

通过参观，掌握洁净厂房的布局和基本要求，熟悉保健食品生产车间的布局要求，了解空调净化系统构成、净化空调设备及其操作规程。

二、实训设备与材料

保健食品生产企业，洁净工作服、鞋、帽、口罩、笔和记录本等。

三、实训原理

参观保健食品生产企业，观察厂房、车间布局；企业技术人员带领、讲解空气净化系统的构成、运作过程。

四、实训内容

（1）观察洁净厂房的布局，画出示意图。
（2）观察保健食品生产车间的布局，画出示意图。
（3）观察空调净化系统和净化设备。
（4）了解空调净化系统的操作规程、维护保养规程、清洁规程和各种相关记录。

五、实训注意事项

（1）参观前认真复习本章内容，并准备好干净的鞋、帽、洁净工作服、口罩、笔和记录本。
（2）遵守企业规章制度，服从安排。
（3）在规定地点穿戴工作服、鞋和帽。
（4）参观时应结合所学知识认真观察，认真倾听企业技术人员的讲解，并做好参观笔记。
（5）参观后，认真讨论，写出参观保健食品厂的实训报告。

六、思考题

（1）你所参观的保健食品企业厂房布局有何特点？
（2）简要叙述你所观察到的净化空调设备的基本结构和工作原理。

实训操作项目四　空气净化系统运行确认验证方案的编制

一、实训目的

通过本项目，掌握空气净化系统确认测试的项目，确认验证的流程，学会编制空气净化系统运行确认验证方案。

二、实训范围

适用于保健食品洁净厂房空气净化系统。

三、实训原理

以本章空气净化系统知识为基础，查阅资料，编制空气净化系统运行确认验证方案。通过空气净化系统运行测试与检查结果，确认空调系统按照设计要求在规定的限度和允许范围内能够正常使用，稳定可靠，能够满足 GMP 要求。

四、实训内容

验证的目的是为了检查并确认洁净区的空气净化系统是否符合适用的法规和设计要求，确认洁净车间停机后再开启的时限及其对应的监测要求。空气净化系统运行确认验证方案的编制应包括以下内容：

1. 验证小组成员及职责

开展验证前，所有验证小组人员均应进行本验证方案的培训。

验证小组成员	工作内容
组长	全面协调运行确认进度，负责运行确认地结果输出
成员 1	负责运行确认过程地确认及数据整理工作
成员 2	负责运行确认过程地审核、批准工作
成员 3	参与验证过程地具体实施、记录工作，对不符合项的整改
成员 4	具体负责按设计要求进行调试和运行验认
成员 5	负责测试仪器、所用仪表地检定确认工作

2. 验证的范围

保健食品生产车间洁净室及照明、空调净化系统，包括洁净室、电气照明、风管、风阀、过滤系统及附件。

3. 运行确认测试项目列表

编号	测试名称	编号	测试名称
1	先决条件确认	6	温湿度、照度及噪声确认
2	人员确认	7	高效过滤器完整性测试
3	测试仪器仪表校准确认	8	悬浮粒子数测试
4	风量和换气次数确认	9	自净时间测试
5	房间压差确认	10	气流烟雾流型测试

4. 各项运行确认测试

阐述测试的目的、程序等，测试结果填写在测试报告表内。

5. 验证偏差处理

如运行确认执行过程中出现任何偏差之处，对运行确认出现每个偏差都要给予一个唯一的编号并记录在偏差报告里，并注明解决日期。

6. 验证变更控制

如运行确认中存在变更，需提交报告，变更报告需及时收集。

7. 验证结果及分析

验证小组通过收集、分析验证过程产生的所有记录，对本次验证过程进行总结，适用时，应针对验证过程发现的问题进行详细说明。

8. 验证结论

对验证的过程记录由验证小组进行整理汇编，并形成相应的验证报告及验证记录。

第五章

保健食品GMP——设备管理

知识目标

1. 掌握保健食品生产质量管理对设备的要求，生产用水的管理。
2. 熟悉保健食品生产设备的选型、制造与安装。
3. 了解保健食品企业对生产设备计量管理的要求。

能力目标

1. 能够对保健食品生产设备进行规范管理。
2. 能正确阅读设备说明书和其他相关资料；掌握设备维护、设备清洁的技术技能。
3. 能够监测工艺用水的各项参数；能对生产用水进行日常管理与监测。

案例导入

案例：2019 年 10 月 14 日，广州市场监督管理局对广州市 × ×保健食品有限公司进行例行的监督检查，在检查过程中，监督检查人员发现了台秤检定标识的检定日期为 2017 年 8 月 14 日，车间内部的温度计、压力表等存在同样问题，根据国家计量法对法定的计量器具要进行周期性的计量检定，监督检查员针对这种情况，开出了整改检查单，要求企业在限定的时间内进行整改。

讨论：1. 在计量管理的过程中，除了国家强制检定外，为什么还有些企业在间隔一段时间内也会开展校准？2. 企业如何进行这些计量器具的校准？

设备是保健食品生产企业组织生产必不可少的要素之一，是保健食品物料投入到转化成产品的工具或载体。设备管理是以企业经营目标为依据，通过一系列的技术、经济、组织措施，对设备的全过程进行的科学管理，即从设备规划直至报废的整个过程的管理。

保健食品企业应具有与生产品种和规模相适应的生产设备，并根据工艺要求合理布局，生产工序衔接紧密，操作方便。建立有效、规范的“设备管理”体系，确保所有生产相关设备自投资计划、设计、选型、安装、改造、使用直至报废的设备生命周期全过程均处于有效控制之中，并能做到设备活动都有据可查，便于追踪，最大限度地降低保健食品生产过程中产生的污染、交差污染、混淆和差错。

第一节　生产质量管理对设备的要求

一、 设备的基本要求

保健食品设备设计、选型需慎重考虑防止污染、防交叉污染和防止差错，合理满足工艺需求因素，应依据现行保健食品良好生产规范对设备的要求进行规范管理，可通过起草《用户需求标准》（URS）来指导设计选型，内容涉及生产计划、设备操作、产品工艺、质量控制、安全环境健康、设备维修、生产效率等诸多因素。该文件用于描述满足设备使用目的的需求，一般在技术与质量部门支持下由设备所属部门或使用部门起草，质量部批准。设备的基本要求包括：

（1）保健食品生产中与保健食品物料、中间产品等直接接触的设备应光洁、平整、易清洗或消毒、耐腐蚀、不与保健食品吸附或产生化学变化。

（2）保健食品生产中与料液接触的设备、容器具、管路、阀门、输送泵等应采用优质耐腐蚀材质，管路的安装应尽量减少连接或焊接。

（3）保健食品生产中难以清洁的特定类型的设备可专用于特定的中间产品生产或储存。

（4）洁净室（区）内设备保温层表面应平整、光洁，不得有颗粒性等物质脱落。

（5）生产用灭菌柜应具有自动监测、记录装置，其能力应与生产批量相适应。

（6）生产用水的储罐和输送管道所用材料应当无毒、耐腐蚀。

（7）设备所用的润滑剂、冷却剂等不得对保健食品或容器造成污染。

二、 设备使用与维护的基本要求

通过对设备使用和维护，及设备的有效管理，使设备保持良好状态，满足生产需求，提高保健食品生产企业的设备完好率，降低故障率，确保生产能正常运行。

（1）生产设备应有明显的状态标志。

（2）设备操作人员须严格遵守安全操作规程，严禁超负荷、违反使用规定使用设备。

（3）生产设备应定期维修、保养。设备安装，维修、保养的操作不得影响产品的质量。

（4）不合格的设备如有可能应搬出生产区，未搬出前应有明显状态标志。

（5）生产、检验设备应有使用、维修、保养记录，并由专人管理。

（6）生产用模具的采购、验收、保管、维护、发放及报废应制定相应管理制度，应设专人专柜保管。

三、 计量器具与设备的基本要求

保健食品质量是企业的生命，计量工作则是保证产品质量的重要手段。为此保健食品企业应该建立计量管理体系，依据体系指导并开展企业内计量校准工作的实施，应设专门的部门和人员管理并执行计量工作，应建立计量管理规程、校准台账计划、校准操作规程、校准记录表、偏差处理和变更控制流程等。

用于生产和检验的仪器、仪表、量具、衡器等，其适用范围和精密度应符合生产和检验要求，应有明显的合格标志，应由国家法定计量机构或授权的计量单位执行定期检定或校准。

四、 生产用水的基本要求

生产用水通常指生产工艺过程中用到的各种质量标准的水。在《中国药典》附录中，有以下几种生产用水的定义和应用范围。

（1）饮用水　天然水经净化处理所得的水，其质量必须符合现行《生活饮用水卫生标准》（GB 5749—2006）。

（2）纯化水　饮用水经蒸馏法、离子交换法、反渗透法或其他适宜的方法制得的生产用水。不含任何添加剂，其质量应符合纯化水项下的规定。

（3）注射用水　纯化水经蒸馏所得的水。应符合细菌内毒素试验要求。注射用水必须在防止细菌内毒素产生的设计条件下生产、贮藏及分装。其质量应符合注射用水项下的规定。

（4）生产用水的基本要求

①与设备连接的主要固定管道应标明管内物料名称、流回。

②生产用水应当适合其用途，并符合《中国药典》的质量标准及相关要求。

③纯化水、注射用水的制备、储存和分配应当能够防止微生物的滋生和污染。纯化水可采用循环，注射用水可采用70℃以上保温循环。

④纯化水、注射用水储罐和输送管道所用材料应当无毒、耐腐蚀；储罐的通气口应当安装不脱落纤维的疏水性除菌滤器；管道的设计和安装应当避免死角、盲管。

⑤水处理设备及其输送系统的设计、安装、运行和维护应当确保生产用水达到设定的质量标准。

⑥应规定纯化水、注射用水储罐和管道的清洗、消毒周期，并有相关记录。发现生产用水微生物污染达到警戒限度、纠偏限度时应当按照操作规程处理。

⑦应当对生产用水及原水的水质进行定期监测，并有相应的记录。

第二节　设备的选型、制造与安装

一、 设备的选型

保健食品生产企业必须具备与生产保健食品相适应的生产设备和检验设备，其性能和主要参数应能保证生产和产品质量控制的需要。生产中使用的设备大致可分为容器、泵和其他机械三大类。设备质量好，防爆、防毒、防腐有保证，不污染环境，合理的结构和加工精度不仅使设备便于清洗消毒，还可降低噪声污染、便于保养与维修。对于频繁做机械运动的部件应采用耐磨性能高的材料，以减少微粒污染。对于选用者则除上述因素外还应考虑重量轻、体积小，以减少建筑面积与荷重，达到节约工种费用的目的。总之，设备设计及选型应符合生产要求，易于清洗、消毒或灭菌；便于生产操作和维修保养并能防止差错和减少污染。具体内容包括：

（1）设备选择首先要满足工艺流程、各项工艺参数要求，并依据这些要求选择与设备相应的功能。

（2）设备最大生产能力应大于设计工艺要求，尽量避免设备长期在最大能力负荷下运行。

（3）设备的最高工作精度应高于工艺精度要求，对产品质量参数范围留有调节余量。

（4）设备尽可能选择密闭工艺过程结构设计，以避免暴露产生污染及交叉污染。

（5）设备内表面平整光滑，无死角、易清洗、消毒或灭菌。设备结构需考虑方便维修，例如：采用可靠性设计，有足够的维修空间拆装零部件，易损零件应便于拆装，有逻辑关系的传动系统，零位有明确标记，尽可能采用故障报警系统显示重要故障信息，所有电线及接线端具有可靠连接和标号，配电箱有上锁挂牌的功能。

（6）凡与保健食品直接接触的容器、工具、器具应表面整洁，易清洗消毒，不易产生脱落物。与保健食品直接接触的设备部位的材料，均需查明材料物理化学特性，保证其不与保健食品发生反应、吸附或释放等，并根据产品工艺特性考虑耐温、耐蚀、耐磨等特性进行适当选择，避免盲目选择，导致不能满足工艺要求或产生浪费。

（7）设备的润滑和冷却部位应可靠密封，防止润滑油脂、冷却液泄漏对保健食品或包装材料造成污染，对有保健食品污染风险的部位应使用食品级润滑油脂和冷却液。

（8）所有产生粉尘的设备，如称量、配料、粉碎、过筛、混合、制粒、干燥、压片、包衣等生产设备及设施，应安装有效的捕尘、吸粉装置或防止污染的隔离措施，吸尘或除尘装置的出风口应有过滤及防止空气倒灌的装置。

（9）用于生产的配料罐、混合槽、灭菌设备及其他机械和用于原料精制、干燥、包装的设备，其容量尽可能与批量相适应，尽可能减少批次、换批号、清场、清洗设备等。

（10）生产过程中应避免使用易碎、易脱屑、易长霉器具；使用筛网时应有防止因筛网使用的翻裂而造成污染的措施。

（11）灭菌柜宜采用双扉式，并具有自动监测、记录装置，其能力应与生产批量相适应。

（12）干燥设备进风口应设有有效的过滤装置，禁止使用易脱落纤维及含有石棉的过滤器，不得使用吸附保健食品组分和释放异物的过滤装置。

（13）设备选择需考虑当地政府对安全环境的法规要求，特种危险设备需选择有设计、制造、安装资质的供应商。

（14）特种危险设备、管道需有安全泄压装置、防腐防泄漏装置、防爆防静电装置、困境通讯装置及紧急故障切断功能。

（15）排放的工艺废水和工艺废气需经过恰当的处理，使其满足环保规范要求。

（16）设备设计或选用应考虑其性能能满足生产工艺的有关要求。

（17）用于生产和检验的仪器、仪表、量具、衡器等，其适用范围和精密度应符合生产和检验要求，有明显的合格标志。

（18）设备需考虑人身和产品安全。通常有过载保护、进入危险部位的光电感应停机保护、安全报警装置、电离辐射防护、噪声、黑度等设计。

（19）设备应考虑人机工程设计，减少劳动者的劳动强度和长期高活动损伤。

（20）选用设备宜从实用、先进、经济、方便维修保养、清洁等方面综合考虑，切忌片面追求先进和大而全，导致加大投资与维护费用的负担。

二、 设备的制造

设备的制造过程是形成设备实体并使之具备所需要的技术性能和使用价值的

过程。保健食品生产设备的制造需使得所有与保健食品接触的设备表面与设备本身所使用的物料以及加工均符合规定的要求。

1. 设备的用材

设备的取材，特别是与保健食品接触的设备部件的取材，对保健食品质量有很大影响。要针对工艺要求与用材的优缺点进行试验研究，以择优使用最佳方案。

（1）高聚合物、塑料　例如聚氯乙烯、氯化聚氯乙烯、聚丙烯、聚砜等。其优点是性质稳定，不与水反应，可用化学方法清洁和灭菌；缺点是不耐高温，不能接触有机溶媒，表面比较粗糙。一般仅用于制造常温下水处理设备，或涂布于铝合金等金属材料表面。

（2）玻璃　有中性玻璃和碱性玻璃。碱性玻璃的优点是化学稳定性好，几乎不与任何化学物质反应（氢氟酸除外）；缺点是机械强度差、价格高，缺乏必要的配套零部件，因而使用不广泛。

（3）搪玻璃　基质是薄钢板，优点是机械强度较好，表层涂料与水和有机溶媒不起反应；缺点是经不起过分撞击，否则表层涂料易破裂。

（4）有色合金　优点是化学抗腐蚀性好，机械性能高；缺点是价格太高。

（5）不锈钢　是目前采用较多的金属材料，具有上述有色合金的优点，还耐高温，价格相对来说尚能承受。

由于保健食品设备的多样性，究竟选择哪种材料制造设备，除了要考虑上述所讲的工艺要求与用材的优缺点外，还要考虑所加工保健食品的原料与辅料的性质。例如，水和有机溶媒通常比固体物料反应性更强，因而要求较为特殊的加工设备；高温操作则增加了影响产品纯度、一致性或含量的可能性，也对加工设备提出了一定的附加要求。

2. 设备密闭性

保健食品设备与其他设备一样，存在着需要润滑或冷却的部件。为了避免由此可能引起的污染，要求在设备的设计与制造过程中，采用一系列措施，以保证所使用的润滑剂或冷却剂，不得与保健食品原料、容器、塞子、中间体或保健食品本身接触，具体地说，应将所有需要润滑的部件（如电机、驱动带、齿轮等），尽可能地与设备和产品接触的开口处或接触表面分隔开。对于难以完全满足这一要求的设备，则要求润滑油到产品中、对有保健食品污染风险的部位应使用食品级润滑油和冷却液。

3. 设备的加工

设备的加工要有较高的精密度，不仅可避免不能完全分隔部件所用的润滑油或冷却剂不污染产品，而且对于可能与保健食品直接接触的泵、搅拌器等设备来说更为重要。在使用不锈钢为材料的设备加工中更是要求加工质量提高，特别是成型加工、抛光焊接等工艺，要避免带来杂质或由抛光磨砂引起锐边等。这就促使保健食品用不锈钢设备采用全自动运行焊接和电抛光法等先进工艺技术。另外，还要重视加工过程中所选用的配件质量，例如纯化水系统，要使用具光洁面层的连接件，可使用快速卡箍式接头代替传统的法兰接头和罗丝接头。

三、设备的安装、调试与启用

保健食品生产设备的安装，也应以符合生产要求、易于清洗、消毒和灭菌、便于生产操作和维修保养，并能有效预防、减少污染（交叉污染）和差错为基本要求。

（1）设备的安装布局要与生产工艺流程、生产区域的空气洁净级别相适应，并利于这三者之间的衔接，做到整齐、流畅、高效。

（2）设备在到货后，对设备的外观包装、规格型号、零部件、附属仪表仪器、随机备件、工具、说明书及其他相关资料逐一进行检查核对，并将检查记录作为设备安装资料的一部分存档。

（3）同一台设备的安装如穿越不同的洁净区域，除考虑固定外，区域之间则应保证良好的密封性，采用可靠的密封隔断装置，并根据穿越部位的功能与运转方式进行保护、隔离、分段分级单独处理，以保证达到不同等级的洁净度要求。当确实无法密封时应严格控制压差。

（4）与设备连接的管道要做到排列整齐、牢固，标识正确、鲜明，并指明内容物和流向，预防差错。

（5）需要包装的设备或管道，表面应光滑平整，不得有物质脱落的现象出现，可采取以合适材料再包装的方式使其得到保证。

（6）设备的安装要考虑到清洁、消毒、灭菌的可操作性与效果，如合适的位置、相应的配套设施等。

（7）设备的安装应考虑对操作人员的保护与方便，保持控制部分与设备的适当距离，有利于工艺执行和生产过程的调节与控制，预防差错。

（8）设备的安装应考虑维修和保养的方式与位置。设备之间、设备与墙面之间、设备与地面之间、设备与顶棚之间都要保持适当的距离。

（9）设备的安装施工和调试过程应符合设计要求和相关行业标准规范，并有施工记录需组织专业人员对施工全过程进行检查验收。

（10）洁净室内配电设备除满足安全技术要求外，管线应尽量暗装，进入室内的管线、套管应为不锈材料，管线安装牢固，阀门排列整齐，易于开启、更换，对于固定管线应具有醒目标志，以指明其内容物与流向。工艺管道必须和动力设施的管道分开。

（11）设备安装过程需进行安装确认（IQ）；设备完成安装调试后需进行运行确认（OQ）和性能确认（FQ），这些确认文件应事先依据《用户需求标准》和《设计确认》文件起草草案经审核批准后执行，最终形成报告，确认符合用户需求。

（12）设备启用前需建立日后运行和维护所需的基本信息，包括建立设备技术参数、设备财务信息、售后服务信息、仪表校验计划、维修计划、设备技术资料存档、设备备件计划、设备标准操作规程、清洗清洁操作规程、设备运行日志等。

四、 设备工艺管道的材质要求和设计要求

设备管道所选材料应根据装载、储存或输送物料的理化性质和使用状况，满足工艺要求，不吸附、不污染介质，以及施工、维修方便等因素确定，尤其是直接接触保健食品的设备管道要求更高。如生产用水的储存和输送最担心的就是二次污染。

从洁净和灭菌要求考虑，直接接触保健食品的设备管道采用含碳分别为0.008%和0.003%的316钢和316L钢，以减少材质对保健食品和工艺水质的污染。为防止物料在设备管道内滞留，造成微生物的滋长，管道内壁应光滑、无死角，管道设计应减少支管、管件、阀门和盲管。为便于清洗、灭菌，需要清洗、灭菌的零部件要易于拆装，不便拆装的要有清洗口。管道应向出口倾斜，坡度一般为0.001～0.005，黏度大的物料管道坡度为0.01～0.05。

第三节 设备的清洁与维修

设备的清洁与维修对保健食品的质量保证起到非常重要的作用。同时，生产设备的清洁与维修操作不得影响产品的质量。

一、 设备的清洁要求

在保健食品生产中，按照规定的要求，规范地使用、管理设备主要包括清洁、维护、检修、使用等。依据设备性能、生产工艺和产品特性，建立标准文件、程序，对设备的操作、清洁标识、使用记录、变化管理（变更）以及验证管理等使用过程进行规范和要求；明确使用过程中人员的资格要求和职责划分；对关键和特殊设备、设施，如自动化设备、清洁设备设施、生产模具等加强控制；采取措施避免设备在使用过程中的污染、交叉污染和产品混淆，降低污染产品和环境的风险。

设备的清洁都应有相对应的文件和记录，所有活动都应由经过培训合格的人员进行，每次使用、清洁后及时填写设备相关记录和设备运行日志，设备使用或停用时状态应该显著标示等，这些不仅是保健食品生产质量得以有保证的重要环节之一，也是保健食品生产企业质量管理和生产管理的关键要素，违背了这一要求，不仅会使成品质量得不到保证，造成质量体系和生产体系的混乱，而且会对设备安全、环境安全，甚至员工人身安全造成不良影响。

1. 洁净、清洗与消毒灭菌

（1）洁净功能　是保健食品生产的基本要求，就生产设备来言，需要达到两个最基本的要求：①设备不对生产环境形成污染；②设备不对生产的产品产生污染。要达到这两点要求，就必须在保健食品生产过程中，为设备设计洁净功能。

不同工艺的生产设备，要求的功能形式也不尽相同。例如，热风循环干燥的设备，气流污染是最明显的，因此需考虑其循环空气的净化；洗瓶、洗胶塞等应考虑工艺用水的纯净程度；粉碎、制粒、包衣、压片等粉体机械，应考虑其散发尘粒的控制；灌装设备的防尘需采取特殊的净化方法和装置等。

（2）清洗功能　保健食品设备的清洗，多用人工清洗，但也有部分自动化程度高的设备采用在线清洗（CIP），即就地清洗或称为原位清洗，其定义为：不拆卸设备或元件，在密闭的条件下，用一定温度和浓度的清洗液对清洗装置加以强力作用，使仪器设备的表面洗净的方法。人工清洗在克服了物料间交叉污染的同时，常常容易带来新的污染，加上设备结构因素，使之不易清洗。在线清洗与人工清洗相比较，不但不会因作业者的差异而影响清洗效果，还能防止清洗作业中的危险，节省劳动力，提高其产品质量。

（3）消毒灭菌功能　在设备的就地清洗功能的基础上就可以进行消毒或灭菌。例如，灌装线应用汽化过氧化氢在线灭菌，或纯蒸汽对料液管道进行在线灭菌等。

2. 对清洁设备与使用的容器、工具的基本要求

（1）应不易脱落纤维和微粒。

（2）便于清洗、消毒、干燥。

（3）各洁净区域的清洁工具应有明显标志，不得跨级区使用。

（4）清洁设备、容器、工具不得选用竹、木质、全棉或棉混纺等易脱落颗粒的材料及易生长微生物的材料。

3. 设备清洁的方法

可以使用热水、清洁剂和蒸汽。由于设备的材质多是不锈钢或高密度聚合物，所以可以在一定温度条件下清洁或采用猛烈的喷射方法冲洗。

对所有的设备的清洗均需要制定固定的洗涤周期。周期的长短要综合考虑设备所用材料、生产过程中的物料性质等因素，并通过试验证明没有残留药物和残存清洁剂。洗涤周期一旦确定，就应严格遵循。原则上说，同一设备连续加工同一无菌产品时，每批之间要清洗灭菌；同一设备加工同一非灭菌产品时，至少每周或每生产三批后进行全面的清洗。

（1）设备的清洁需制定《设备清洁规程》，制定的主要依据为设备的类型与结构、用途、所加工产品（物料）的理化性能、生产工艺要求、使用地点的洁净级别与要求清洁的内容与方式。清洁规程要明确清洁方法、清洁周期、清洁后的检查与验证方法、清洁记录与保存的要求。

（2）设备的清洁内容一般为清洁、消毒、灭菌、干燥等。通常可分为就地清洁、移动清洁和混合清洁。移动清洁又可分为整机移动清洁和拆卸式移动清洁。要尽可能多地采用移动清洁的方式，进入专用的清洁区进行清洁、消毒、灭菌。

（3）对清洁设备及其所使用的容器、工具要符合基本要求。清洁设备、容器、工具、区域，从材料、使用到自身的清洁、干燥、存放等都应有明确的要求。

（4）建立并做好设备清洗记录。

二、 设备的维修要求

设备维修是设备后期管理的重心，它包括两方面的内容，即设备的维护和设备的检修。设备维护是指“保持”设备正常技术状态和能力所进行的工作。它包括定期对设备进行检查、清洁、润滑、调整或更换零部件的工作。设备的检修是指“恢复”设备部分规定的技术状态和工作能力所进行的工作。它包括诊断、拆卸、鉴定、更换、修复、装配、磨合、试验、涂装等作业。设备维护与检修是生产质量管理的基本要求之一。建立良好维修作业规范（MGP）主要是通过实施有计划、周期性的维修活动来保护企业的设备与系统。通过实施主动性维修来保证产品都能在高稳定及高可靠性的状态下生产。

设备的维护和检修应制定主要设备的维护检修制度和检修规程，规定检修周期，要有年度计划和月度作业计划。制定设备、检测仪器等的安装、使用、维护保养制度。设备的维护、检修应有记录，应建立档案并由专人管理。洁净区内进行应急性维修的有关人员应严格按照更衣程序穿相应的洁净服，并使用已经消毒灭菌的工具和设备。如因维修使该区域不能保持相应的空气洁净度时，则生产前应予以清洁及消毒。不合格设备如有可能应搬出生产区，未搬出前应有明显标志。腐蚀岗位的防腐措施应有专业防腐人员负责设计、检查和维修，做好记录。

1. 设备维修的管理要求

（1）保障正常生产，减少人身和设备事故。

（2）最大限度发挥设备效率，减少资源、能源消耗。

（3）修正设备缺陷，完善设备性能以确保产品的质量。

（4）合理调配资金，减少维修费用，改善设备运行的经济性。

2. 设备维修的类别

（1）小修　小修主要针对日常和定期检查时发现的磨损、老化、失效或即将失效的设备元器件、零部件，进行拆卸、更换、调整个别零部件，以恢复设备的正常功能和工作能力。

（2）中修　中修是根据设备的实际技术状态，对状态劣化已达不到生产工艺要求的项目，进行针对性的修理。一般中修只做局部拆卸、检查、更换和修复，从而恢复所修部分的精度和性能。

（3）大修　大修是工作量最大的一种修理。大修时，对设备的全部或大部分进行解体；修复基准件；更换不合格零件；修理、调整电气系统；整定控制系统各信号或参数；翻新外观，从而达到全面消除维修前缺陷、恢复设备的规定精度和性能的目的。

3. 设备维修计划的编制

维修计划实际是为了使系统或其组成部分（如设施、设备等）性能尽可能与出厂时的状态保持一致而制定维修任务时所使用的文件化依据。维修计划不仅包含维修任务执行的时间计划，还应包含具体的维修方法，以准备和建立维修任务列表，根据这些列表进行维修活动才能保证系统持续、稳定的运行，并进一步通过系统、有效的方法对设备的组成部分、生产流程或整个系统进行维护。

设备维修计划主要有月度和年度计划两种：

（1）月度计划中具体规定了上述维修的执行日期以及小修、部分事后维修的内容，都由月度维修计划表反映。

（2）年度计划规定了设备中修、大修实施的大致时间。大修计划任务书主要包括大修内容、参与修理的工种及各工种人数、实施修理时间、设备大修标准、大修工时定额、大修主要备件及材料表、大修所需其他技术资料、中修项目表、中修标准等。

4. 制定《设备维护检修规程》

《设备维护检修规程》内容包括：

（1）检修间隔期（小、中、大修间隔期）。

（2）检修内容。

（3）检修前的准备（技术准备、物质准备、安全技术准备、制定检修方案、编制检修计划、费用计划、明确责任人员）；检修方案（设备拆装程序和方法、主要零部件检修工艺）。

（4）检修质量。

（5）试车与验收。

（6）维护及常见故障处理。

第四节　设备的管理

在保健食品生产企业中，从设备的选型、采购（或设计、加工）、调试、验证、运行使用、检修、维护、保养、调拨，到鉴定、报废的全过程管理称为设备管理。设备的管理是全过程、全方位的，包括从选型、采购到安装、试车，从验证、使用到清洁、维修与保养，从现场管理到基础管理等。设备是做好生产的物质技术基础。搞好设备管理是提高产品质量，降低物质消耗、节约能源、安全生产、增加企业经济效益和实现生产现代化的重要条件。保健食品生产企业必须有专职或兼职的设备管理部门，并负责设备的基础管理工作、建立健全的设备管理制度和组织实施。

一、 设备资产与技术档案管理

设备的档案管理是通过收集、整理、鉴定等工作后归档建立的设备档案、具体反映设备生命周期的管理过程，包括设备的资料与技术档案管理。设备档案指生产设备从选型、设计、制造、安装、调试、使用、维修、改造、更新直至报废的全过程中形成的有保存价值的图纸、文字说明、凭证、记录、声像等文件资料。

所有设备、仪器、仪表、衡器、压力容器的档案管理必须登记造册，建立台账，如序号、固定资产号、名称、规格、启用时间、原值、制造单位、功率、安装位置、设备类别、主体材质、重量、制造日期，附电机型号、位置号、数量、工艺介质、压力、温度、生产能力等。还包括设备等的原始材料，比如装箱单、开箱验收记录、合格证书、压力容器质量检验证书、使用说明书、进口设备索赔资料、设备调试记录、设备安装验收记录、检修和事故记录、施工图、设备基础图、设备装配总图、备品配件图纸或清单。

1. 设备档案的主要内容

（1）生产厂家、型号、规格、生产能力、出厂日期、购置日期。

（2）安装位置、施工图。

（3）安装使用说明书、制造合格证，如为压力容器应有压力容器质量证明书。

（4）设备图纸，易损件、备件、附件等清单。

（5）工艺管线图、隐蔽工程动力系统图。

（6）设备履历卡片、设备编号、主要规格、安装地点、投产日期、附属设备名称规格、主要操作运行条件、设备变动记录等。

（7）检修、维护、保养的内容、周期和记录。

（8）设备技术鉴定记录及技术台账。

2. 技术鉴定及技术台账的主要内容

（1）主要设备的验证资料。

（2）主要设备技术革新成果汇总表。

（3）设备技术状况汇总表（设备完好率、泄漏率和设备主要缺陷）。

（4）设备检修状况汇总表（大修项目、实际完成项目、计划外项目计划检修工时、实际完成检修工时、维修费用等）。

（5）设备事故汇总表（事故次数、停机时间、停机损失）。

（6）设备备品备件、材料消耗汇总表。

二、 设备的使用与清洁管理

（1）关键设备如液体无菌过滤器、空气过滤系统、灭菌设备、蒸馏器等，应验证合格后方可使用。验证应有记录并保存。

（2）建立每类（台）设备的操作规程，做到有人负责，按规定进行操作。设备有编号，建立设备的运行记录和状态标志。

①设备运行记录。

②设备周检、点检。

③设备润滑记录。

④设备维修保养记录。

⑤设备故障分析记录。

⑥设备事故报告表。

（3）生产企业应当面向员工开展正确使用设备的知识和技能的培训，包括熟悉设备结构性能、安全知识、清洁要求、保养方法等，结合生产工艺，掌握操作要点。

（4）操作人员必须严格遵守设备操作规程，并对设备做到“四懂三会”（懂结构、懂原理、懂性能、懂用途；会使用、会维护保养、会排除故障），重要设备和精密仪器岗位上要有简明的“操作要点”牌。

（5）设备维护保养必须按岗位实行包机负责制，做到每台设备、每块仪表、每个阀门、每条管线都有专人维护保养。为做好此项工作，各部门应建立设备台账和档案，力求做到准确无误。

（6）每台设备都要有铭牌，并要求写明设备名称、规格、出厂日期、设备位号或固定资产号、保养人姓名等。受压容器按《压力容器使用管理规定》执行。

（7）主要设备、管道材质的变更须经试验，取得对照数据经有关负责人批准并记录存档。

（8）设备管理部门应对企业内使用的机械设备、设施常用的备品、备件建立管理制度，确保备用数量和质量要求，并按规定进行管理，领用情况应严格记录。

（9）企业设备、动力管理部门应定期对企业各种设备的使用状态做出综合分析，报企业分关负责人。

（10）新工人要先进行技术培训，经厂统一考试合格，持证才能上岗独立操作；精密仪器、锅炉、电工、电焊工、化验、机动车辆等操作人员要保持相对稳定，并有专业操作证。

（11）操作人员上岗操作时，特别要做好如下工作。其完成情况同生产任务完成情况一样，列入经济责任制考核内容。

①转动设备启动前，必须认真检查紧固螺栓是否齐全牢靠，转动体上无异物，并确认能转动；检查安全装置是否完整、灵敏好用。设备运转时，要仔细观察，做好记录，发现异常及时处理。停机后或下班前做好清理、清扫等各项工作，并将设备状况与接班工人交接清楚。

②严格执行操作指标，严禁超温、超压、超速、超负荷运行。操作人员有及时处理和反映设备缺陷的责任，有使危及安全或可能造成严重损失的设备停止使用的权利，但必须迅速向有关人员反映。

③精心维护，经常巡视，运用“五字”操作法（听、摸、擦、看、比）对设备进行检查，及时排除故障，保持设备完整无缺陷、灵活好用。

④做好设备的防冻、防腐、保温（冷）和堵漏工作。分工原则：设备本体、轴封的泄漏，DN50以上的阀门、管件的更换、检修，焊缝焊接等，由保全工负责；岗位上所有阀门管件换垫片及换压填料，DN50及以下的阀门管件的更换、检修，岗位设备管道的保温漆，防冻等工作由操作工负责（大面积的由设备员统一安排）。

⑤搞好设备（包括备用和在岗的停用设备）及环境的卫生，做到沟见底、轴见光、设备见本色、门窗玻璃净。物料、工具要堆放整齐，做到文明生产。

⑥认真填写设备的运行记录和缺陷记录，掌握设备故障规律及其预防、判断和紧急处理措施，确保安全生产。

（12）对闲置（停用半年以上）、封存（停用一年以上）和备用的设备，由车间设备员安排检修，并指定专人维护保养。如车间不再使用或已拆下和未安装的备用设备应通知设备管理部门集中建账保管，各单位需用时，到设备管理部门办理启用、借用或领用、调拨手续，由设备管理部门负责送至现场。

（13）设备、管道的涂色除蒸汽管道全涂红色外，其余按有关规定执行。设备、管道的保温要尽量采用新材料，符合节能规定，平整美观，所有保温、油漆要保持完整，随坏随修。

（14）设备润滑要严格执行“设备润滑管理规定”，实行“五定、三过滤”。五定即定人、定质、定量、定时、定点，特别是要定期清洗润滑系统及工具；必要时，可根据工艺需求及润滑油的情况采用60目、80目、100目金属筛网过滤。对自动注油的润滑点，要经常检查滤网，油压、油位、油质、注油量，及时处理不正常情况。

（15）操作人员必须认真把设备运行故障、隐患等情况写在交接班记录上，并与接班人交接清楚，接班人有以下权利。

①对设备运行状况不清不接。

②对设备故障及隐患记录不清不接。

③对岗位工作、器具不全的原因不清不接。

④对岗位工作、器具堆放不整齐，设备及环境卫生不好不接。

⑤对已发生的事故原因不明，又无安全人员签字不接，但必须立即向当班车间领导反映。

（16）生产用模具的采购、验收、保管、维护、发放及报废应制定相应管理制度，设专人、专柜保管，并有相应记录。

（17）车间巡检员应严格执行“巡回检查规定”；除认真填写好“巡回检查记录”外，还应该在各岗位交接班记录上签署姓名和意见，车间设备员或设备主任，每周最少要抽查一次“巡回检查记录”，并在上面签字。

第五节 计量管理

计量管理是保健食品质量管理的基础，计量工作则是保证产品质量的重要手段。保健食品企业应该建立计量管理体系，依据体系指导并开展企业内的计量校准工作的实施；应建立计量管理规程、校准台账计划、校准操作规程、校准记录表、偏差处理和变更控制流程等。计量工作与产品质量、经济效益有着直接的关系。生产过程的控制、检测都必须建立在计量器具准确、可靠的基础上才有意义。

企业内生产和检验相关的仪器仪表必须经过校准，按照相应的SOP规定的方法开展校准工作，所制定的允许误差必须满足使用要求。《中华人民共和国计量法》《中华人民共和国强制检定的工作计量器具明细目录》对相关校验也有一定的强制要求。计量标准器应该比被校准仪表有更高的精度，并能够溯源到国际、国家或认可组织的标准。

一、 计量管理与认证

1. 基本概念

（1）计量是实现单位统一、保障量值准确可靠的活动，是利用各种计量器具对物质的质量、长度、体积、流量、速度、压力、湿度、温度等进行量值测量的过程。

（2）计量管理是计量器具选型、采购、验收、检定、储存、发放、使用、维护保养、检修至报废的全过程管理，是协调计量技术、计量经济、计量法制三者之间关系的总称。

（3）计量检定是对计量器具的准确度、灵敏度、稳定度的检测并评定合格与否。计量检定是计量管理的重要组成部分。

2. 计量工作的重要作用

（1）保健食品生产过程中工艺参数的控制计量技术是保健食品生产中对工艺参数监控的主要手段。如保健食品生产过程中，经常遇到的温度、压力、流量、pH、重量、装量含量等，通过控制这些参数值，就能保证保健食品生产正常进行和产品质量。

（2）评价保健食品质量对采购进厂的原料、辅料、包装材料、容器、半成品（或中间体）、成品等用计量手段严格把关，确定是否符合技术要求和质量标准。

（3）对企业安全保障和环境的监控。

（4）对水源、电力、蒸汽等能源的计量监测。

（5）经营管理方面除能源外的物资消耗定额的计量管理。

（6）提供计量测量数据信息是企业生产信息流的主要组成部分，也是促进企业技术进步和管理先进的重要基础。

3. 计量管理的内容

保健食品企业计量工作的基本任务就是保证计量器具配备齐全，计量统一，量值准确可靠，使量具处于完好的状态。计量管理的包括计量单位管理、量值管理传递、计量器具管理和计量机构的管理。计量管理又分为强制性计量管理和非强制性计量管理。其工作内容包括贯彻执行各种计量法规、制度；采用与保健食品生产相适应的测量手段；正确使用和维护计量仪器设备，规划、制定保健食品生产工艺过程中的计量管理制度。

4. 计量认证

保健食品的检验是保健食品生产过程中计量测试工作的具体表现，为了保证保健食品生产的质量，国家规定保健食品生产企业要通过各项工程等方面的验收，其中包括计量认证工作。

我国的计量管理法律法规所讲的计量认证主要是指产品质量检验机构的计量认证，从广义上说，保健食品企业的产品质量检验机构应经过相应形式的计量认证。校准是计量确认的核心，计量确认所包含的校准、调整、修理等是一组密切相关的技术操作。检定要依据计量检定规程给出合格与否的结论，校准不需判定计量器具的合格与否。检定发给检定证书或检定结果通知书，而校准发校准证书或校准报告。校准是自下而上的量值测源，检定是自上而下的量值传递。检定和校准是保证计量溯源性的两种形式。

产品质量检验机构的计量认证的内容包括以下三个方面的内容：

（1）计量检定、测试设备。

（2）计量检定、测试设备的工作环境喝人员操作的性能。

（3）保证量值的统一、准确的措施及检测数据公正可靠的管理制度。

二、 生产企业计量管理的主要内容

（1）企业应设计量管理机构/岗位，专人负责计量管理工作。

（2）制定计量管理制度，建立完善的计量器具管理台账，把计量器具分类、登记；编制计量检定计划，并按计划实施，保证计量器具在有效期内使用。

（3）组织负责各环节的计量检测，提供计量保证。对申购计量器具的计划进行审批，从专业技术上把关，使购置的计量器具从量程、精度和功能上满足测量参数的要求，不得购置无生产许可证的产品。

（4）对计量器具进行入库验收，确保质量符合要求，对质量不合格及运输过程中所导致的精度差或损坏应及时处理，验收合格的计量器具要办理入库手续及时登记台账。

（5）计量器具用前要进行检定，需填写领料单，并填写计量器具卡片，经计量主管人员核对签字，领用出库。

①计量器具在使用中要巡回检查，精心维护。

②计量器具在使用中出现问题，经检修后精度仍未达到原标准，但误差在下一级精度内的，可降级使用；如性能不稳定，主要部件损坏或性能老化的，可报废处理。

（6）计量器具要进行周期检定，以保证计量器具在使用中的精度。

①制订计量器具的年度检定计划，并切实执行。

②计量器具上应贴检定合格证，无证不得使用。

（7）精密仪器应放置在清洁干燥的环境中，放置的台面上应该有防震和减震措施。

（8）建立巡查制度，定期到计量使用点检查计量器具的使用情况，培训操作人员正确使用和保养计量器具。

三、 计量器具检定周期

对所用的计量器具按规定周期进行检定。在保健食品生产过程和质量检验中所用的器具，应按规定送交计量部门进行检查。校准必须按规定的校准时间间隔（对于检定称为检定周期）进行校准，绝对不允许未经校准的测量设备投入使用，也不允许超期使用。在实际工作中，在强化对强检计量器具进行监管的同时，对大量的非强制检定的计量器具应推广校准。

（1）强检类　酸度计、旋光仪等精密检测仪器检定周期为一年；天平、砝码、精密压力表、锅炉用表、氧气乙炔表、衡器检定周期为一年。

（2）常检类　普通压力表等检定周期为半年。

（3）检定周期内失准、损坏的计量器具　由使用单位送到工程部复检或修复，不能校准或损坏的按报废处理，禁止超期使用。

第六节　生产用水系统管理

水既是食品、保健食品的原料，也是生产过程中的介质，工艺用水包括饮用水、纯化水、注射用水。保健食品生产用水应当符合生产工艺及相关技术要求，除用于原料提取的生产用水为生活饮用水外，清洗直接接触保健食品的生产设备内表面及其他绝大部分工艺用水应当使用纯化水。益生菌等保健食品的万级生产区，为了保证产品质量，其容器具、设备清洁的最后一次冲洗水以及配料用水，最好采用注射用水。

生产用水的制备、储存和分配应当能防止微生物的滋生和污染，储罐和输送管道所用材料应当无毒、耐腐蚀，明确储罐和管道的清洗、灭菌周期及方法。

一、设备、管路及分配系统的基本要求

（1）饮用水管路 生活水管应采用镀锌管或给水塑料管，冷却循环给水和回水管宜采用镀锌钢管。

（2）预处理设备 工艺用水预处理设备可根据水质情况配备；多介质机械过滤器能手动或自动反冲或再生、排放；活性炭过滤器为有机物集中地，为防止细菌及细菌内毒素的污染，除要求能反冲外，还可用蒸汽消毒或巴氏消毒（80℃的汽、水混合物喷淋灭菌2h）。

（3）纯化水设备 反渗透装置在进口处必须安装3.0μm的水过滤器；去离子器可采用混合床；通过混合床等去离子器后的纯化水必须循环，使水质稳定；由于紫外消毒的穿透性较差，紫外灯应安装在过滤器的下游；由于紫外等激发的255nm波长的光波与时间成反比，故要求有记录紫外灯使用时间的仪表；若采用蒸馏工艺制备纯化水，宜采用多效蒸馏机，其材质为优质不锈钢材料电抛光并钝化处理。

（4）注射用水设备及纯蒸汽发生器 多效蒸馏，能反复利用热源，减少能耗；预热器外置，以防止注射用水交叉污染；蒸馏水机冷凝器上的排气口必须安装0.22μm的疏水性除菌过滤器，此过滤器使用前必须做起泡点试验；蒸馏水机、纯蒸汽发生器采用316L不锈钢材料、电抛光并钝化处理。

（5）贮水容器（贮罐）与生产用水接触的贮罐罐体材料应采用耐腐蚀、无污染、无毒、无味、易清洗、耐高温的材料制造。通常，工艺用水贮罐采用优质的316L不锈钢材料制作，内壁电抛光并钝化处理。而不直接与工艺用水接触的部位、零件可以使用304L不锈钢材料制造。贮水罐上安装0.2μm疏水性的通气过滤器（呼吸器）并可以加热消毒。无论中间贮罐还是纯化水、注射用水贮罐，均不得敞口，以防外源性污染。使用疏水性过滤器时，在排气的过滤器安装温控外套，以防止蒸汽冷凝阻塞贮水罐排气管。能耐受121℃高温消毒或化学药剂消毒。压力容器的设计、制造，由有许可证的单位及合格人员承担，必须按国家“压力容器安全技术监察规程”的有关规定办理。贮罐要密封、内表面要光滑，能对贮罐顶部空间进行喷淋。排水阀采用不锈钢隔膜阀。

（6）管路及分配系统 优质不锈钢（注射用水宜选用316L材料）管材内壁电抛光并钝化处理。管道采用热熔式氩弧焊焊接连接，或者采用卫生夹头分段连接。阀门采用不锈钢聚四氟乙烯隔膜阀或蝶阀，避免使用球阀、闸阀、截止阀。卫生夹头连接，管道有一定的倾斜度，并设有排放点，便于排除存水，以保证必要时能够完全排空。管道采取循环布置回水流人贮罐，可采用串联连接，使用点装阀

门处的“死角”段长度，加热系统不得大于6倍管径，冷却系统不得大于4倍管径；管路可用化学药剂消毒，巴氏消毒或蒸汽消毒。当采用蒸汽消毒法时，非无菌生产用经过滤处理的工业蒸汽消毒，无菌生产用清洁蒸汽消毒，消毒温度121℃。

（7）输送泵　优质不锈钢制造，电抛光并钝化处理；用卫生夹头作为连接件；由纯化水、注射用水本身作为泵的润滑剂。

二、生产用水管道的安装

（1）洁净室（区）工艺用水管道的干管，宜敷设在技术夹层、技术夹道中；干管系统应设置吹扫口、排水口，取样口，需要拆洗、消毒及易燃、易爆、有毒物质的管道宜明敷。

（2）引入洁净室（区）各类管道的支管宜暗敷。必须明敷的管道，设计和安装时应避免出现不易清洁的部位。

（3）各类管道不宜穿越与其无关的洁净室（区）。穿越洁净室（区）墙、楼板、顶棚的各类管道应敷设套管，套管内的管道不应有焊缝，螺丝和法兰。管道与套管之间应有可靠的密封措施。

（4）洁净室（区）各类管道上的阀门、管件材料，应与管道材料相适应。所用的阀门管件，除满足工艺要求外，应便于拆洗、检修。

（5）洁净室（区）各类管道，均应设指明内容物及流向的标志。

三、生产用水的制备、储存和系统管理

（一）生活用水的制备

1. 饮用水

一般宜采用城市自来水管网提供的符合国家饮用水标准的给水。若当地无符合国家饮用水标准的自来水供给，可采用水质较好的井水、河水为原水，为保障供给的原水水质，可采用沉淀、过滤、消毒灭菌等处理手段，自行制备处理成符合国家饮用水标准的饮用水。

2. 纯化水

制备应严格控制离子含量。目前采用控制纯化水电阻率的方法进行离子含量的控制。应定期检测纯化水的水质。

设备内外壁表面，要求光滑平整、无死角，容易清洗、灭菌。零件表面应做镀铬等表面处理，以耐腐蚀，防止生锈。设备外面避免用油漆，以防剥落。制备纯化水设备应采用低碳不锈钢或其他经验证不污染水质的材料。应定期检测纯化水水质，定期清洗设备管道，更换膜材或再生粒子活性。

纯化水宜采用循环管路输送。管路设计应简洁，应避免盲管和死角。管路

应采用不锈钢管或经验证无毒、耐腐蚀、不渗出污染离子的其他管材。阀门宜采用无死角的卫生级阀门，输送纯化水应标明流向。输送纯化水的管道、输送泵应定期清洗、消毒灭菌，验证合格后方可投入使用。压力容器的设计，须按《压力容器》（GB 150—2011）及《压力容器安全技术监察规程》的有关规定办理。

3. 注射用水

将纯化水蒸馏所得的水。注射用水必须在防止细菌内毒素产生的设计条件下生产、贮藏及分装。我国一般采用蒸馏法，设备主要有多效蒸馏水机和气压式蒸馏水机等。

注射用水接触的材料必须是优质低碳不锈钢或其他经验证不对水质产生污染的材料。制备注射用水的设备应定期清洗，并对清洗效果验证。

（二）生产用水储存和保护

纯化水储存周期不宜大于24h，注射用水储存周期不宜大于12h。储存纯化水和注射用水的储罐要定期清洗、消毒灭菌，并对清洗、灭菌效果验证确认。

注射用水储存罐宜采用保温夹套，保证70℃以上保温循环。无菌制剂用注射用水宜采用氮气保护。不用氮气保护的注射用水储罐的通气口应安装不脱落纤维的疏水性除菌滤器。储罐宜采用球形或圆柱形，内壁应光滑，接管和焊缝不应有死角和沙眼。应采用不会形成滞水污染的显示液面、温度、压力等参数和传感器。

（三）纯化水、注射用水系统的日常管理

制水系统的日常管理包括运行、维修，它与验证及正常使用关系极大，所以应建立日常维护（表5－1）、日常检查（表5－2）、监控、预修计划，以确保水系统的运行始终处于受控状态，应包括以下内容：

（1）制水系统的操作、维修规程。

（2）关键的水质参数和运行参数的监测计划，包括关键仪表的校准。

表5－1　　纯化水、注射用水系统的日常维护

部位	维护项目	维护周期
原水箱	罐内清洗	一次/季
机械过滤器	正洗　反洗	ΔP >0.08MPa 或 SDI >4
活性炭过滤器	清洗	ΔP >0.08MPa 或每3天
活性炭过滤器	余氯	<0.05mg/L
活性炭	消毒、更换	消毒/3月，更换/年，定期补充

续表

部位	维护项目	维护周期
RO膜	2%柠檬酸清洗	$\Delta p > 0.4$MPa，或每半年
RO膜	消毒剂浸	停产期
纯化水罐、管道	清洗 消毒	一次/每月
紫外灯管	定时更换	进口7000h，国产2000h
注射用水罐、管道	清洗 灭菌	一次/每周
除菌过滤器	在线消毒灭菌、更换	每月检测，每年更换
呼吸器	在线消毒灭菌、更换	每两月检测，每年更换

表5-2 纯化水、注射用水系统的日常检查

检查名称	检查项目	检查周期
饮用水	防疫站全检	至少1次/年
机械过滤器	ΔP、SDI	1次/2h
活性炭过滤器	ΔP	1次/2h
活性炭过滤器	余氯	1次/2h
RO膜	ΔP、电导率、流量	1次/2h
紫外灯管	计时器时间	2次/d
纯化水	电导率、酸碱度、氨、氯化物	1次/2h
纯化水	全检	每周
注射用水	电导率、pH、氨、氯化物	1次/2h
注射用水	全检	每周
注射用水温度	储灌、回水温度	1次/2h

拓展阅读

液体钙软胶囊变黄了

某制剂车间在液体钙软胶囊干燥定型后，取样发现软胶囊白色不鲜亮，与以前合格产品对比，该批次软胶囊变暗，有的有黄斑。批量检查发现该批次产品均有此类现象，可以确认该产品质量不合格。

那么以生产工序为线，逐步检查。首先检查压丸机，使用同批次明胶和料液加工出的软胶囊，颜色没有改变，则排除是压丸机的问题。逐步检查定型过程，压丸后的转笼没有问题，软胶囊颜色也没有改变。但是，在检查干燥定型转笼中发现，干燥转笼密封盖（透明塑料），内部有黄色液滴，因此确认造成液体钙软胶囊颜色变黄的原因是：在压丸过程中，为润滑转笼而添加了食用石蜡油，它的挥发造成了封盖内部的黄色液滴。经过分析可以断定是因为干燥车间工人没有按照要求，每批次对转笼进行清洗而造成了此次质量问题。

由此可见，在保健食品生产中，生产设备的清洁管理对于保证生产保健食品的质量起到非常重要的作用。

思考题

1. 保健食品生产质量管理对设备提出的基本要求有哪一些？
2. 计量器具管理的基本要求？
3. 保健食品设备的清洁、维护要求有哪些？
4. 生产用水的制备、储存和使用有哪些要求？

实训操作项目五　纯化水系统安装、运行确认

一、 实训目的

1. 掌握进行检查和证明纯化水制备系统是按照相应设计文件设计，并按照生产商/供应商提供装手册要求进行安装，各部件安装正确，能够满足纯化水的要求。

2. 掌握确定纯化水制备系统所有关键组件按照设计在已定的限度和容许范围内能够正常的使用，稳定可靠，能够满足纯化水的要求。

二、 实训范围

本规程适用于纯化水系统安装、运行的确认。

三、 实训职责

（1）设备管理负责纯化水系统的安装，进行调试。
（2）车间管理人员负责按本标准进行纯化水系统的运行。

四、 实训内容

（一）安装工作检查

（1）操作人员整理纯化水系统的生产商/供应商，并检查提供的相关文件。
（2）查看现场安装完成情况；查看安装施工文件、审批文件、验收文件。

（二）安装确认

1. 条件确认

检查纯化水制备系统设计确认报告，记录报告名称，报告编号，报告批准日期以及是否存在未关闭的偏差。

如存在未关闭的偏差，需填写偏差名称、偏差编号，对偏差进行简述并判定是否影响安装确认执行。

2. 现场安装确认

检查纯化水制备系统安装位置是否同纯化水制备系统竣工版平面布局图（图纸编号：[编号]，版本：[版本]）要求一致。

目测检查安装现场是否安全牢固，确认没有明显的主要设备部件空缺。

检查管道流体方向以及公用系统管道标识是否正确。

目测检查纯化水制备系统是否有明显的仪表和阀门、管路等的破损。

目测检查安装现场是否有连接在系统中但未连接完全的电缆、管路等。

检查纯化水制备系统四周是否有足够的空间进行操作维修。

目测检查系统表面是否清洁。

检查水平/垂直放置状况是否符合安装要求。

检查纯化水制备系统排水管道能否同地面排水系统对齐。

检查保温层是否按照供应商提供图纸进行安装，安装情况良好。

3. 仪器仪表校准确认

在测试报告《仪器仪表校准确认》中记录仪器仪表名称、编号、型号、位置/用途、校准证书编号、校准日期以及下次校准日期。检查是否能够追溯到中国国家计量基准。

在测试报告《仪器仪表校准确认》中记录安装确认测试用仪器仪表名称、编号、型号、用途、校准证书编号、校准日期以及下次校准日期。检查是否能够追溯到中国国家计量基准。复印检查过的校准证书，签上姓名和日期，附在报告中。

（三）运行确认

1. 条件确认

检查纯化水制备系统安装报告，记录报告名称，报告编号，报告批准日期以及是否存在未关闭的偏差。

如存在未关闭的偏差，需填写偏差名称、偏差编号，对偏差进行简述并判定是否影响运行执行。

检查纯化水制备系统运行报告，记录报告名称，报告编号，报告批准日期以及是否存在未关闭的偏差。

如存在未关闭的偏差，需填写偏差名称、偏差编号，对偏差进行简述并判定是否影响运行执行。

检查纯化水制备系统运行报告（报告编号：[No.]）中仪器仪表校准测试报告，检查仪器仪表校准日期。并将测试报告复印件作为附件。

2. 人员确认

操作人员在签名处使用黑色签字笔书写本人签名以及日期。

3. 测试仪器仪表校准确认

在测试报告《测试仪器仪表校准确认》中记录纯化水制备系统运行测试用仪器仪表名称、编号、型号、用途、校准证书编号、校准日期以及下次校准日期。并检查是否能够追溯到中国国家计量基准。复印检查过的校准证书，签上姓名和日期，附在报告中。

4. 现场运行确认

确认纯化水制备系统信号配置和运行正确；断电再恢复确认；权限确认；人机界面显示导航确认；报警和联锁确认；预处理单元消毒确认；反渗透和消毒确认；产水确认。

五、 实训注意事项

（1）进行纯化水系统安装、运行确认过程，注意做好安全防护。

（2）相关的设备开关如果打开后，一定要注意复原。

（3）在打开水泵等相关设备开关前，检查管道的开关。

实训操作项目六　设备维护、保养管理规程实施

一、 实训目的

通过本实训能更好地了解保健食品各种设备，熟悉保健食品生产主要关键设备的性能，学会预防性维护、保养设备，防止事故的发生保证设备的正常运行。

二、 实训设备与材料

保健食品加工车间所有使用设备，主要关键设备。检查工器具，检查记录。

三、 实训原理

设备维护和保养管理规程，实施操作规程。设备的维护保养，主要目的是及时处理设备运行中经常出现的不正常状态，延长使用寿命，减少故障的发生。维护工作的内容包括：实行三级保养规程；执行设备检查（日常检查、定期检查）规程；做好设备运行的有关信息收集和记录等。

四、 实训内容与步骤

（一）设备三级保养规程

设备在使用过程中实行三级保养规程：对设备实行日常保养、一级保养和二级保养。

（1）日常保养　检查、擦拭设备的各个部位，该项工作由设备操作工负责，按规定加油、紧固和调整易松动的螺丝。检查调整设备状态，通过保养，使设备保持整齐、清洁润滑、安全，做到机件无油垢、无灰尘，设备见本色，无跑冒滴漏，有故障时应及时给予排除，认真做好《设备日常保养维护记录》。

（2）一级保养　每月一次，以维修工为主，操作工为辅，对设备进行局部拆卸和检查，清洗、调整设备各部位配合、间隙，紧固设备各部件。

（3）二级保养　每季度一次，以维修人为主操作人为辅，按设备检修计划对设备进行局部解体检查和修理，更换修复磨损件，按设备检修计划清洗、换油、检查、修理电器部分，使设备技术状况全面达到设备完好标准。

（4）认真做好一、二级保养的记录：《设备一级保养维护记录》《设备二级保养维护记录》。

（5）设备进行一、二级保养后，应对保养设备进行状态运行检测，合格后方可再次使用。

（二）设备检查规程

1. 定时检查

（1）一般设备　操作者上、下岗前，必须按规定的时间做好设备检查，如实填写记录。

（2）特殊设备及主要设备，除做好岗位检查、保养外应按下列要求办理。

①锅炉每年检查一次，分别按检定周期做好年，合格后方可使用。

②制剂、包装、包装类机械，每月检修一次，每半年中修一次，每年大修一次。

③电器设备春秋季各检查修理一次。

④固化干燥类设备及其他附属设备等，均每年检修一次。

2. 巡回检查

（1）工程部/设备部每月一次，深入车间、班组，检查设备运行情况、管理规程执行情况及管线泄漏情况、设备安全情况，检查后做出处理意见，做好记录，入档备案。

（2）维修工人每班上岗后要对自己分管的设备进行巡回检查，检查内容为：班前对设备状态进行检查，上班过程中，至少巡视一次。设备运行情况，有无跑、冒、滴、漏现象，温度、压力有无异常，做到及时发现，及时解决，并做好设备维修记录，记录要认真、如实。对重大问题上报工程部/设备部解决。

（3）维修工应遵守车间的规章规程，不得因本职的工作影响车间的正常生产。

3. 检查检修记录

《设备使用检查记录》《设备月检记录》《设备巡回检记录》《设备中大修检查记录》。

五、 思考题

（1）实施设备维护保养的意义，与质量管理的关系。

（2）如何确定保健食品加工的关键设备，其对食品安全会产生什么样的影响？

第六章

保健食品GMP——物料与产品管理

知识目标

1. 掌握保健食品物料的管理程序、质量标准和采购管理要求。
2. 熟悉各种包装材料的管理；供应商的评估和审核。
3. 了解物料文件设计管理。

能力目标

1. 能够正确执行物料管理标准，按规程采购物料。
2. 能够编写物料采购、入库、验收、储存、出库管理规程。
3. 学会企业对物料的管理和供应商的管理。

第一节　物料与产品的概念及质量标准

一、 概念

物料是指用于保健食品生产的原料、辅料、中间产品、产品和包装材料。物料管理是指对物料供应商的选择、采购、入库、发料、生产、成品入库、发运以及回收、报废、销毁过程中物料的管理。

（1）原料　是指与保健食品功能相关或与补充维生素、矿物质相关的初始物料。

（2）辅料　是指生产保健食品时所用的赋型剂及其他附加物料，包括加工助剂和食品添加剂。

（3）中间产品　是指已经过一些制造或加工过程，还需进一步加工的物质或混合物。

（4）包装材料　是指直接接触保健食品的包装材料和容器，以及外包装材料、标签和使用说明书等。

（5）产品　是指做好了的可供使用或出售的保健食品，在报告期内生产的，经检验合格并已包装入库的产品，或虽未入库，但已办理入库手续的产品。

二、 质量标准

质量标准是指对产品的结构、规格、质量、检验方法所作的技术规定。按照《中华人民共和国标准化法》和《中华人民共和国产品质量法》等法律、法规的规定，我国的标准体系由国家标准、行业标准、地方标准和企业标准等构成，同时采用和转化使用国际标准。对企业来说，为了使生产经营能够有条不紊地进行，则从原材料进厂，一直到产品销售等各个环节，都必须有相应标准作保证。它不但包括各种技术标准，而且还包括管理标准以确保各项活动的协调进行。质量标准是阐述生产过程中所用物料必须符合的质量要求，是质量评价的基础，是保证产品质量、安全性和一致性的重要依据。原辅料和包装材料应当符合相应食品安全标准、产品技术要求和企业标准。

1. 原料质量标准

原料的质量标准应与产品注册批准或备案内容相一致。原料必须符合食品卫生要求，原料的品种、来源、规格、质量应与批准的配方及产品企业标准相一致。

采购菌丝体原料、益生菌类原料和藻类原料，应当索取菌株或品种鉴定报告、稳定性报告。采购动物或动物组织器官原料，应当索取检疫证明。使用经辐照的原料及其他特殊原料的，应当符合国家有关规定。生产菌丝体原料、益生菌类原料和藻类原料，应当按照相关要求建立生产管理体系。

2. 辅料质量标准

为保证保健食品的质量，在生产中应将辅料与原料做同样的管理。辅料质量标准参考《中国药典》或以GB 2760—2014《食品安全国家标准　食品添加剂使用标准》为依据。对于没有国家标准的辅料，省、自治区、直辖市人民政府卫生行政部门可以指定并公布食品安全地方标准，报国务院卫生行政部门备案，国家标准制定后，该地方标准即行废止。

3. 包装材料质量标准

包材必须按法定标准进行生产，不符合法定标准的包材不得生产、销售和使用。

包装材料质量标准可依据国家标准（GB系列）、行业标准（YY系列）和协议规格制定。

直接接触保健食品的包装材料、容器的质量应符合食品卫生要求。

一般情况下，保健食品的包装材料要求等同于药品包装材料要求。

4. 成品质量标准

可依据国家食品标准制定企业内控标准，企业内控标准一般应高于法定标准。

5. 中间产品和待包装产品的质量标准

中间产品和待包装产品无法制定质量标准，企业应依据法定标准、行业标准和企业的生产技术水平、用户要求等制定高于行业标准的内控标准。内控标准应根据产品开发和生产验证过程中的数据或以往的生产数据来确定，同时还需要综合考虑产品的特性、控制工序对产品质量影响等因素。如果中间产品的检验结果用于成品的质量评价，则应制定与成品质量标准相对应的中间产品质量标准，该质量标准应类似于原辅料或成品质量标准。

第二节　物料的管理

企业应当建立并执行原辅料和包装材料的采购、验收、存储、领用、退库以及保质期管理制度，并应设置专库或专区储存原辅料和包装材料，对验收不合格、退库、超过保质期的原辅料和包装材料，应按照相关规定进行处置。企业应当建立库房台账管理制度，入库存放的原辅料、包装材料以及成品，严格按照储存货位管理，确保物、卡、账一致，并与实际相符。企业使用信息化仓储管理系统进行管理的，应确保信息安全备份可追溯，系统信息与实际相符。库房面积应当与所生产的品种、规模相适应，根据成品储存条件要求设置防尘、防蝇、防虫、防鼠、照明、通风、避光以及温湿度控制设施。

一、 物料采购的管理

（一）主要物料供应商的选择

对物料供应商的质量管理是质量管理全过程的第一个环节，要确保采购回来的主要物料安全无害、质量相对稳定，从而保证每批保健食品食用安全和质量稳定。对产品质量影响较大的物料称为主要物料，采购主要物料之前应对其供应商进行审计，选择符合要求的供应商。关于供应商的管理见本章第四节。

（二）物料采购

1. 采购监控

对物料的采购人员的知识技能要求：

（1）采购人员必须经过培训、考核，具有胜任本岗位的工作能力及经验。

（2）采购人员必须了解《食品安全法》《食品企业通用卫生规范》及《保健

食品注册与备案管理办法》《保健食品良好生产规范》等有关规范。

（3）采购人员必须熟悉掌握本企业原辅料或所采购品种的质量标准、卫生标准及卫生管理办法，了解各种原辅料可能存在的卫生问题及卫生控制要点。

（4）采购人员采购新鲜动植物原料时，必须掌握感官要求及其检验方法，能通过看、嗅、尝、触，对所采购的新鲜原料的卫生质量作出初步判断。

（5）采购动植物原料的采购人员应具备判别其真伪、优劣的能力。

（6）采购人员应具有所采购之原辅料的一些基本专业知识。

2. 采购要求

（1）应从品质管理部门批准的供应商名单中采购主要物料。

（2）应严格按卫生要求、质量标准及采购计划的数量来采购物料，所采购的物料其品种、来源、规格、质量等必须符合注册批准的配方及企业内控标准。

（3）按规定向供应商索取如下有效资料：

①生物、化学合成的原辅料应索取同批/批次的理化性质及含量检验报告书。

②以动物及动物组织器官为原料的，应索取该批/批次原料的检疫证明。

③动植物提取的单一有效物质应索取该物质的理化性质及含量的检测报告书。

④含有兴奋剂/激素的原料应索取其含量检测报告。

⑤经放射性辐照的原辅料应索取辐照剂量的有关资料。

⑥进口食品原辅料应索取出入境检验检疫部门的产品检验报告，其标识要符合《预包装食品标签通则》。

⑦进口中药材应索取国家食药监局颁发的进口批件及进口检验报告书或通关单。

⑧菌类经人工发酵制得的菌丝体或菌丝体与发酵产品的混合物及益生菌类原料应索取其菌株的编号。

⑨藻类等植物性原料应索取该品种的品名及科、属的鉴定材料。

二、 物料接收的管理

（一）对接收员的要求

（1）接收员是仓库的技术工种。

（2）接收人员应经过培训，熟悉验收程序，具有一定的专业知识，能对所验收的物料进行卫生、外观及感官质量的检查及判别。

（3）动植物原料的接收员应具有鉴别该动植物原料真伪、优劣的能力。

（4）标签、说明书等印刷品的验收员其辨色力要正常，并有能力承担检查标签、说明书的文字内容、颜色、材质、尺寸等工作。

（二）接收员质量责任及权利

1. 接收员的主要质量责任

（1）保证入库物料的外观/感官质量符合要求，包括动植物原料真伪、优劣的鉴别及标签、说明书的文字内容、颜色、尺寸、材质等的检查、核对等。

（2）保证入库之物料在运输过程中未受到污染或造成变质。

（3）保证入库物料的外包装适用，无破损、泄漏。

（4）保证入库物料的品名、规格、数量与订购合同、送货凭证一致。

（5）保证入库的主要物料供应商是经品质管理部门批准的物料供应商。

2. 接收员的权利

（1）接收员具有拒收权：

①在预接收时，若发现送来物料的品名、规格与送货凭证不一致，运输工具不清洁、不卫生或无防雨防尘设施使物料可能受到污染，新鲜、易变质物料没使用冷藏运输工具等，接收员可以拒收，拒绝进入接收程序。

②在接收时，发现任一项接收内容不符合要求，接收员有权拒收。

（2）接收员拒收后，应做好拒收记录，并通知采购部门及品质管理部门。

（三）接收方式及主要内容

1. 接收方式

（1）贵重原料、含有兴奋剂/激素原料等，双人逐件验收。

（2）其余物料，逐批/逐批次验收。

2. 接收要点

（1）资料接收。

①核对送货凭证与订购合同，要求二者品名、规格、供应商/来源、数量一致。

②检查主要物料的供应商是否列入“合格供应商名单”内。

（2）运输的接收。

①检查运输工具及容器的卫生状态，运输工具是否有防雨、防尘的设施，是否清洁干净。

②检查运输作业的情况：

a. 是否有混装、混运的情况，是否会使物料受到污染或交叉污染。

b. 对于易碎包装、易碎物料，是否有防振措施。

③检查易变质或有储存温度要求的物料，是否采用保温/冷藏/保鲜设施。

（3）外包装的接收。

①检查外包装材料的适用性：物料是否裸装无外包装，外包装的材质是否符合卫生要求，是否会污染物料；进入洁净室的物料是否采用两层或两层以上的包装；回收使用的外包装容器是否已清洁干净并撕去原有的标识等。

②检查外包装的完整性：检查外包装是否破损、泄漏，是否有水迹、霉迹，封口是否严密等。

③检查外包装上的标识：标识的内容是否包括品名、批号或生产日期、规格、质量标准号、批准文号、数量、生产商名及地址、储存条件、运输标志等；动植

物原料的标签内容是否包括品名、数量、规格、来源、产地/加工单位、采收/加工日期等。

（4）物料外观、感官质量的检查。

①检查动植物原料的真伪、优劣及有没有可疑物。检查其真伪，有没有掺杂、掺假，有没有霉变、虫蛀、走油变质、异味，有没有昆虫、虫卵及昆虫尸体，含水量高低等。

②检查鲜活物料的新鲜程度、色香味状况、组织形态特征等，还要检查是否在保鲜期内。

③检查纸箱、封口签、产品合格证等印刷品的材质、尺寸、文字内容、折叠、切割、印刷质量等。

④标签、说明书的检查。

（5）与上批/批次来料比较，看供应商是否执行“先产先出”的原则，并检查来料是否在保质期/保存期内。

（6）清点、复核数量、重量，要求订购合同、送货凭证、实物数量/重量三者相一致。

三、 物料的储存与养护

各类物料的存放要遵循以下原则：库房面积应当与所生产的品种、规模相适应，根据成品储存条件要求设置防尘、防蝇、防虫、防鼠、照明、通风、避光以及温湿度控制设施。物料和成品应当设立专库或专区管理，物料和成品应按待检、合格、不合格分批离墙离地存放。采用信息化管理的仓库，应在管理系统内进行电子标注或区分。不合格的物料和成品要单独存放，并及时按规定进行处置。固体和液体物料应当分开存放，挥发性物料应当避免污染其他物料，相互影响风味的物料应密闭存放。物料应当按规定的保质期储存，无规定保质期的，企业需根据储存条件、稳定性等情况确定其储存期限。物料和成品应当采用近有效期先发、先进先出的原则出库，储存期内如有特殊情况应当及时复验。

（一）定置管理

（1）绘制平面布局图（定置图）。

①整个库区的平面布局图，表明各库的名称、功能、面积等，张挂于库区门口。

②每个仓库的平面布局图，表明该库名称、面积、分区、储存类别、货位排列等，张挂于该仓库门口。

（2）按物料的类别、储存湿温度要求以及物料的质量状态，把物料分类分批储存于符合规定、相应的仓库及区域内。

（3）根据物料的特性，规定其堆叠方式及堆叠数量，物料按批或批次堆叠。堆叠时要留有“五距”，并且要堆码牢固、整齐，无明显倾斜。

“五距”要求是：

①垛与墙距≥30cm；

②垛与柱、梁、房顶距≥30cm；

③垛与垛间距≥30cm；

④垛与地面间距≥10cm；

⑤垛与灯的垂直下方的水平间距≥50cm。

（4）物料不能直接放置在地面/楼板上，应放置于地台板、托板、货架上或柜子内。小件物料最适宜置于货架/柜子内。

（二）标志管理

1. 货位卡

（1）货位卡是仓库管理的核心，它能反映各堆储存物品的即时状态及数量，并在物料追溯中起着关键的作用。

（2）每堆物品前应置有货位卡，并应以文件规定统一其放置方式、位置等。

（3）物料货位卡的内容：

①表头内容：品名、代号、规格、包装规格、进厂编码、原厂批号、检验报告书号、货物号、保质期/保存期、单位、数量等。

②表格内容：日期、摘要/去向、发出/收入、剩余数、经手人、备注等。

2. 仓库标志

（1）仓库名称标志，贴于该仓库门口。

（2）分区标识，如待验区、合格品区、不合格品区等，应张挂于各区上方，并且明显、醒目。

3. 质量状态标志

（1）一般采用颜色及文字表示物料、中间产品、产品的质量状态，并用文件规定，全企业统一。

（2）质量状态标志表，见表6－1。

表6－1　质量状态标志表

颜色	文字	意义
红	不合格	不合格品，禁止使用
黄	待检	等待检验结果，暂停使用
绿	合格	检验合格，保质期/保存期内可使用
黄	退货	售后退货，等待检验结果，不能发货

4. 计量状态标志

仓库的计量器具经法定计量部门检定后，贴上“计量合格证”，并写上有效期，在有效期内使用，使用前应先校正。

（三）养护管理

养护工作遵循“预防为主”的原则，并应定期倒堆、翻垛。

1. 温湿度监测与调节措施

（1）温湿度监测　每天两次记录仓库温度及相对湿度。

（2）温湿度调控措施

①深低温库、冷库、低温库主要依靠制冷设施的开、停来调控温度。

②阴凉库主要依靠调节制冷设施或空调设施的开、停来调控温度。

③常温库通过开关窗户、排风扇、抽湿机、喷雾机、暖气等措施来调节温度、相对湿度。

（3）应把调控温湿度的设备/设施管理纳入企业的设备、设施管理中　如：

①填写运行记录、检修记录等；

②定期检查、维修、保养；

③设立设备档案等。

2. 仓库的卫生控制

仓库应维持良好的卫生状态，这包括仓库清洁及采取虫害控制措施。

（1）经常进行仓库的清洁，保持仓库的清洁、干燥、通风，去除昆虫、鸟、鼠等的食物源、水源，消灭其避难所、滋生地、栖息/筑巢场所，减少微生物滋生的条件等。

（2）正确使用防啮齿动物、昆虫、鸟类的设施。

（3）采用除虫灭害的措施，如熏蒸、施放烟雾、定点雾/放杀虫剂等。

3. 巡检与复检

（1）根据物料性质、特点和仓储条件，对在库物料进行日常及定期检查与养护。

（2）对比较稳定的物料，每季巡查一次并记录，对有变质迹象的物料申请复验并采取养护措施。

（3）将贵细中药材、贵重原料及易变质、不稳定、近效期、有变质迹象等的物料列为重点养护品种，加强巡检，如每周巡查一次并记录，发现问题，及时处理。

（4）对新鲜动植物物料，每天检查一次。

（5）巡检方法：

①“三三四”检查法，对需每季巡检的物料，每月检查按其30%、30%、40%的比例来制定巡检计划，并实施检查。

②定期检查法。

③随机检查。

（6）巡检项目：

①质量状态标志是否正确，是否接近或超过保质期/保存期/复检周期。

②物料放置的仓库、分区位置是否正确，堆码是否整齐，储存条件是否符合储存要求。

③清点数量，是否账、卡、物相符。

④检查外包装情况、物料外观性状，有无包装破损、水迹、霉迹，物料外观/感官有无变化，有无受潮、发霉，有无发现虫卵、长虫等。

⑤检查产品储存情况。

（7）发现问题的处理：

①若账、卡、物不符，应查找原因，及时纠正。

②若发现外包装破损，应及时换包装，或再加上一个外包装。

③若发现外观或性状有变化的应申请复验，复验期间挂黄牌不能发放使用或发货销售。

④若发现长霉、生虫的情况，要采取除霉、除虫的养护措施并检查该堆位附近的物料是否已被污染。

⑤其他问题要采取相应措施及时处理。

（8）复验：物料按规定的经稳定性评价确认的保质期限储存，无规定保质期的物料，保存期不超过3年。到期限前1个月的物料应申请复验；复验符合规定后才能继续使用，并应在短期内使用完毕；不符合规定的应移入不合格区，办理报废手续后销毁。

4. 植物原料的虫害防治

（1）对发现有虫丝、蛀粉的植物原料及其周围相邻的物料，应实施虫害防治措施。

（2）对所有的植物原料应定期进行预防虫害的养护。

（3）对未经前处理的植物原料可采用翻晒、烘干等方式养护，减少其含水量，并可以杀其虫卵及微生物。

（4）对于饮片及经拣、洗、切的净料，不能采用露天翻晒的方式养护，可采用微波干燥、红外干燥、烘烤等方式养护。

5. 菌种保存要求

（1）严格控制菌种保存条件。

（2）由微生物专业技术人员专人管理菌种。

（3）菌种定期筛选、分离纯化、复壮、鉴定。

（4）严格防止杂菌污染、菌种退化、变异产毒。

四、 物料出库验发管理

（一）发料原则

（1）先进先出，近期先出，先产先出及易腐先出。

（2）凭领料单，按批限额发料。

（3）发料时，必须对物料的名称、代号、进厂编码、规格、外包装、质量状况等进行复核。

（4）未收到“物料合格证”的物料，不得发放。

（5）超过保存期的物料，无复验结果为“符合规格”的检验报告书，不得发放。

（6）每件物料上应贴有“物料合格证”标志。

（7）处理后使用的物料，必须经品质管理部门批准后才能发放。

（二）发料程序

1. 备料

（1）保管员检查核对车间领料员的“领料单”，检查是否已由生产部门负责人审核、签字，是否符合发料原则。

（2）保管员依照“领料单”所列的物料名称、代号、规格，填上应发物料的批号/进厂编码，检查报告书编码等，按“领料单”的数量将所需物料备齐，每件待发物料均应贴有品名、进厂编码、数量等内容的标识。置备料区（发料区），同时填写“货位卡”。

2. 送（领）料

（1）车间领料员逐件核对所送（领）物料的品名、规格、批号/进厂编码、数量、合格证等，在“领料单”上签字，保管员于“领料单”上加盖“付”字印章并签名。

（2）保管员/送料员持“领料单”，把物料送至车间的收料区（拆外包间）。

（3）也可采用车间领料的方式。

（4）贵重原料等特殊管理原料，应双人备料、发料，双人收料，双方清点，称量后加上封条。

（5）需低温保存或保温的物料，如新鲜动植物原料、菌种等，发料时，也要保持其低温状态或保温状态。

3. 整理账卡

（1）保管员及时填写库账。

（2）将发/领料票据装订入档保存。

（三）物料超额发放管理

（1）填单　生产车间需超额领料时，首先要认真检查原因，确认生产过程无异常情况，经生产部门负责批准，填写“超额领料单”。

（2）审核　“超额领料单”应由生产部门负责人认真了解超额领料的原因及核算超额领用量，签字后交品质管理部门审核，品质管理部门应认真调查超额领料的原因，特别注意是否发生偏差，调查清楚后方可签字核准。

（3）发放　按物料发放程序发放，尽量发放与定额发料相同批号/进厂编号的物料。

五、成品在库管理

（一）入库验收

保健食品产品入库验收是成品储存的第一道关口，也是保健食品生产加工过程质量管理的一道关口。要保证销售的保健食品产品质量，首先要守好这一个关口。因此，一定要确保未经质量管理部门审核批准发行的成品不准入库。

（二）入库基本要求

（1）品名、规格、批号、数量准确无误。

（2）质量符合要求。

（3）包装牢固、完好、无损。

（4）交接清楚。

（三）入库凭证

（1）入库单。

（2）成品检验报告书。

（3）品质管理部门负责人签发的“成品放行单”。

（四）验收内容

（1）核对上述入库凭证或入库单。

（2）检查产品外包装。

①标识内容，有无错漏、混淆。

②包装清洁，封扎严实、完好、无破损。

（3）清点数量。

（五）待验

（1）生产车间把外包装好的产品，在未取得“检验报告书”和“成品发放单”之前移交给仓库保管，这时的产品质量状态是“待验”状态。“待验”状态的产品属于生产车间所有，而不是仓库。

（2）生产车间把“待验”产品交给仓库时，保管员对“入库凭证”进行验收，验收后，根据产品规定的储存条件存放，并于货位前挂上黄色的“待验”标记，填写“产品货位卡”的上栏。

（3）“待验”产品不能登记入成品库账，不能发运、销售。

（六）入库

（1）仓库收到品质管理部门签发的“成品检验报告书”和“成品放行单”后，开始办理入库手续。

（2）入库手续：

①取下黄色待验标志；

②挂上绿色合格标志；

③填“产品货位卡”中“收入栏”；

④填仓库“产品库账”。

（3）办入库手续后，产品可以发运销售。

成品库的仓储条件、成品的储存、养护及运输等可参照本章相关内容。

（七）保质期管理

（1）保健食品保质期指在标签指明的储存条件下，保持品质的期限。

（2）保质期确定的依据为稳定性试验结果。

（3）产品外包装必须标明保质期。

（4）离保质期一年的产品，应每月催销。

（5）超保质期产品转入不合格区，不能销售。

（八）不合格成品的处理

不合格的产生：

（1）在库养护、巡检中发现问题的库存成品。

（2）由于质量原因的退货。

（3）由于非内在质量原因的退货，但外包装破损或受污染等。

（4）超过保质期的库存成品。

不合格成品必须经品质检验确定。由品质管理部门发放检验报告书，写明不合格项目及指标等。不合格品置于不合格品区（库），每件都贴上“不合格证”，并于不合格品账（记录）上登记。不合格品只能销毁处理。

第三节　包装材料的管理

一、 包装材料的概念与分类

包装材料是指保健食品内、外包装物料，包括标签和使用说明书。按与所包装保健食品的关系程度，可分为三类。

1. 内包装材料

内包装材料是用于与保健食品直接接触的包装材料，也称为直接包装材料或初级包装材料，如铝箔等。内包装应能保证保健食品在生产、运输、储藏及使用过程中的质量，并便于使用。

2. 外包装材料

外包装材料是内包装以外的包装，按由里向外分为中包装和大包装，如纸盒、木桶、铝盖等。外包装应根据保健食品的特性选用不易破损的包装，以保证保健食品在运输、储藏、使用过程中的质量。

3. 印刷性包装材料

印刷性包装材料是具有特定式样和印刷内容的包装材料，如印字铝箔、标签、说明书、纸盒等。这类包装材料可以是内包装材料，也可以是外包装材料，如外盒、外箱等。

二、 包装材料的管理

1. 包装材料的验收

（1）包装材料到货后，由仓库保管员按货物凭证进行品名、规格、数量验收，并存放于待验区，用黄色（代表待验）绳围栏。

（2）仓库保管员应及时填写请验单，交品质管理部化验室抽样检查。

（3）仓库保管员根据检验报告单，将合格与不合格的包装材料分类存放并明显标识。

（4）不合格的包装材料由仓库保管员贴上品质管理部签发的包装材料不合格证，并填写不合格物料处理申请单交品质管理部。

（5）合格的包装材料由仓库保管员将品质管理部发放的包装材料合格证放到货位卡上，并办理相关的入库手续。

（6）入库的包装材料应分类入账。

2. 包装材料的储存

（1）包装材料仓库，要按品种、规格，分类、分区存放。

（2）包装材料入库应设立库存货位卡，记录收发情况。

3. 包装材料的发放

（1）仓库保管员按包装指令单备料，按包装指令单和领料单发料。发料人、领料人均应在领料单上签名。

（2）每次发料后，仓库保管员应立即在库存货位卡上填写货物去向、结存情况。

（3）车间剩余不用的包装材料退库时，应清洁完整，经仓库保管员核对无误后，由车间填写退库清单。

4. 包装材料的特殊要求

包装材料的采购、验收、检验、入库、储存、发放等管理可参照原辅料管理执行，但还需注意以下特殊要求：

（1）直接接触保健食品的内包装材料、容器必须无毒，与保健食品不发生化学反应，不发生组织脱落。

（2）接触保健食品的内包装材料、容器（包括盖、塞、内衬物等）均不准重复使用。

（3）对内包装材料的洁净无菌化，要制定测定内包装材料上附着微生物菌数的工作规程。

三、 印刷性包装材料管理

直接接触保健食品的印刷性包装材料的管理和控制要求与原辅料相同。产品包装、标签和说明书应当符合保健食品管理的相关要求，企业应当设专库或专区按品种、规格分类存放，凭生产指令按需求发放使用。现仅以标签和说明书的接收、储存和发放过程为例说明印刷性包装材料的管理。

1. 标签、说明书的接收

（1）保健食品的标签、使用说明书与标准样本需要经企业质量管理部门详细核对无误后签发检验合格证，才能印刷、发放和使用。

（2）仓库管理员在标签、说明书入库时，首先应进行目检，检查品名、规格、数量是否相符，检查是否污染、破损、受潮、霉变、检查外观质量有无异常（如色泽是否深浅不一、字迹是否清楚等），如目检不符合要求的标签，需要计数、封存。

2. 标签、说明书的储存

（1）仓库在收到质量管理部门的包材检验合格报告单后，将待验标志换成合格标志。印刷性包材应当设置专门区域妥善存放，未经批准的人员不得进入。若检验不合格则将该批标签和说明书移至不合格库（区），并进入销毁程序。

（2）标签和说明书应按品种、规格、批号分类存放，按先进先出的原则使用。

（3）专库（专柜）存放，专人管理。

3. 标签、说明书的发放

（1）仓库根据生产指令单及车间领料单计数发放。

（2）标签、说明书由生产部门专人（领料人）领取，仓库发料人按生产车间所需限额计数发放，并共同核对好品种、数量，确认质量符合要求及包装完好后，方可发货并签名确认。

（3）标签实用数、残损数及剩余数之和与领用数相符，印有批号的残损标签应有两人负责销毁，并做好记录和签名确认。

（4）不合格的标签、说明书未经批准不得发往车间使用。

（5）不合格的标签、说明书应定期销毁，销毁时应有专人监督，并在记录上签字。

第四节　供应商的管理

一个好的供应商应该是：企业合法、物料合法、质量可靠，还应该做到供应保证、运输方便、价格适中、售后服务好以及企业信誉高。保健食品生产企业应当严把进货关，加强物料采购管理，对采购的物料质量负责。要严格按照《保健食品良好生产规范》的要求，切实承担产品质量第一责任人的责任，严禁采购和使用来源不明、假冒伪劣的物料。

一、供应商的调查

对物料供应商的质量管理是保健食品企业质量管理工作的前期，是质量管理全过程的第一个环节，要确保采购回来的主要物料安全无害、质量相对稳定，从而保证每批保健食品食用安全和质量稳定。对产品质量影响较大的物料称为主要物料，采购主要物料之前应对其供应商进行调查审计，选择符合要求的供应商。

选择物料供应商所考虑的原则：

（1）选择有合法资质的生产、经营企业。

（2）硬件能保证原料生产质量要求。

（3）质量保证体系完善、运行正常，能保证其生产的产品质量。

（4）包装符合要求，不会污染所供应的产品。

（5）能提供物料样品。

（6）能提供规定的有效资料（复印件）、相关批件、稳定性试验资料、质量标准等，如食品新资源原料的政府部门的批准证书、动物及动物组织器官的品种鉴定报告、菌类经人工发酵制得的菌丝体与发酵产品的混合物及益生菌类原料的菌株鉴定报告、稳定性报告和菌株不含耐药因子证明和藻类等植物原料的品种鉴定报告等。

（7）产品质量稳定、信誉良好、产量符合要求，能及时供货。

（8）动植物原料的供应渠道相对固定。

（9）实施质量保证体系及其认证情况，如 HACCP 的实施情况和 ISO/GMP/GAP 认证情况。

二、 供应商的评估

1. 供应商信息采集和分析

供应商的信息调查主要有以下内容：

（1）管理人员水平

①管理人员素质的高低。

②管理人员工作经验是否丰富。

③管理人员工作能力的高低。

（2）专业技术人员素质

①技术人员素质的高低。

②技术人员的研发能力。

③各种专业技术能力的高低。

（3）机器设备情况

①机器设备的名称、规格、厂牌、使用年限及生产能力。

②机器设备的新旧、性能及维护状况等。

（4）材料供应状况

①产品所用原材料的供应来源。

②材料的供应渠道是否畅通。

③原材料的品质是否稳定。

④供应商原料来源发生困难时，其应变能力的高低等。

（5）品质控制能力

①品管组织是否健全。

②品管人员素质的高低。

③品管制度是否完善。

④检验仪器是否精密及维护是否良好。

⑤原材料的选择及进料检验的严格程度。

⑥操作方法及制程管制标准。

⑦成品规格及成品检验标准是否规范。

⑧品质异常的追溯是否程序化。

⑨统计技术是否科学以及统计资料是否翔实等。

（6）财务及信用状况

①每月的产值、销售额。

②来往的客户。

③来往的银行。

④经营的业绩及发展前景等。

（7）管理规范制度

①管理制度是否系统化、科学化。

②工作指导规范是否完备。

③执行的状况是否严格。

2. 供应商评估要素和方法

供应商开发和分析的步骤主要有：

（1）物料分类

①将主生产物料和辅助生产物料等按采购金额比重分成A、B、C三类。

②按材料成分或性能分类，如塑胶类、五金类、电子类、化工类、包装类等。

（2）搜集厂商资料　根据材料的分类，搜集生产各类物料的厂家，每类产品在5～10家，填写在《厂商资料表》上。

（3）供应商调查　根据《厂商资料卡》名单，采购部门将《供应商调查表》传真至供应商填写。

（4）成立供应商评估小组　由副总经理任组长，采购、品管、技术部门经理、主管、工程师组成评估小组。

（5）调查评估

①根据反馈的调查表，按规模、生产能力等基本指标进行分类，按A、B、C物料采购金额的大小，由评估小组选派人员按《供应商调查表》所列标准进行实地调查。

②所调查项目如实填报于调查表上，然后由评估小组进行综合评估，将合格厂商分类按顺序统计记录。

（6）送样或小批量试验　比价议价：对送样或小批量合格之材料评定品质等级，并进行比价和议价，确定一个最优的价格性能比。

（7）供应商辅导　列入《合格供应商名册》的供应商，公司应给予管理、技术、品管上的辅导。

（8）追踪考核

①每月对供应商的交期、交量、品质、售后服务等项目进行统计，并绘制成图表。

②每个季度或半年进行综合考核评分一次，按评分等级分成优秀、良好、一般、较差几个等级。

（9）供应商之筛选

①对于较差的供应商，应予以淘汰，将其列入候补名单，重新评估。

②对于一般的供应商，应予以减少采购量，并重点加以辅导。

③对于优秀的供应商，应加大采购量。

3. 合格厂商的分类、分级

合格厂商分类是按各厂的专业程度予以归类，分级是将各类的合格厂商按其能力划分等级。

三、 供应商的审核

企业应当建立物料采购供应商审计制度，采购原辅料和包装材料应查验供应商的许可资质证明和产品合格证明；对无法提供合格证明的原料，应当按照食品安全标准检验合格。为加强保健食品原辅料管理，提高质量安全控制水平，根据《食品安全法》及其实施条例等有关规定，原国家食品药品监督管理局组织制定了《保健食品生产企业原辅料供应商审核指南》（食药监办保化［2011］187 号），是保健食品生产企业原辅料供应商审核的重要依据。

1. 审核内容

（1）准入审核　制定供应商准入要求，建立供应商档案。对供应商经营状况、生产能力、质量保证体系、产品质量、供货期等相关内容进行审核，以确保购进的原辅料符合国家法律法规、标准规范的质量安全要求。

（2）过程审核　建立原辅料使用过程审核程序和溯源机制，保证供应过程中持续的产品质量安全。对供应产品的进货查验、生产使用、检验情况、不合格产品处理等方面进行审核。

（3）评估管理　建立评估制度，对供应商定期进行综合评价。对供应产品质量、交货能力、技术水平、产品合格率等方面进行评估，结果为不满意的供应商，采取淘汰或改进机制。

（4）现场审核　对重点原辅料供应商应定期开展现场审核，包括对生产能力、生产过程和质量控制等方面进行审核。

2. 审核要点

根据审核内容，结合使用的原辅料特点，确定相应审核要点。

（1）文件审核

①供货商资质，包括企业营业执照、合法的生产经营证明文件等；

②供应商的质量管理体系文件；

③生产工艺说明和生产工艺简图；

④原辅料规格、安全性评估材料、企业自检报告或有资质检验机构出具的有效检验报告。

（2）产品验收与检验　生产企业应按产品技术要求进行严格的进厂验收或检验，要求供应商按供货批次提供有效检验报告或其他质量合格证明。

（3）重点原辅料供应商的现场审核　生产企业应建立现场审核要点及审核原则，对重点原辅料供应商的生产环境、工艺流程、生产过程、储存条件、质量管理等影响产品质量安全的因素进行现场审核。

四、 供应商变更

供应商一经选定，应尽可能减少变更。因质量问题需要变更的，由质量管理部提出变更申请，质量授权人批准后，报至供应部取消原供应商或重新选择供应商；因价格、供应等商业因素需要变更的由供应部提出变更申请并通知质量管理部。

五、 供应商档案

企业应对每家物料供应商建立质量档案，档案内容包括供应商的资质证明文件、供应商审计、评估报告、质量保证协议、质量标准、检验报告、供应商的物料检验报告等。

物料供应商质量档案由质量管理部保管，其保存期限至少保存至最后批产品有效期后一年。

拓展阅读

自动化立体仓库

自动化立体仓库，是物流仓储中出现的新概念。利用立体仓库设备可实现仓库高层合理化、存取自动化、操作简便化；自动化立体仓库是当前技术水平较高的形式。自动化立体仓库的主体由货架、巷道式堆垛起重机、入（出）库工作台和自动运进（出）及操作控制系统组成。货架是钢结构或钢筋混凝土结构的建筑物或结构体，货架内是标准尺寸的货位空间，巷道堆垛起重机穿行于货架之间的巷道中，完成存、取货的工作。管理上采用计算机及条形码技术。

医药行业是最早应用自动化立体库的领域之一，目前，众多食品企业也都成功应用自动化立休库。自动化立体仓库其优越性是多方面的，对于企业来说，自动化高架仓库其空间利用率为普通平库的2～5倍。同时，便于形成先进的物流系统，提高企业生产管理水平。

思考题

1. 原料质量标准有哪些内容？
2. 物料接收的管理有哪些内容？
3. 物料养护的措施有哪些？
4. 包装材料的管理包括哪些内容？
5. 供应商审核的内容有哪些？

实训操作项目七　物料分类、编码管理

一、 实训目的

1. 掌握各种物料的分类、编码管理程序，规范物料管理。
2. 能编写各种物料的分类、编码及其管理。

二、 实训范围

适用于保健食品企业所有用于生产的原料、辅料、包装材料及其他材料的分类、编号。

三、 实训职责

（1）仓库负责建立物料分类编码，便于在库物料及物料流通环节的分类、分物料、分批次区分管理，确保物料信息的唯一性，避免差错发生。

（2）质控部负责审核物料分类编码，确保物料能够实施高效便利管理。

四、 实训内容

1. 物料编码管理规程

（1）凡符合要求的物料，在请购、采购、检测、保管、收发、使用前，应由物控部根据需求部门提供的物料信息统一进行编写，编写内容包括物料代码和物料进厂编码。

（2）物料代码用于确定物料品种，并适用于所有原辅料、包装材料、中间产品、产成品。

①物料代码应将不同规格、样式、等级的物料进行区分，每种物料只能有一个特定的物料代码，且每个物料代码只能对应一种物料，不能因为物料的有或无随意删减、更改变换物料代码。

②物料代码由物料代号和物料排序号两部分组成，在库物资具体物料编码详见《包装材料物料代码汇总表》《原辅料物料代码汇总表》《成品物料代码汇总表》《中间产品物料代码汇总表》。

③物料代码中的物料代号如表 6－2 所示。

表 6－2　物料代号

类别	原辅料	包装材料	中间产品	产成品
代号	Y	B	Z	C

④物料排序号由四位流水数字组成，例如：0001、0002、0003。

⑤物料代码格式应为：物料代号 + 物料排序号，中间以小数点分隔，如：Y. 0001、B. 0001、Z. 0001、C. 0001。

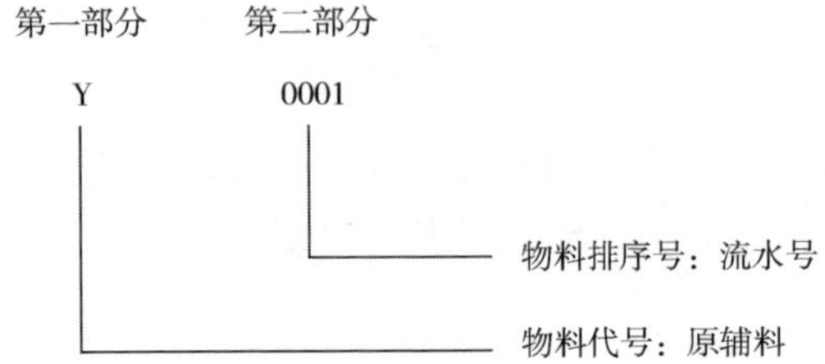

（3）物料进厂编号用于确定物料批次，以区分同一品种，不同进厂时间的物料，并只适用于原辅料、包装材料。

①物料进厂编号应将不同入库时间、分类的物料进行区分，每批物料只能有一个特定的进厂编号，且每个进厂编号只对应一批物料，不能因为物料的有或无随意删减、更改变换进厂编号。

②物料进厂编号由物料代号、进厂日期、当日进厂流水号三部分组成。

③物料进厂编号中的物料代号如下表 6 – 3 分类：

表 6 – 3　　物料代号

类别	原辅料	包装材料
代号	Y	B

④物料进厂编码中的物料进厂日期应体现进厂年份、月份、日期，如：2020 年 04 月 01 日应体现为 200401。

⑤物料当日进厂序列号体现物料当日进厂流水号，应由两位流水数字组成，从 01 起始。

⑥物料进厂编码格式应为：物料代号 + 物料进厂日期 + 物料当日流水号，例如：B. 000320040104，即：

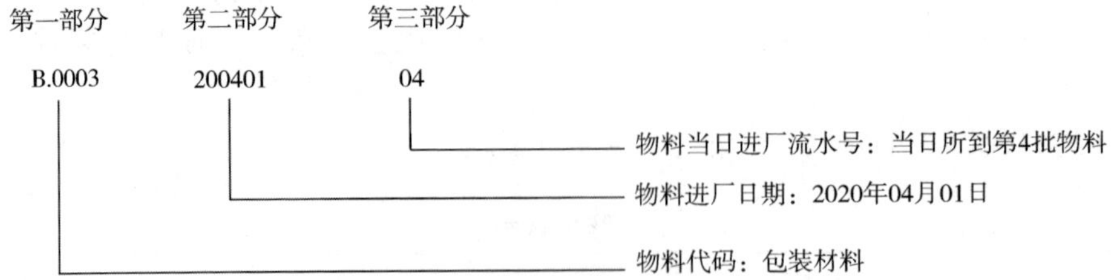

2. 进行各类物料编码管理

原料编码

序号	原料名称	原料代码	序号	原料名称	原料代码

辅料编码

序号	辅料名称	辅料代码	序号	辅料名称	辅料代码

成品编码

序号	成品名称	成品代码	序号	成品名称	成品代码

外包装材料编码

序号	名称	规格	代码

五、 实训注意事项

（1）物料编号每料一号，终身专用，当物料停止使用时，该编号亦随之作废。

（2）物料编码的几个基本原则：

①统一性原则：一个组织内只能使用一套物料编码，以方便组织内不同企业间的数据交换。

②唯一性原则：即一种物料只能有一个编码，同样一个编码只能对应一种物料。

③严谨性原则：所有物料编码的建立需要授权专人负责，以便保证其正确性。

④终身制原则：即使某物料以后不再使用，其编码也不能重新分配给其他物料使用。

⑤简单性原则：编码必须简单，一套复杂的编码体系需要昂贵的学习成本，也不利于推广。

⑥清晰性原则：编码中使用的字符必须能够清晰辨识，避免使用容易引起混淆的字符，如字母“O”和数字“0”，字母“Z”和数字“2”，字母“Q”和数字“0”等。

⑦扩展性原则：考虑预留足够的扩展空间，便于以后记录新增的物料能够继续使用该编码体系。

实训操作项目八　物料质量标准的编写

一、实训目的

理解保健食品物料质量控制的要求，掌握物料质量标准的编写。

二、实训范围

适用于保健食品企业所有物料质量标准的编写。

三、实训职责

（1）采购管理人员负责收集有关物料名单信息；

（2）品控人员负责物料质量标准的编写。

四、实训内容

（1）核对保健食品企业的物料清单，检查物料供应企业的相关使用标准。

（2）查找与物料相关的国家法律法规及标准的要求。

（3）在国家标准的基础上，结合供应商提供的标准与保健食品生产过程的质量控制要求，编制符合该物料的质量标准。企业质量标准不得低于国家标准。

（4）物料质量标准应包含以下内容：

①目的。

建立×××的质量标准，为×××的采购、储存、检验提供依据。

②范围。

③职责。

仓库：按本标准进行入库检验、储存、申请复验；

采购部：按本标准进行采购；

生产车间：按本标准使用物料；

品管部：按本标准进行检验及判定。
④编制依据。
⑤内容。
物料名称、结构式、分子式与相对分子质量等；
相关取样、检验操作规程编号。
⑥标准要求：鉴别、理化指标与含量指标的法定标准、内容标准等。
⑦储存条件。
⑧有效期。
⑨经批准的供应商。

五、 实训注意事项

（1）注意物料质量标准的内容完整性；
（2）不仅要列出物料的指标要求，还需要明确指标检测方法。

实训操作项目九　供应商选择标准操作规程

一、 实训目的

了解供应商选择的基本要求与流程，学会建立物料供应商的认证规程，保证所选择的供应商能够提供质量合格、稳定的物料。

二、 实训范围

适用于保健食品企业所有原辅料、包装材料供应商的认证。

三、 实训职责

物资部经理、物料采购员、QA、QC 对本操作规程的实施负责。

四、 实训内容

（1）了解采购的基本原则。
①物资部只能采购经认证合格的供应商生产的原辅料和包装材料，QA、QC 只能检验合格供应商的原辅料和包装材料，生产部门只能使用合格供应商的原辅料和包装材料。
②对未经批准的新物料供货商，采购前应对供应商进行评估，符合该厂对供应商要求后才能批准成为合格供应商。
（2）掌握供应商选择的基本原则。
①供应商必须具有法定的生产资格。

②具有完善的质量保证体系，提供的物料能够满足该厂的质量要求，有持续改进的愿望与能力。

③生产能力能够满足该厂需求，并有持续发展的潜力。

④保证准时、准地、准量供货。

⑤在满足上述条件的同时，价格有竞争力。

⑥在同行业中有良好的信誉和竞争优势。

⑦应尽可能直接向物料生产商购买。

（3）供应商的分级。

通过对物料风险分析的结果，按其对保健食品质量及安全性的影响程度，分为 A、B、C 三类。

①A 类是对保健食品质量有重要影响的物料，对保健食品质量有直接影响的工艺辅助剂、直接接触保健食品的包装材料。

②B 类是对保健食品质量有影响但程度非常有限的物料。

③C 类是对保健食品的质量基本没有影响的物料。

（4）供应商的评估。

①由质量保证部对物料进行风险评估，确定物料的安全级别。

②由物资部索取相应供应商资质，比较、筛选出 2～3 家，报质量保证部组织对供应商资质进行审计。

③供应商资质内容：营业执照、生产许可证、GMP 证书、辅料、包装材料注册批件、质量标准、检验报告；如从经营企业购进，还需索取经营企业的营业执照、经营许可证、业务员授权委托书等。

④质量管理部对供应商资质审核通过后，做出是否需要现场审计的决定，报质量安全负责人批准。

⑤如需现场审计，应由质量管理部依据《供应商质量体系评估管理规程》组织生产、物资、QA 人员对供应商进行现场审计。

⑥必要时，应对主要物料供应商提供的样品进行小批量生产，并对试生产的保健食品进行稳定性考察。

（5）由质量保证部提交供应商审计报告，经质量授权人审核批准后做出同意、不同意采购或经整改后重新审计的意见。

（6）质量保证部将授权人意见反馈给物资部，对审计合格的物料供应商，物资部开始物料的采购。

（7）当供应商发生重大变化或供货质量出现不稳定趋势时，应对供应商重新评估。

（8）物资部应建立供应商档案，并保存于物资部，档案内容包括：供应商的资质证明文件、质量协议、质量标准、供应商的检验报告、现场质量审计报告、产品稳定性考察报告、定期的质量回顾分析报告等。

第七章

保健食品GMP——文件管理

知识目标

1. 掌握文件管理要求；技术标准文件、管理标准文件、工作标准文件的编制要求。
2. 熟悉生产管理及质量管理文件的编写和记录的填写要求；文件管理和文件制定的程序。
3. 了解文件的修订和改进。

能力目标

1. 能够明确文件管理的要求；解释文件、文件管理的含义。
2. 能识读管理标准、技术标准、工作标准。
3. 能正确填写、输入记录；能参与编制、审核文件。

案例导入

案例：在保健食品厂生产某产品某三个批号时错误地使用了批记录的老版本。三批中的第一批生产全部按照错误的批记录要求进行，而另两个批号在生产前由责任主管事先进行了更正，生产按更正后的批记录进行。

问题：上述案例反映了文件管理中的什么问题？

讨论：该案例反映了批记录管理存在漏洞，旧版记录被误用的问题。文件应当定期审核、修订；文件修订后，应当按照规定管理，防止旧版文件的误用。分发、使用的文件应当为批准的现行文本，已撤销的或旧版文件除留档备查外，不得在工作现场出现。

第一节　文件系统

在保健食品生产企业中，文件是指涉及保健食品生产、质量的管理制度、标准及执行结果的记录和凭证。文件系统是指保健食品生产质量管理全过程中所有文件按其内在联系而形成的有机整体。文件管理系指包括文件的起草、修订、审核、批准、分发、使用、归档以及文件变更等一系列过程的管理活动。

标准是指对重复性事物或概念所做的统一规定，它以科学、技术和实践经验的综合成果为基础，经有关方面协商一致，由主管部门批准，以特定形式发布，作为共同遵守的准则和依据。标准包括管理标准、技术标准和标准操作规程。企业标准是对企业范围内需要协调统一的技术要求、管理要求和工作要求所制定的统一规定，是由企业单位自行制定，自行发布的标准。

记录是指实际生产经营活动中执行标准情况的结果，包括账、卡、册、表格记录、报告和凭证。

文件是质量保证系统的基本要素，它涉及 GMP 的各个方面。建立全面的、完善的文件系统是一种从“人治”到“法治”的变革，其核心是确保保健食品在生产过程中“一切行为有准则，一切行为有记录，一切行为有监控，一切行为有复核”。从而避免生产过程中产生混淆、污染和差错，保证生产出安全有效、质量稳定、符合预定规格标准的保健食品。

一、 文件管理的目的

文件管理的目的是界定管理系统、减少语言传递发生的错误、保证所有执行人员均能获得有关活动的详细指令并遵照执行，而且能够对有缺陷或疑有缺陷产品的历史进行追踪。

（1）规定所有的物料、中间产品、成品的规格标准及生产测试程序，提供正确操作和监控的依据。

（2）规定企业的信息传递和生产质量控制系统，避免因口头或临时书面传递、交流所产生的错误解释或误解。

（3）明确规定保健食品生产过程中各种必须遵守的程序和规程，使员工明确应该做什么、什么时候去做、在什么地方做以及如何去做、要求达到什么标准，从而有效防止自行其是。特别强调的是一个行动只能有一个标准。

（4）提供产品放行审计的依据，确保授权人可以做出是否能够放行销售的正确判断。

（5）保证可以追溯每一批产品的始末，提供对产品进行再审查的依据，以便对可能有问题的产品从原料到生产、销售的全过程进行详细调查，做出正确的处理判断。

（6）保证保健食品生产的全过程符合 GMP 要求。

二、 文件的类型、构成

保健食品生产企业文件系统构成，见图 7－1。

（一）管理标准文件

管理标准是指以获得最佳秩序和效益为目的，以管理中需要协调的重复性事物为对象而开展的有组织的制定、发布和实施的统一规定。

制定管理标准，是适应企业管理从物的管理转向人的管理的客观需要。它使相关岗位之间的工作相互衔接，协调一致，从而使每个岗位的工作实现企业的目标，形成一个全员的目标保证系统，发挥企业的整体优化效应和系统功能。

保健食品生产企业管理标准是指导企业管理、经营运作的依据，是保健食品生产企业规定企业生产经营中计划、指挥、控制等管理职能而制定的准则。对不成熟的重复性管理事项应制定企业管理制度，不宜制定企业管理标准。

管理标准实际上是规定了一件事做什么、为何做、由谁做、什么时候做、在哪儿做、如何做。而对于一定人群或个人规定其该做什么事，这对其全面了解自己的工作内容、防止工作遗漏大有裨益，这就需要制定工作标准。

保健食品生产企业的组织机构往往是按最高决策层、职能部门、岗位划分的，其中岗位是组织中的最小执行单元，一个岗位可以从事一个过程的操作，也可以从事多个过程的操作。我们可以把企业的各个职能部门的工作范围及其相应的权利和义务的描述定为部门职能，各岗位的工作范围及其相应的权利和义务的描述定为岗位职责。管理制度举例见例 7－1、例 7－2。

［例 7－1］

××××生物科技有限公司		颁发部门			
消防工作管理制度		接收部门			
		生效日期			
管理标准——人员		制定人		制定日期	
文件编号		审核人		审核日期	
文件页数	共　页	批准人		批准日期	
分发部门					

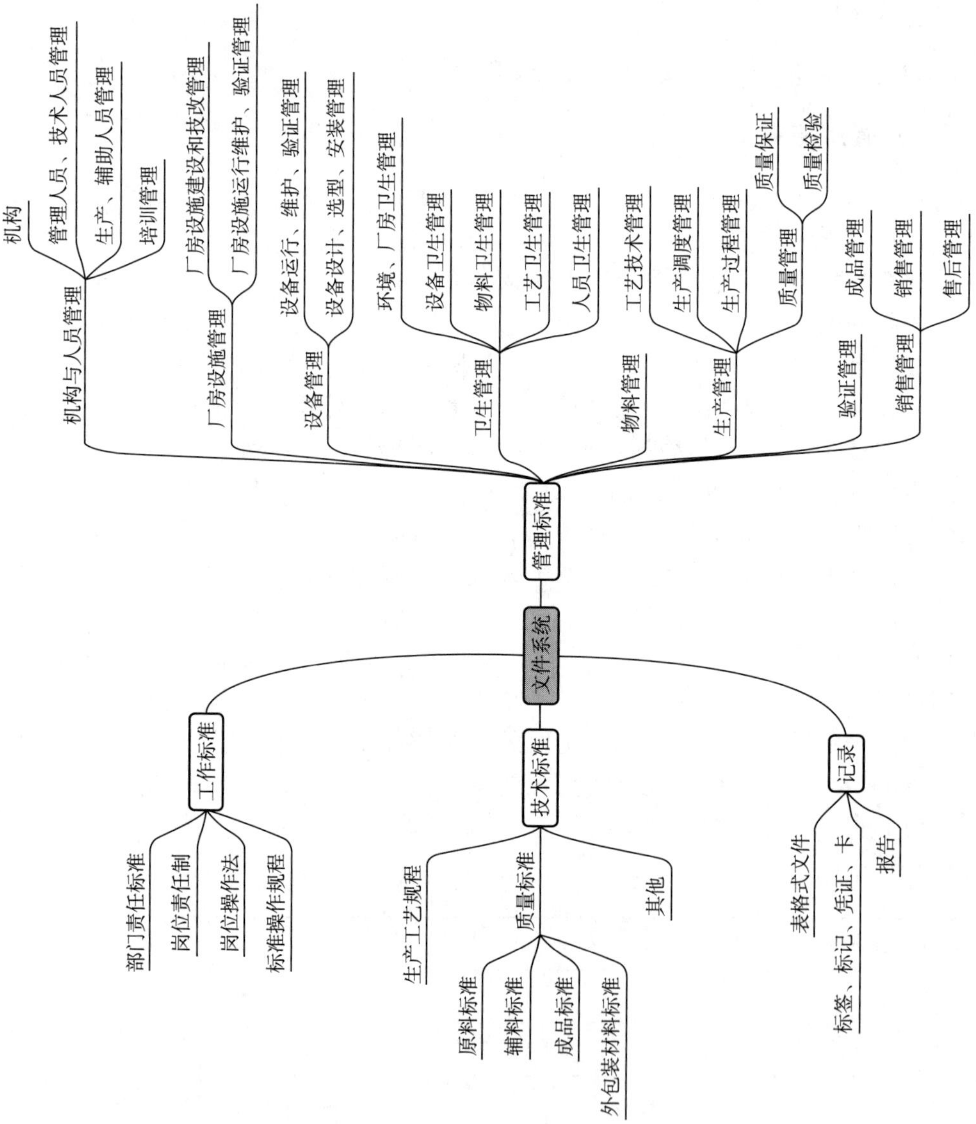
文件系统
管理标准
机构与人员管理
机构
管理人员、技术人员管理
生产、辅助人员管理
培训管理
厂房设施管理
厂房设施建设和技改管理
厂房设施运行维护、验证管理
设备管理
设备运行、维护、验证管理
设备设计、选型、安装管理
卫生管理
环境、厂房卫生管理
设备卫生管理
物料卫生管理
工艺卫生管理
人员卫生管理
物料管理
生产管理
工艺技术管理
生产调度管理
生产过程管理
质量管理
质量保证
质量检验
验证管理
销售管理
成品管理
销售管理
售后管理
工作标准
部门责任标准
岗位责任制
岗位操作法
标准操作规程
技术标准
生产工艺规程
质量标准
原料标准
辅料标准
成品标准
外包装材料标准
其他
记录
表格式文件
标签、标记、凭证、卡
报告

图 7－1　文件系统类型

1　目的　制定本管理制度，以规范企业消防工作的管理，使管理过程符合国家法律规定。

2　范围　适用于本公司消防工作的管理。

3　责任　全企业员工及外来人员、保安员负直接管理责任。

4　内容

4.1　消防安全的管理

4.1.1　进入企业生产区范围，严禁生明火、抽烟，违者罚款50元。

4.1.2　在企业生产区域动火，要报企业办公室，经办公室同意，做好防范措施后才能动火，违者罚款100元，发生事故的追究法律责任。

4.1.3　严禁携带易燃、易爆、有毒物品进入企业生产区，违者罚款100元。

4.1.4　危险品仓库和油库严禁明火入内，在仓库内抽烟以及在周围地段燃烧杂物者罚款100元，如发生事故，追究法律责任。

4.1.5　在企业范围及宿舍内安装电线、电器（包括施工队），必须由持有电工证的专业电工安装，违者罚款100元，如发生事故，依法追究法律责任。

4.1.6　凡烧毁包装材料、废纸、杂物等，一律要在企业指定地点进行烧毁，并有消防器材和专人在场。

4.1.7　各部门、车间领用易燃、易爆、有毒物品时，必须限额领用，专人负责，剩余物品必须按规定存放或退回库房，以确保安全。

4.1.8　企业消防员至少每年培训1次，并进行实操训练。

4.2　消防器材的管理

4.2.1　消防器材的管理实行专人负责、定点管理，保安班长为消防器材管理责任人，全企业的消防器材布局情况必须有分布图，消防器材管理责任人应定期对照分布图检查消防器材的完好情况，消防器材的摆放如有变动，应及时对分布图进行修订。

4.2.2　摆放消防器材的通道不得堆放东西和任何杂物。

4.2.3　消防器材只作消防使用，平时不得作与消防无关的用途。

4.2.4　除火灾外，未经批准不得动用消防器材。

4.2.5　消防器材应在规定的消防器材安置地点安置，不得随意移动和调换，在特殊情况下需要搬动或换调位置时须经保安班长同意，由保安队进行操作，并做好记录及在分布图上做出标记。

4.2.6　消防器材的检查每周进行1次，每月中旬大检查1次并做记录，如发现有漏气、损坏、丢失等不正常情况，应在12小时内申报补上。

4.2.7　保安班长负责对企业的消防器材进行登记、统计、资料保存。

4.2.8　消防器材要定期保养，打漆以防生锈，按照使用时间进行更换，以保证其性能安全、完好，消防器材不得过期使用。

4.2.9　对消防栓及主要固定的消防设施的活动部位，保安要定期启动、检查。

5 培训

5.1 培训对象：公司保安员。

5.2 培训时间：2 小时。

[例 7-2]

<table>
<tr><td colspan="2">××××生物科技有限公司</td><td colspan="2">颁发部门</td><td colspan="2"></td></tr>
<tr><td colspan="2" rowspan="2">取样管理制度</td><td colspan="2">接收部门</td><td></td><td></td></tr>
<tr><td colspan="2">生效日期</td><td></td><td></td></tr>
<tr><td colspan="2">管理标准——质量</td><td>制定人</td><td></td><td>制定日期</td><td></td></tr>
<tr><td>文件编号</td><td></td><td>审核人</td><td></td><td>审核日期</td><td></td></tr>
<tr><td>文件页数</td><td>共 页</td><td>批准人</td><td></td><td>批准日期</td><td></td></tr>
<tr><td>分发部门</td><td colspan="5"></td></tr>
</table>

1 目的 取样是保健食品质量检验的首要程序，制定对物料、中间产品、成品的取样管理程序，确保检验结果的代表性和准确性。

2 范围 适用于本厂质监科检验室对物料、中间产品和成品检验的取样程序。

3 责任 质监科、生产科等有关人员。

4 内容

4.1 目的、要求

取样是指按一定方案从总体物料中采集能代表总体物料的样品，通过检验样品而对总体物料的质量作出评价和判断。因此采集的样品必须能够代表总体物料的所有特性。

4.2 取样器具

4.2.1 固体样品用不锈钢空心棒或取样铲取出，放入具塞的玻璃瓶内。

4.2.2 液体样品取样用硬质玻璃管或注射器取出，放入具塞三角烧瓶内。

4.2.3 取样器的大小和长度以能插入容器底为宜。

4.2.4 取样器具、设备必须清洁干燥，且不与被取物料起化学反应，应注意由于取样工具不洁而引起的交叉污染。

4.2.5 盛放样品的容器必须清洁、干燥、密封。盛放遇光不稳定样品应使用不透光容器；对需检查卫生学指标的物料取样容器应事先做除菌、除热源处理。

4.3 取样数量

4.3.1 一般原辅料按总件数（n）决定取样数。

$n \leqslant 3$ 时，每件抽取；$3 < n \leqslant 300$ 时，抽样量为$\sqrt{n}+1$ 件；$n > 300$ 时，抽样量为 $\sqrt{n/2}+1$件，随机取样。

4.3.2 对于易吸潮、易挥发、腐蚀性的化工原料，并且来源是同一批号的一般取样为一个最小包装单位。

4.3.3　包装材料的取样量按 GB/T 2828.1《计数抽样检验程序》和相应的质量标准执行。

4.3.4　半成品（中间体）和待包装成品按批号每批抽取。

4.3.5　成品按批取样，设批总件数（包装单位：箱、袋、盒、桶等）为 n，在已包装好的包装件中按上述规定随机抽取。

4.3.6　样品量应满足检验和留样观察规定的需要。原辅料取样量一般为最少可供 3 次全检用量；成品取样量为全部检验项目（包括卫生学检验）所需样品量（不包括复检）。

4.3.7　技术标准中对抽样数量另有规定时按技术标准的规定执行。

4.4　取样方法

4.4.1　取样前应先核对被取样品的品名、规格、批号、编号、数量等是否与请检单相符，包装是否完好无损，标志及其内容是否齐全。确认无误后，方可取样。

4.4.2　固体样品用取样工具从袋（或桶、箱）口一边斜插至对边袋（或桶、箱）深约 3/4 处抽取均匀样品。取样数较少时，应选取中心点和周边 4 个抽样点，自上往下垂直抽取样品。取样时应注意样品的外观及均匀程度。

4.4.3　液体样品用玻璃管，慢慢插入液体中，使管内外液面保持同一水平，插至底部时，封闭上端开口，提出抽样管，抽取样品。取样时应注意样品的外观及有无异物存在等。

4.4.4　所取样品经混合或振摇均匀后（必要时进行粉碎）用“四分法”缩分样品。

4.4.5　将所取样品按规定的数量分装 2 瓶，贴上标签或留样证，一瓶供检验用，另一瓶作为留样保存。

4.4.6　取样后应及时将打开的包装容器重新扎口或封口，同时在包装容器上贴上取样证并填写取样记录。

4.4.7　制剂样品和包装材料随机抽取规定的数量即可。

4.4.8　针剂澄明度检查，按取样规定每盘随机抽取若干，全部混匀再随机抽取。

4.4.9　原辅料、内包装材料的取样，必须在取样车内完成样品的抽取。

5　管理

5.1　取样人员：由质监员负责物料取样（可委托化验员取样）及中间产品、成品和留样观察产品的取样。

5.2　取样者必须熟悉被取物料的特性、安全操作的有关知识及处理方法。抽取有毒有害样品时，应穿戴适宜的劳动保护用品。

5.3　进入洁净区取样时，应按符合洁净区的有关规定进出入。

5.4　取样后要尽快检验。如一次检验不合格需复检时，除另有规定外，应加倍取样，从2倍数量的包装中进行抽样检验。重新取样时，也应符合本标准规定的要求。

5.5　易变质的原、辅料，储存期超过规定期限时，领用前要重新取样检验。

6　记录

<table>
<tr><th>记录名称</th><th>保存部门</th><th>保存时间</th></tr>
<tr><td>取样证</td><td rowspan="2">质检科</td><td rowspan="2">有效期后1年（至少3年）</td></tr>
<tr><td>取样记录</td></tr>
</table>

（二）技术标准文件

技术标准系指生产技术活动中，由国家、地方、行业及企业颁布和制定的技术性规范、准则、办法、标准、规程和程序等书面文件。

保健食品生产企业文件系统中的技术标准是指对保健食品生产中需要协调统一的技术事项所制定的标准。它是从事厂房设施建设、保健食品生产及流通的一种共同遵守的技术依据。

技术标准是以产品为对象，在这里，产品是一个广义的概念，指产品制造过程中涉及的原料、辅料、包装材料、中间产品、工艺用水、成品等。对其质量及生产中涉及的工艺过程、生产环境、技术安全、生产设备、劳动组织、物料平衡等的描述和规定，是制定各种操作规程的依据。产品的技术标准可分为工艺规程和质量标准，质量标准还可进一步分为原辅料、包装材料、中间产品、工艺用水、成品质量标准等，如××产品的工艺规程、××产品质量标准。

（三）标准操作规程（SOP）

标准操作规程是一种经批准用以指示某工作操作的通用性文件或管理办法。

工作标准是指以人的工作为对象，对工作范围、职责、权限、工作方法及内容所制定的规定、标准、办法、程序等书面要求。标准操作规程举例见例7－3。

［例7－3］

<table>
<tr><td colspan="2">××××药业有限公司</td><td colspan="2">颁发部门</td><td colspan="2"></td></tr>
<tr><td colspan="2" rowspan="2">高效包衣操作规程</td><td colspan="2">接收部门</td><td></td><td></td></tr>
<tr><td colspan="2">生效日期</td><td></td><td></td></tr>
<tr><td colspan="2">管理标准——质量</td><td>制定人</td><td></td><td>制定日期</td><td></td></tr>
<tr><td>文件编号</td><td></td><td>审核人</td><td></td><td>审核日期</td><td></td></tr>
<tr><td>文件页数</td><td>共　页</td><td>批准人</td><td></td><td>批准日期</td><td></td></tr>
<tr><td>分发部门</td><td colspan="5"></td></tr>
</table>

1　目的　建立高效包衣标准操作规程，保证包衣片符合质量要求。

2　范围　固体制剂车间包衣岗位。

3　责任

3.1　包衣工序组长负责组织实施。

3.2　包衣岗位操作人员按本规程严格执行。

3.3　车间工艺员、质量监督员负责监督、检查。

4　内容

4.1　生产前准备

4.1.1　检查工序、设备及容器的清洁状况，检查清场合格证，核对有效期，取下标示牌，按生产部门标识管理规定定置管理。

4.1.2　配制班长按生产指令填写工作状态，挂生产标示牌于指定位置。

4.1.3　按照生产指令，从中间站领取片芯，按中间产品交接程序办理交接。

4.1.4　将所需用到的设备、容器具用75%（体积分数）乙醇清洁消毒。

4.2　包衣

4.2.1　按产品工艺规程和包衣液配制标准操作规程配制包衣液，于搅拌桶内保温搅拌。

4.2.2　将称好的片芯倒入包衣滚筒中，将包衣喷枪与蠕动泵、搅拌桶通过硅胶管连接起来，按产品工艺规程和高效包衣机标准操作规程进行包衣。

4.2.3　包衣前必须调节好喷枪位置、喷雾状态以及进风温度。

4.2.4　包衣过程中必须经常检查包衣片外观质量及片子增重量，并严格控制包衣滚筒内烘干温度。

4.2.5　包衣操作完毕，取出包好的薄膜衣片，置托盘中平铺，放晾片架上晾片，待温度降至室温，装入内衬布袋的带盖周转桶中，称量、记录，桶内外各附在产物品标签1张，送中间站，按中间产品交接程序办理交接。中间站管理员填写请检单，送质检科请检。

4.2.6　生产完毕，填写生产记录。

4.3　清场

4.3.1　取下生产标示牌，挂清场牌，按清场标准操作规程、D级洁净区清洁标准操作规程、高效包衣清洁标准操作规程及生产用容器具清洁标准操作规程进行清场、清洁。

4.3.2　清场结束，填写清场记录。报质量监督员检查，检查合格后发清场合格证，挂已清场牌。

5　记录

记录名称	保存部门	保存期限
高效包衣生产记录	固体制剂车间	有效期后1年（至少3年）
清场记录		

6　培训

6.1　培训对象：包衣岗位操作人员。

6.2　培训方式：理论学习与实际操作培训相结合。

6.3　培训时间：4小时。

（四）记录与凭证

记录是指实际生产经营活动中执行标准情况的结果，包括账、卡、册、表格记录、报告，例如各种台账、操作记录、工作记录、取样证、合格证、检验报告等。

记录是获得保健食品质量及执行规范的各要素的客观证据。凭证是保健食品生产经营活动发生和完成情况、明确责任的书面证明，是登记账、卡、册的重要依据。

记录是保健食品制造过程中各种生产和质量活动结果的证据。原则上讲，有操作就应有记录。准确地说，在管理程序和操作规程中，应规定各种作业活动的所需记录并附上记录的样本，人为地将记录与文件分离，不利于文件的执行。生产记录举例见例7-4、例7-5。

[例7-4]

胶囊填充生产记录

<table>
<tr><td colspan="2">室内温度</td><td colspan="2"></td><td colspan="2">相对湿度</td><td colspan="2"></td><td colspan="2">生产日期</td><td colspan="2"></td></tr>
<tr><td colspan="2">品　名</td><td colspan="2">批号</td><td colspan="2">规格</td><td colspan="2">应填装量</td><td colspan="2">应填数量</td><td colspan="2">班次</td></tr>
<tr><td colspan="2"></td><td colspan="2"></td><td colspan="2"></td><td colspan="2"></td><td colspan="2"></td><td colspan="2"></td></tr>
<tr><td colspan="2">清场标志</td><td colspan="4">□符合规定
□不符合规定</td><td colspan="6">执行胶囊填充及抛光标准操作规程</td></tr>
<tr><td colspan="12">胶囊壳（万粒）</td></tr>
<tr><td colspan="2">批号</td><td colspan="2">型号</td><td colspan="2">上班结余量</td><td colspan="2">领用数</td><td colspan="2">实用数</td><td>结余量</td><td>损耗量</td></tr>
<tr><td colspan="2"></td><td colspan="2"></td><td colspan="2"></td><td colspan="2"></td><td colspan="2"></td><td></td><td></td></tr>
<tr><td colspan="12">内容物（kg）</td></tr>
<tr><td colspan="3">上班结余量</td><td colspan="2">领用数</td><td colspan="2">实用数</td><td colspan="2">结余量</td><td colspan="3">废损数量</td></tr>
<tr><td colspan="3"></td><td colspan="2"></td><td colspan="2"></td><td colspan="2"></td><td colspan="3"></td></tr>
<tr><td colspan="12">装量检查记录</td></tr>
<tr><td rowspan="8">机台号</td><td rowspan="4"></td><td>时间</td><td></td><td></td><td></td><td></td><td></td><td></td><td></td><td></td><td rowspan="2">操作者</td></tr>
<tr><td>装量</td><td></td><td></td><td></td><td></td><td></td><td></td><td></td><td></td></tr>
<tr><td>时间</td><td></td><td></td><td></td><td></td><td></td><td></td><td></td><td></td><td rowspan="2"></td></tr>
<tr><td>装量</td><td></td><td></td><td></td><td></td><td></td><td></td><td></td><td></td></tr>
<tr><td rowspan="4"></td><td>时间</td><td></td><td></td><td></td><td></td><td></td><td></td><td></td><td></td><td rowspan="2">操作者</td></tr>
<tr><td>装量</td><td></td><td></td><td></td><td></td><td></td><td></td><td></td><td></td></tr>
<tr><td>时间</td><td></td><td></td><td></td><td></td><td></td><td></td><td></td><td></td><td rowspan="2"></td></tr>
<tr><td>装量</td><td></td><td></td><td></td><td></td><td></td><td></td><td></td><td></td></tr>
</table>

续表

平均装量		检查人			
抛光					
合格品数量		抛光操作人			
填充收得率 =	合格品数量	×100%		×100% =	
	应填数量				
收得率范围：96% ~100%		结论		检查人	
备注					

［例 7 –5］

批物料平衡表

品名		规格		批号	
工序名称	收得率		偏差检查		
粉碎过筛			□符合规定 □不符合规定		
混合制粒			□符合规定 □不符合规定		
整粒总混			□符合规定 □不符合规定		
压片			□符合规定 □不符合规定		
内包			□符合规定 □不符合规定		
外包			□符合规定 □不符合规定		
总收得率		工艺员		质检员	
备注					

第二节　文件编制管理

文件的编制包括文件的制定、审核、印制过程。

企业首先要根据 GMP 的要求及企业的实际情况设计一个文件系统，即设计本企业的文件目录，并根据文件系统确定企业的文件编码系统，决定文件的格式、文件的制定程序、原则、方法等；同时，要对参与文件制定人员进行 GMP 基本知识的培训，然后再着手编制文件。

在编写文件时，可以依据文件规定的各项操作，明确规定需要填写哪些记录、由哪些部门负责管理和保存记录、保存时间多长。记录的编号与文件编号相对应，可以使操作人员在填写记录时很容易查到记录的依据。

一、 文件设计

文件设计是根据《保健食品良好生产规范》要求、本企业经营管理模式、各部门职能来确定文件系统的组成。参照图 7－1 划分的文件系统模块，编排文件目录。

企业根据企业的章程、经营模式、机构组成、岗位的设置及人员的配备来设计企业的文件系统。文件系统的组成及文件目录应由企业负责人组织，由负责生产和质量管理的企业负责人和部门负责人参与设计，并组织部分管理人员、专业技术人员、工程技术人员商议，征求各方面的建议和意见后确定文件系统框架。文件系统的框架代表了企业管理模式，一经确定就不可变动，否则会造成文件混乱，造成管理执行困难并易出现差错和漏洞。

编排文件目录应同时编排文件编码。除少部分制度和凭证无编码外，绝大部分文件需编制号码。编制文件，不管是标准类文件还是记录类文件，均应有一个独一无二的能够识别其文本、类别的系统编码。

企业设计文件系统时应先制定文件管理标准，并对参加编制文件的机构和人员进行文件管理标准培训，充分掌握文件编制的程序和要求才可进行文件的设计和编制工作。

二、 文件编码

1. 编码要求

文件编码应符合下列要求。

（1）系统性　统一分类、编码，最好是按照文件系统来建立编码系统，并指定专人负责编码，同时进行记录。

（2）准确性　文件与编码一一对应，做到一文一码，一旦文件撤销，此文件编码也随之作废，不得再次使用。

（3）识别性　制定编码系统规定时，必须考虑到其编码能便于识别文件的文本和类别。

（4）可追踪性　根据文件编码系统的规定，可任意调出文件，亦可随时查询文件变更的历史。

（5）一致性　文件一旦经过修订，必须给定新的编码，对其相关文件中出现的该文件的编码同时进行修正。

（6）稳定性　文件编码系统一旦确定，一般情况下不得随意变动，应保证系统的稳定性，以防止文件管理的混乱。

（7）发展性　制定编码系统规定时，要考虑企业将来的发展及管理手段的改进。

2. 编码方式

企业内文件编码应统一，其代码可选用英文缩写、汉语拼音的第一个字母或汉字，再加上一组数字组成。每个企业可自主确定编码系统，但必须制定一个有关文件编码系统规定的文件，详细地、逐一列出编码的规定，以便正确编码和让使用者明了。

文件编码由质量管理部门文件管理人员负责编制。文件的编码应能传递文件的类别版本便于存储和取用，编制时力争科学、合理。文件编码一经确定，各部门不得擅自变更。确实需要变更必须向质量管理部门文件管理人员提出申请，说明变更理由，经批准后由文件管理人员进行重新编制。

企业文件编号宜采用四级编码，内含文件分类码、文件类别代码、部门代码、文件序列号（版本号）。

（1）文件分类码　标准管理文件—SMP；标准操作规程—SOP；标准记录—SR。

（2）文件类别代码　保健食品生产企业管理文件类别代码表示如下。

企业管理类——AM（Administration Management）

人员管理类——PM（Personnel Management）

卫生管理类——SM（Sanitation Management）

质量管理类——QM（Quality Management）

质量标准类——QS（Quality Standards）

生产管理类——PM（Production Management）

工艺规程类——PP（Process Procedure）

设备管理类——EM（Equipment Management）

物料管理类——WM（Ware Management）

销售管理类——MM（Marketing Management）

工艺验证——PV（Process Validation）

设备验证——EV（Equipment Validation）

清洁验证——CV（Cleanness Validation）

（3）部门代码　保健食品生产企业部门代码表示如下。

质控部——QD（Quality Control Department）

制造部——PD（Production Department）

工程部——ED（Engineering Department）

行政部——AD（Administration Department）

物控部——MC（Material Control Department）

营销部——MD（Marketing Department）

研发部——RD（Research & Development Department）

（4）文件序号　指每个部门的文件序列号。由 001～999 组成，由各部门自行编制。

（5）版本号　用于文件的修订。由 01－99 组成。如首版为 01，第二版为 02，以此类推。

文件编号举例：

SMP－AM－QD－001 质管部标准管理制度第 001 号文件

SMP－PM－AD－002 行政部人员管理制度第 002 号文件

SOP－QM－QD－002 质管部质量检验标准操作规程第 002 号文件

SMP－QS－QD－001 质管部质量标准第 001 号文件

SR－QM－QD－001 质管部质量管理记录第 001 号

SMP－PM－PD－001 制造部生产标准管理制度第 001 号文件

SOP－PM－PD－005 制造部生产岗位标准操作规程第 005 号文件

SR－PM－PD－121 制造部生产管理记录第 121 号

SMP－PP－PD－001 制造部工艺规程第 001 号

SMP－EM－ED－001 工程部设备标准管理制度第 001 号文件

SOP－EM－PD－001 制造部设备标准操作规程第 001 号文件

SR－EM－ED－001 工程部设备管理记录第 001 号

SMP－WM－MC－001 物控部物料标准管理制度第 001 号文件

SOP－WM－MC－01 物控部物料管理标准操作规程第 001 号文件

SR－MM－MD－002 营销部销售管理标准记录第 002 号

SR－WM－MC－001 物控部物料管理记录第 001 号

SMP－PV－PD－001 制造部生产工艺验证第 001 号

SMP－EV－ED－001 工程部设备验证第 001 号

SMP－CV－PD－001 制造部设备清洁验证第 001 号

三、 文件格式

1. 文件表头格式

保健食品生产企业文件系统的所有文件采用统一格式。记录类文件每一大类有一个文件名称及表头。每页记录页眉应有企业标志、名称、文件编码及页次。企业文件除各类记录外一般按以下格式进行编写。

企业标志　　　××××药业有限公司

×××－××－××－×××　第 1 页　共 4 页

目的：
范围：
责任：
内容：
其中页眉（见上）含有企业标志、企业名称及文件编码、页次。
表中应有：
×××××管理制度（标准操作规程）：为文件名称
颁发部门：企业所有文件为质量管理部门颁发
分发部门：为文件中所涉及的部门
文件编码：按文件分类及编码标准对文件制定的现行编码，有唯一性
版本号：文件版本，用于文件的修订用
编订者：该文件的起草人、制定人，原则上应遵循谁使用谁起草
审核者：对该文件进行审核的人员
批准者：批准该文件执行的人员，为企业主管领导
执行日期：为该文件正式执行的日期
目的：为文件制定的目的，应简明扼要
范围：为文件内容使用的范围
责任：为对本文件的内容负责执行的部门或岗位责任人
内容：为文件正文的内容
表头举例见表7－1

表7－1　　文件表头示例

<table>
<tr><td colspan="7">××××保健食品有限公司
××标准——×××</td></tr>
<tr><td rowspan="2">文件名称</td><td colspan="3" rowspan="2"></td><td>编码</td><td colspan="2"></td></tr>
<tr><td>页数</td><td></td><td>实施日期</td></tr>
<tr><td>制定人</td><td></td><td>审核人</td><td></td><td>批准人</td><td></td><td></td></tr>
<tr><td>制定日期</td><td></td><td>审核日期</td><td></td><td>批准日期</td><td></td><td></td></tr>
<tr><td>制定部门</td><td></td><td>分发部门</td><td colspan="4"></td></tr>
</table>

2. 正文格式

文件正文可根据文件的需要依次列出：目的、原则、适用范围、职责、定义、标准依据等条款，然后再写文件的内容。

文件可按GB/T 1.1—2009《标准化工作导则　第一部分：标准的结构和编写》的要求编写。企业可有自己的编排格式，但必须用专门的规范文件的标准格式。

（1）按GB/T 1.1—2009《标准化工作导则　第一部分：标准的结构和编写》的

要求，标准应按其内容分成若干章、条、款、项进行叙述，编号方法如下所示：

章1，6

条1.1，6.3

款1.1.1，6.3.2

项1.1.1.1，6.3.2.5

编号采用阿拉伯字加圆点制，圆点加在阿拉伯数字右下角，以作分隔。

（2）“章”一般有标题，编号应左起顶格书写，其后空1个字写上标题，占2行位置，另起一行写具体内容。若没有标题，则在编号后空一个字写具体内容。

（3）“条”可有标题，也可无标题。在同一“章”中，“条”有无标题应一致：同样，同“条”中的“款”，同一“款”中的项，有无标题也应一致。

（4）“条”、“款”、“项”的编号应左起顶格书写。如有标题，则在编号后，两者之间空1字，并单独占1行。如无标题，则在编号之后空1个字写具体内容。

（5）有标题的章、条、款、项，其具体内容的第一行应左起空2个字书写，以下各行均顶格写。如分段叙述时，每段的第一行均左起空2个字书写。

（6）并列叙述条文的编号a、b、c均应左起空两个字书写，在编号之后空1个字写具体内容。

（7）标准条文、附录结束后，在版面的中间划一条粗实线作为终结符号，其长度约为版面宽度的1/4。

四、 文件编制

1. 制定组织

在正常情况下，一般由文件颁发部门制定文件，必要时，可由质量管理部门协助制定。如果需要按照GMP要求制定或修订较大量的文件时，可组建一个文件制定小组，该小组由总工程师或主管质量的企业负责人负责，指定一个部门牵头负责，各有关部门协助。各部门又可以指定起草人员，形成一个文件制定体系；该体系的工作应高效、协调运行良好，具权威性，职责明确。

2. 起草原则

文件主要由文件使用部门选择专人负责起草，以保证文件内容的全面性和准确性。草稿交质量管理部门初审后，由办公室分发至与文件有关部门审核并签发意见，再交起草人修改，最后由质量管理部门负责人定稿。如有不同意见，由质量管理部门负责人裁定；必须杜绝文件的片面性，增加文件的可行性。

起草的文件应符合下列原则：①文件标题、类型、目的、原则应有清楚的陈述；②文件内容准确，不可模棱两可，可操作性要强；③条理清楚，易理解，便于使用；④文件如需记录，应有足够空间。

提倡实事求是，可借鉴别人先进经验，但绝不能生搬硬套，一时难形成的文件，如某些SOP（标准操作规程）可待时机成熟后再期完成。切记编写文件是为了使用文件，而不是摆花架子。

3. 参编人员要求

（1）起草人员　经GMP学习和培训，了解、掌握GMP的要求；熟悉本专业的技术和管理要求，实践经验丰富；掌握文件撰写基本要求。

（2）审核人员　经GMP学习和培训，掌握、熟悉GMP的要求；熟悉本专业的技术和管理要求，敢于管理、善于协调；掌握文件制定的要求；有能力对文件的内容和形式的审查结果负责。

（3）批准人　经GMP学习、培训及其他相关学习，熟悉GMP要求；懂技术、懂管理、敢管理，勇于承担责任；具权威性，有平衡、协调能力；具有要求产品质量高标准及持续改进的观念；具有规范化、标准化、科学化管理的概念和不断提高管理水平的观念，有能力对批准的文件负责。

4. 制定、修订时间

（1）生产开工前、新产品投产前、新设备安装调试前。

（2）引进新配方或新工艺前。

（3）配方、生产工艺、设备条件改变前。

（4）验证前或验证后。

（5）组织机构职能变动前。

（6）文件制定的质量改进时。

（7）文件执行过程中发现问题时。

（8）自检、质量大检查、GMP认证检查后。

（9）国家有关法定标准变更时。

五、　文件制定程序

本程序适用于标准类文件的制定，记录类文件也可以参照。

1. 命题及编码

任何人均可以提出制定（或修订）文件的建议，并给予文件题目。经主管负责人审核同意后指定颁发部门、经办人等，然后对制定文件进行文件编码及登记。

2. 起草及会稿

（1）起草人原则上是文件颁发部门的人。

（2）会稿应安排文件相关使用部门参与。

（3）根据会稿人员意见进行修改。

3. 审核

（1）审核人一般是起草人所在部门负责人或上一级部门负责人。

（2）审核人负责对文件的内容、编码、格式、制定程序等进行审核，必要时应组织有关部门负责人会审，审核通过的文件交付印刷。

4. 印制

（1）标准类文件建议按 GB/T 1.1—2009《标准化工作导则　第1部分：标准的结构和编写》的基本规定中标准条文编排格式来打印，也可由企业自订统一打印格式。

（2）起草人负责校对打印稿并签字。

（3）按需要数量印制。

第三节　文件使用管理

文件使用管理包括文件的批准、颁布、发放、培训、执行、修订与变更、保管与归档、撤销及销毁等。

一、文件批准

（1）批准人一般为企业的主管负责人或企业负责人。

（2）批准人对文件的内容、编码、格式、编订程序等进行复审时，应对该文件及与其相关文件的统一性、各部门之间的协调性、文件内容的先进性、合理性及可操作性等进行把关。

（3）批准文件颁发，确定生效日期或执行日期。

文件批准后即颁布发放。

二、文件发放

（1）文件不宜多印，应控制数量。

（2）标准文件经批准人签字后方可颁发。文件一经批准，应在执行之日前发至有关人员或部门。

（3）不管哪个部门颁发的文件均应由企业负责档案的人员或指定专人负责分发，分发文件时必须进行登记。

（4）文件应分发至其所涉及的每一部门、岗位。文件分发时，收发双方须在“文件发放、回收记录”上签字，并注明：文件名称、文件编码、复印份数、分发部门、分发份数、分发人、签收人、发送日期等。

（5）一旦新文件生效，前版文件必须交回。分发使用的文件为批准的现行文本，已撤销和过时的文件除留档备查外，不得在工作现场出现。

三、文件培训

（1）新文件在执行之前必须进行培训并记录。文件在执行之日前应对文件使用者进行专题培训，可由文件编制人、审定人、批准人之一进行培训，以保证所有使用者掌握如何使用文件。

（2）培训方式有传阅、开会宣读、学习班等。

（3）一般情况下，文件批准后10个工作日后才正式执行文件，以利于培训、学习。

四、 文件执行

（1）文件由执行责任人于执行日期开始严格遵守执行。

（2）新文件开始执行阶段，相关管理人员应特别注意监督检查执行情况，以保证文件执行的有效性。

（3）任何人不得任意改动文件，对文件的任何改动必须经批准人批准，并签字及注明日期。

五、 文件复审与修订

保健食品生产企业应定期组织技术、质量管理部门和相关的业务部门复审文件，一般每两年复审文件1次，并做好记录。

一般情况下，生产工艺规程每5年修订1次，岗位操作法或标准操作规程每2年修订1次。文件管理部门应负责检查文件修订后引起其他相关文件的变更，并及时修订其他相关文件。任何文件修订或变更，必须详细记录，以便追踪检查。

任何人均可以提出修订文件的动议或申请。由原文件批准人评价变更文件的必要性与可能性，若同意，则可启动文件修订程序。修订程序同文件制定程序，但生产工艺变更、主要原辅料变更、新设备的应用等，需先进行验证，重大工艺改革需先经鉴定。

六、 文件保管与归档

（1）文件持有者或部门应按文件类别及编码顺序把文件存放于规定的文件夹内，并进行登记。

（2）文件持有者或部门应妥善保管文件，不得丢失、撕毁或涂改，应保持文件清洁、整齐及完整。

（3）若需保密的文件，应按有关保密制度管理。

（4）应严格遵守借阅制度，不得随便复印文件。

（5）如果文件采用自控系统或管理系统记录，应仅允许授权人操作。

（6）文件的归档包括现行文件归档和各种记录归档。

（7）文件管理部门（或档案室）应有一套现行文件原件（或样本），并根据文件变更情况随时更新，记录在案。

（8）各种记录一旦填写完成，应按类归档，并保存至规定日期。

（9）应按档案管理办法来管理归档文件。

七、文件撤销及销毁

一旦修订文件生效，原文件应自动失效。文件管理部门应定期公布撤销文件名单。修订文件生效之日，必须由文件分发者根据文件分发登记表，向持有原文件的人员或部门收回过时之文件。在生产、工作现场不允许同时有两个或两个以上版本的文件。收回的文件，档案室必须留存1~2份备查，必要时，质量管理部门也可考虑留档1份，其余在清点数量后应全部销毁，由监销人监督并做销毁记录。如文件发现错误，对保健食品质量及生产经营活动产生不良影响，必须立即废止、及时回收。文件回收时必须在“文件发放、回收记录”上签字，填明收回日期、收回人，并在回收的文件上加盖“回收文件”印章，以表示回收的文件。

第四节　产品生产管理文件

一、生产工艺规程

生产工艺规程是规定为生产一定数量成品所需起始原料和包装材料的量，以及工艺加工说明、注意事项，包括生产过程中控制的一个或一套文件对产品设计、配方、工艺、规格标准、质量监控以及生产和包装的全面规定与描述；是生产管理和质量监控的基准性文件，是制定批记录、批生产指令、批包装指令及主配方的重要依据。

生产过程是指从准备生产开始，直到把产品生产出来的全部过程；也就是从原材料、技术、劳动力、动力等生产要素的投入开始，到最终生产出可以出厂销售的合格产品为止的全部过程。

生产工艺规程一般由车间技术主任组织编写，企业生产技术部门组织有关部门会审，企业总工程师或技术负责人批准。原料生产工艺规程的主要内容包括：品名、产品概述、生产流程图（工艺及设备流程）、工艺过程及技术参数、生产工艺的操作要求、生产过程的质量控制、物料、中间产品、成品的质量标准、包装容器的要求、储存注意事项、设备一览表及主要设备生产能力（包括仪表）、原料消耗定额和技术经济指标，物料平衡（包括原料利用率计算），技术安全与防火（包括劳动保护、环境卫生），综合利用（包括副产品、回收品的处理）、“三废”治理及排放标准、操作工时与生产周期、劳动组织与岗位定员、附录（有关理化常数、曲线、图表、计算公式、换算表等）等。

保健食品生产工艺规程主要内容包括：品名、剂型、产品概述、配方、生产工艺流程，生产工艺操作要求及工艺技术参数、生产过程的质量控制、物料、中间产品、成品的质量标准、成品容器、包装材料要求、储存条件、标签、使用说明书的内容、设备一览表及主要设备生产能力（包括仪表）、技术安全、工艺卫生及劳动保护、物料消耗定额、技术经济指标及其计算方法、物料平衡计算公式、操作工时与生产周期、劳动组织与岗位定员、附录（常用理化常数、换算表等）等。

若企业的剂型或品种繁多，企业也可按剂型（或单元操作）编写有关工艺操作的通则，阐明生产过程中的共性规定，再按每个具体品种的技术要求写成产品工艺规程或产品工艺卡片。应将工艺操作通则与产品工艺规程结合使用。

二、岗位操作法

岗位操作法是岗位技术安全操作法的简称，是对各具体生产操作岗位的生产操作、技术、质量管理等方面所做的进一步详细要求。

岗位操作法由车间技术人员组织编写，经车间技术主任批准，报企业生产技术部门备案后执行。

原料岗位操作法主要内容包括：原材料规格性能，本岗位化学反应及副反应，生产操作方法和要点（包括开、停设备注意事项），重点操作的复核，中间产品质量标准及控制，安全、防火与劳动保护，设备的维修、使用与清洗，综合利用与“三废”治理，异常情况的处理与报告，工艺卫生与环境卫生等。

制剂岗位操作法主要内容包括：生产操作方法与要点，重点操作的复核，中间产品质量标准与控制，安全、防火与劳动保护，异常情况的处理与报告，设备维修、使用与清洗，技术经济指标计算，工艺卫生与环境卫生，计量器具检查与校正，附录等。

岗位标准操作规程又称岗位 SOP，是对某项具体操作进行书面指示说明并经批准的文件，是组成岗位操作法的基础单元。

岗位 SOP 的编写、审核、批准同“岗位操作法”。

岗位 SOP 主要内容包括：操作名称、编号、颁发部门，生效日期，所属产品、岗位，适用范围，操作方法及程序，物料、中间产品名称、规格，设备、工具的名称、型号、编号，操作人员，附录等。

三、标准操作规程（SOP）

标准操作规程是经批准用以指导操作的通用性文件。

1. 编写基本原则

（1）合理、可行，各操作步骤的前后衔接要紧凑，条理性好。

（2）语言精练、确切、通俗、易懂。

（3）关键步骤可采用流程图来强调。

（4）必须包括每一项必要的步骤、信息和参数。

2. 标准操作规程的内容

（1）表头内容：题目、编号（码）、制定人及制定日期、审核人及审核日期、批准人及批准日期、颁发部门、生效日期、分发部门、页数等。

（2）标题。

（3）正文内容包括：操作名称，编写依据，操作范围及条件（注明时间、地点、对象、目的），操作步骤或程序（准备过程、操作过程、结束过程），操作标准，操作结果的评价，操作过程复核与控制，操作过程的安全事项与注意事项，操作中使用的物品、设备、器具及其编号，操作异常情况处理等。

企业可根据自己实际情况选用岗位操作法或标准操作规程。具体内容可参考例7-6。

[例7-6]

<table>
<tr><td colspan="7">××××保健食品有限公司</td></tr>
<tr><td rowspan="2">文件名称</td><td colspan="3" rowspan="2">SYH-50型三维运动混合机标准操作规程</td><td>编码</td><td colspan="2"></td></tr>
<tr><td>页数</td><td></td><td>实施日期</td></tr>
<tr><td>制定人</td><td></td><td>审核人</td><td></td><td>批准人</td><td colspan="2"></td></tr>
<tr><td>制定日期</td><td></td><td>审核日期</td><td></td><td>批准日期</td><td colspan="2"></td></tr>
<tr><td>制定部门</td><td></td><td>分发部门</td><td colspan="4"></td></tr>
</table>

目的：建立SYH-50型三维运动混合机的标准操作程序，便于设备的安全操作，保持设备最佳工作状态。

适用范围：适用SYH-50型三维运动混合机的操作。

职责：操作人员、维修人员对本SOP实施负责。

操作步骤：

1 检查

1.1 检查设备是否完好。是否挂有“已清洁”、“停止运行”等状态标志。

1.2 检查各转动部位的紧固件是否紧固。

1.3 检查变频器开关是否处在关闭档，调速旋钮是否指在零位，如不是请归位后再开机。

1.4 按启动按钮试空机，听声音是否正常，看轴承缝内有无异物渗出，若有要停机清理干净。

2 操作步骤

2.1 开机慢慢旋转变频器旋钮，使混合桶的加料口调至适当位置，停机，关闭电源，打开加料口投入物料，盖紧顶盖，防止松动。

2.2 开机慢慢旋转变频器旋钮，使混合机的物料桶开始转动，直到达到工艺要求的转速。物料三维混合，按工艺要求时间，混合均匀。

2.3 混合均匀后，慢慢旋转变频器旋钮，使混合桶的出料口调至适当位置，停机，关闭电源，打开出料口放出物料于洁净干燥容器中。

2.4　在操作过程中，如发现异常现象，应立即停车检查。

3　工作结束后，停机并关闭电源，按《三维运动混合机清洁规程》对设备进行清洁。

4　按《三维运动混合机维护和保养SOP》对设备进行维护和保养。

5　注意事项

5.1　本机的混合是三维空间混合，故在料筒的有效运转范围内应加安全防护栏或警示标志，以免发生人身安全事故。

5.2　在装卸料时，设备的电动机必须停机，以防电器失灵，造成不必要的事故。

6　使用完后，填写设备运行记录。

四、批生产记录

批生产记录是一个批次的待包装品或成品的所有生产记录，批生产记录能提供该批产品的生产历史以及与质量有关的情况。

批生产记录内容有：

（1）产品特征内容　产品名称、代码、剂型、规格、有效期等。

（2）指令基本内容　批号、计划产量、生产操作方法、工艺要求、技术质量指标、作业顺序、SOP编号、生产地点、生产线与设备及其编号、作业条件等。

（3）记录表格内容　物料名称及代码、投料量、折算投料量、实际投料量、称量人与复核人签名，开始生产日期与时间，各步操作记录，操作者签名及日期时间，生产结束日期与时间，生产过程控制记录，各相关生产阶段的产品数量，物料平衡的计算，设备清洁、操作、保养记录，结退料记录，异常、偏差问题分析、解释、处理及结果记录，特殊问题记录等。产品批生产记录如表7－2所示。

表7－2　混合岗位批生产记录

<table>
<tr><td>产品名称</td><td></td><td>规格</td><td></td><td colspan="2">批号</td><td colspan="2"></td></tr>
<tr><td>工序名称</td><td>混合</td><td>批量</td><td></td><td>温度</td><td></td><td>相对湿度</td><td></td></tr>
<tr><td>班次</td><td></td><td>生产日期</td><td>年　月　日</td><td colspan="2">操作场所</td><td colspan="2"></td></tr>
<tr><td colspan="8">按产品工艺规程、岗位SOP和设备SOP进行操作</td></tr>
<tr><td colspan="8">使用设备：</td></tr>
<tr><td>物料名称</td><td>领用量
/kg</td><td>混合时间
/min</td><td>混合后质量
/kg</td><td colspan="2">废料量
/kg</td><td>产品收率
/%</td><td>平衡收率
/%</td></tr>
<tr><td></td><td></td><td rowspan="3"></td><td rowspan="3"></td><td colspan="2" rowspan="3"></td><td rowspan="3"></td><td rowspan="3"></td></tr>
<tr><td></td><td></td></tr>
<tr><td></td><td></td></tr>
</table>

续表

计算收率、平衡收率： 产品收率 = 混合后质量/领入物料总量 × 100%（收率限度≥99%） 平衡收率 =（混合后质量 + 废料量）/领入物料总量 × 100%（平衡限度≥99%）
混合开始时间：
混合结束时间：

操作人		复核人	
注：			
QA 签字：			

五、批包装记录

内包装工序与外包装工序应有独立的批包装记录；其余情况批包装记录可以独立，也可以并入批生产记录内，作为批生产记录的一部分。

批包装记录的基本内容有：

（1）产品特征内容　产品名称、代码、剂型、规格、有效期。

（2）指令内容　批号、包装规格、计划产量、包装方法、包装要求、作业顺序、SOP 编号、生产地点、使用设备与生产线及其编号、作业条件等。

（3）记录表格内容　包装材料名称、代码、质量、领用数、使用数、残损数、退库数，发料人、领用人、核对人签名，待包装产品数量，已包装产品数量，物料平衡，包装开始日期、时间，各工序生产日期、时间，包装结束日期、时间，包装操作记录，设备生产线操作记录，操作者、复核者、负责人签名，现场监控、核对记录，包装操作完成后，检验核对结果，监控者、核对者签名，已印有批号的标签、使用说明书、产品合格证的样张，前次包装操作的清场记录（副本）及本次包装清场记录（正本），异常、偏差问题分析、解释、处理及结果记录，特殊问题记录等。产品批包装记录如表 7 – 3 所示。

表 7 – 3　　铝塑包装岗位批包装记录

品名		规格		批号	
工序	铝塑包装	批量		生产日期	年　月　日
生产场所		相对湿度		温度	
按产品工艺规程、岗位 SOP 和设备 SOP 进行操作					
使用设备：					

续表

领入代包片（胶囊）	报废数	退回半成品数	实际包装半成品数	送检	留样
约______万片（粒）	kg	kg	万板 记______万片（粒）	板	板

包材名称	计量单位	领用量	实用量	分装中捡出不合格量	追加量	退回量	领用人	发放人

次数	时间	热封温度	上板温度	下板温度	压缩空气	其他
1		℃	℃	℃	MPa	批号打印：□清晰　□不清晰 热封程度：□封严　□未封严 切口边缘：□整齐　□不整齐 铝膜封装程度：□封严　□未封严
2		℃	℃	℃	MPa	
3		℃	℃	℃	MPa	
4		℃	℃	℃	MPa	

计算收率、平衡收率：

产品收率 = 混合后数量/领入物料总量 × 100% =　　　　（所得数值应≥98%）

平衡收率 =（实际包装半成品数 + 退回半成品数 + 报废数 + 送检 + 留样）/领入物料总量 × 100% =（所得数值应≥98%）

操作人		复核人	
注：			
签字：			

拓展阅读

保健食品标识、说明书内容和要求

保健食品标识和产品说明书必须标示的内容有：保健食品名称；保健食品标志与批准文号；净含量及固形物含量；配料；功效成分；保健作用；适宜人群；食用方法；日期标示；贮藏方法；执行标准；保健食品生产企业名称与地址；特殊标识内容。

保健食品标识与产品说明书的所有标识内容的基本原则有：①保健食品名称、保健作用、功效成分、适宜人群和保健食品批准文号必须与《保健食品批准证书》

所载明的内容相一致；②应科学、通俗易懂，不得利用封建迷信进行保健食品宣传；③应与产品的质量要求相符，不得以误导性的文字、图形、符号描述或暗示某一保健食品或保健食品的某一性质与另一产品的相似或相同；④不得以虚假、夸张或欺骗性的文字、图形、符号描述或暗示保健食品的保健作用；⑤不得描述或暗示保健食品具有治疗疾病的功用。

为指导保健食品警示用语标注，使消费者更易于区分保健食品与普通食品、药品，引导消费者理性消费，国家市场监管总局组织编制了《保健食品标注警示用语指南》，自2020年1月1日起实施。

思考题

1. 文件管理的目的和类型有哪些？
2. 文件管理程序是什么？
3. 工艺规程是什么？有哪些内容？
4. 批生产记录和批包装记录的内容分别有哪些？
5. 文件制定的程序是什么？

实训操作项目十　标准操作规程（SOP）及其记录表格设计

一、 实训目的

通过实训，使学生掌握SOP及记录表格编制的基本要求、内容、格式，学会自行设计GMP技术类文件。

二、 实训范围

根据所学知识和实训参观GMP生产、质量管理部门的情况，按照质量管理流程设计相应SOP以及相关记录表格。

三、 实训职责

生产、物料供应和仓储、设备动力、销售、QA、QC等。

四、 实训内容

（1）查询资料，学习SOP的组成要素。

（2）查询资料，了解质量系统职责分配，同时应注意结合物料在产品生产企业中的流转过程中，产品质量管理系统在不同阶段的作用。

（3）将学生分组，每小组6~8人。参观、学习生产、物料供应和仓储、设备动力、销售、QA、QC等部门的职能流程设计。以从物料采购直至产品销售后的市场反馈为主线，分别请各小组说明应担负的质量职责，并结合所做的工作设计记录表格。可参考以下表格。

×××公司设备运行记录

编号：SMP03－××（y）00

<table>
<tr><td colspan="2">设备名称</td><td colspan="4"></td><td>规格型号</td><td colspan="2"></td></tr>
<tr><td colspan="2">设备编号</td><td colspan="3"></td><td>岗位定制</td><td></td><td></td><td></td></tr>
<tr><td rowspan="2">日期</td><td colspan="3">班次</td><td rowspan="2">累计开机时间</td><td rowspan="2">产品名称</td><td rowspan="2">产品批号</td><td rowspan="2">运行状态</td><td rowspan="2">操作人</td></tr>
<tr><td>早</td><td>中</td><td>晚</td></tr>
<tr><td></td><td></td><td></td><td></td><td></td><td></td><td></td><td></td><td></td></tr>
<tr><td></td><td colspan="3"></td><td></td><td></td><td></td><td></td><td></td></tr>
<tr><td></td><td colspan="3"></td><td></td><td></td><td></td><td></td><td></td></tr>
<tr><td></td><td colspan="3"></td><td></td><td></td><td></td><td></td><td></td></tr>
<tr><td colspan="4">本月累计运行时间/台时</td><td></td><td></td><td></td><td></td><td></td></tr>
<tr><td colspan="4">运行状态记录图例</td><td colspan="5">1. 正常运行“√”　2. 停运抢修“？”　3. 故障抢修“！”
4. 日常小修“△”　5. 计划大修“—”</td></tr>
</table>

监控员：　　　　复核人：　　　　操作人：

×××公司包衣岗位生产记录

编号：BPR201－007－01

<table>
<tr><td colspan="3">产品名称：</td><td colspan="2">产品批号：</td><td colspan="2">规格：</td><td>批量：</td><td>页数：</td></tr>
<tr><td colspan="3">执行的工艺规程编号：</td><td colspan="3">生产指令号：</td><td colspan="3">生产日期：　年　月　日</td></tr>
<tr><td colspan="2">所用设备</td><td></td><td colspan="2">设备编号</td><td></td><td colspan="2">设备操作 SOP</td><td></td></tr>
<tr><td colspan="2">岗位操作 SOP</td><td colspan="4">包衣标准操作规程：</td><td colspan="2">设备清洁 SOP</td><td></td></tr>
<tr><td>物料名称</td><td>规格</td><td>批号</td><td>检验单号</td><td>配方量</td><td>称重量</td><td>称量者</td><td>复核者</td><td>供货单位</td></tr>
<tr><td></td><td></td><td></td><td></td><td></td><td></td><td></td><td></td><td></td></tr>
<tr><td></td><td></td><td></td><td></td><td></td><td></td><td></td><td></td><td></td></tr>
<tr><td colspan="6">操作开始时间：</td><td colspan="3">岗位结束时间</td></tr>
<tr><td colspan="6">工艺要求及操作方法</td><td colspan="3">实际操作</td></tr>
<tr><td colspan="6">1. “四证”齐全方可操作
清场合格证　设备完好证
生产许可证　半成品递交许可证
2. 核对包衣用片芯和包衣用原辅料的品名、批号，重（数）量、规格等是否均为合格</td><td colspan="3">1. □齐全　□不齐全

2. □合格　□不合格</td></tr>
</table>

续表

3. 设备操作按《BXF－1000 型包衣机 SOP》及相关设备 SOP 进行 4. 制浆：根据品种工艺的规定，配制适当浓度的溶液，作为包衣液浆 5. 包衣：随时注意各包衣阶段所用的包衣液浆的品种、浓度、用量、包衣层数和包衣温度等 6. 晾片：打光后的糖衣片置硅胶干燥室（柜）干燥 8～12 小时 7. 晾片后及时收片，密闭容器，填写桶卡，注意：品名、规格、批号、数量、收片人和收片时间等，交中间站待验 8. 清洁：执行相关设备、环境等清洁规程 9. 清场：执行《清场 SOP》			3. □是　　□否 4. 制浆记录： 5. 包衣记录： 6. 晾片时间： 7. 盛器：□清洁　□不清洁 桶卡：□正确　□不正确 产量：_______ kg，共_______桶 8. □合格　□不合格 9. □合格　□不合格
操作人：			复核人：
半成品检验	检验单号	结果：合格□ 不合格□	检验人：
清场		操作结束是否按规定清场和悬挂正确标志 是□　　　　否□	
备注			

实训操作项目十一　保健食品说明书和标签的制作

一、 实训目的

1. 掌握保健食品说明书和标签的制作。
2. 熟悉说明书和标签的书写内容和格式要求。
3. 熟悉相关标准和法律法规对保健食品说明书和标签的规定。

二、 实训范围

根据所学知识和实训参观 GMP 生产、质量管理部门的情况，结合市场调查，按照规范要求设计制作。

三、 实训原理

为加强保健食品监督管理，保护消费者合法权益，需对保健食品说明书和标签进行规范。保健食品说明书是指对产品注册、生产等相关信息的介绍。保健食品标签是指保健食品包装上的文字、图形、符号及一切说明物。

四、 实训步骤及报告内容

1. 保健食品说明书和标签的调研

采用市场调研方法，对现有保健食品标签和说明书评价分析，可结合产品特性、品牌及市场定位，结合所学知识对产品的标签和说明书进行剖析，写出调查结果，设计一产品并按照下面要求组织内容。

2. 保健食品说明书书写

×××产品说明书

本品是以×××为主要原料制成的保健食品，经动物功能和/或人体试食试验证明，具有×××的保健功能。

【原料】×××

【辅料】×××

【标志性成分及含量】×××

【保健功能】×××

【适宜人群】×××

【不适宜人群】×××

【食用方法及食用量】×××

【规格】×××

【贮藏方法】×××

【保质期】×××

【注意事项】×××

3. 保健食品标签书写

×××产品标签

【原料】 【辅料】 【功效成分及含量】 【保健功能】 【适宜人群】 【不适宜人群】 【食用方法及食用量】	保健食品标志 批准文号（如国食健字G＊＊＊＊＊＊＊＊） 批准单位（如国家市场监督管理总局） 产品名称 （商标名＋品牌名＋通用名） 企业名称	【规格】 【保质期】 【贮藏方法】 【注意事项】 【生产地址】 【电话】 【生产日期/批号】

五、 注意事项

（1）说明书中应注明：本品不能代替药物，不能用于疾病预防、治疗。

（2）内容书写应当清晰、醒目、持久、真实准确、通俗易懂、易于辨认和识读，科学合法，字体、背景和底色应采用对比色。

（3）标签应符合 GB 7718—2011《食品安全国家标准 预包装食品标签通则》基本要求，以及保健食品标签和标识的其他有关规定。

实训操作项目十二 文件的发放、修订与销毁管理

一、实训目的

使学生掌握保健食品文件发放、回收、修改、销毁等文件管理工作内容。

二、实训范围

适用于保健食品企业对所有文件的管理。

三、实训职责

质保部负责制定、修订《文件管理制度》，并监督检查执行情况，各部门、车间负责按文件管理制度实施、控制与管理。

四、实训内容

（1）填写文件发放与回收记录表，训练文件发放与召回管理。
（2）填写文件修改申请表的填报，训练文件修订管理。
（3）填写文件销毁申请及记录表，训练文件销毁管理。

文件发放、回收记录

文件名称	文件编号	分发号	发放人	发放日期	接收人	接收日期	回收人	回收日期

文件修改申请表

文件名称		文件修订 申请表编号	修改后 版本号	
申请更改部门		申请人		

更改原因：

更改前内容：

更改后内容：

主管审核意见：

QA 审核意见：

批准人		日期	

文件销毁申请及记录表

<table>
<tr><td colspan="2">文件名称</td><td></td><td>文件编号</td><td></td></tr>
<tr><td colspan="2">版本号</td><td></td><td>数量</td><td></td></tr>
<tr><td>销毁申请</td><td colspan="4">申请人：　　　　日期：</td></tr>
<tr><td>销毁审核</td><td colspan="4">部门主管：　　　　日期：</td></tr>
<tr><td>销毁批准</td><td colspan="4">质量副总：　　　　日期：</td></tr>
<tr><td rowspan="3">销毁监督</td><td>销毁时间</td><td></td><td>销毁地点</td><td></td></tr>
<tr><td>销毁方式</td><td></td><td>销毁结果</td><td></td></tr>
<tr><td>销毁人</td><td></td><td>监督人</td><td></td></tr>
<tr><td>备注：</td><td colspan="4"></td></tr>
</table>

第八章

保健食品GMP——生产管理

知识目标

1. 掌握保健食品生产工艺规程、批生产记录、物料平衡与偏差处理。
2. 熟悉保健食品生产清场要点、防止污染的措施。
3. 了解保健食品生产批号的划分原则与制定。

能力目标

1. 明确保健食品 GMP 对文件的要求，能制定与审核生产管理文件。
2. 能通过熟练使用保健食品生产工艺规程、批生产记录等生产管理文件，处理和解决生产中遇到的实际问题。
3. 学会保健食品生产清场操作；会运用保健食品生产清场，有效地防止污染与交叉污染的问题。

保健食品是生产出来的，所谓生产指的是生产加工，即保健食品制备过程中，包括物料的传递、加工、包装、贴签、质量控制、放行、储存、销售发放等一系列相关的控制作业活动，因此，生产的各个阶段均应采取措施保护产品和物料免受污染。保健食品的生产制造过程同其他商品一样，都是以工序生产为基本单元，生产过程中某一工序或影响这些工序的因素出现变化，如环境、设施、设备、人员、物料、控制、程序等，必然会引起保健食品质量及其生产过程的波动。因此，不仅保健食品要符合质量标准，而且保健食品生产全过程的工作质量也要符合

GMP 要求。

生产管理是保健食品生产企业制造全过程中决定保健食品质量的最关键和最复杂的环节之一，是《保健食品良好生产规范》实施的核心环节，是确保产品质量安全、有效、均一的关键。保健食品生产管理主要包括生产管理文件的制定、生产指令的发放与批号管理、原辅料备料与生产准备管理、生产配料与加工过程的管理及质量控制，产品包装与标签管理、防止生产过程中的污染和交叉污染等项目。生产管理的主要目标是按照 GMP 要求对生产全过程进行监控，以杜绝差错和混淆，防止污染和交叉污染，确保所生产的保健食品的质量。

第一节　生产文件管理

实施保健食品 GMP 的目的是为了能始终如一地生产出符合设定质量标准的产品。要达到这一目的，企业的各种生产及质量管理活动必须用“标准”来规范。“标准”的载体即文件，按照“标准”进行操作，并将结果及时记录下来，即为生产管理文件。

生产管理文件主要包括生产管理制度、工艺规程、岗位标准操作规程、批记录等文件。企业应按照经注册或备案的产品配方、生产工艺等技术要求编制工艺规程与批生产记录，并严格按照工艺规程组织生产。

一、 生产管理文件的制定

生产管理文件是生产管理的依据，除生产过程中的卫生管理、质量管理、设备管理文件外，产品生产工艺规程、生产岗位操作规程或生产岗位标准操作规程、生产记录等文件的制定，是做好生产管理工作的基础。

（一）生产文件的管理

生产的全过程实际上是执行文件，并将操作的结果如实记录的过程，整个过程需要复核和监控。每批产品生产的全过程形成的各种记录，先由各工段复核，然后送车间，由生产车间分管技术的主任或工艺员对整批生产的各种记录审核，特别是对偏差查处情况、物料平衡情况进行审核，提出评估意见，签名后报品质管理部门，由品质管理部门将其与批检验记录等汇总在一起，形成批生产文件的档案，按文件管理的要求保存至产品保质期后的一年。

我国保健食品 GMP 对文件的要求在生产部门的职责中做了一定的阐述，如“保健食品生产所需要原料的购入、使用等，应制定验收、储存、使用、检验等制度，并由专人负责”，又如“工厂应根据规范要求并结合自身产品的生产工艺特点，制定生产工艺规程及岗位操作规程”。生产管理类文件的起草、修订、审核、批准、替换或撤销、复制、保管和销毁等应当按照文件管理操作规程进行管理，并有相应的文件分发、撤销、复制、销毁记录。在实施过程中不得随意更改，如需更改，应按照文件变更程序进行修订、审核与批准。

（二）GMP 对文件的要求

GMP“文件和记录”中对文件的阐述包括以下内容：

（1）原则。

（2）概述。

（3）必要的文件：

①标签/标识：标签不局限于瓶贴、盒贴，它通常还包括说明书和其他印刷包装材料，如印有产品名称和使用注意事项的小纸盒。在我国保健食品生产中，这类印刷包装材料通过标签来管理。

②标准操作规程和记录：包括接收（原辅包装材料类进货验收等程序）操作规程和记录、取样操作规程和记录、检验操作规程和记录等。

③质量标准及检验方法：包括成品、半成品、待包装产品，以及原料、包装材料的质量标准。

④生产配方和加工/包装指南。

⑤批生产记录。

⑥批包装记录。

二、 生产指令发放与批号管理

（一）生产指令的发放

生产指令包括批生产指令、各工序生产（操作）指令和批包装指令，是各车间、岗位从事生产工作的依据。

（1）批生产指令　由企业生产部门根据生产计划下达，应明确包括产品代号、名称、剂型、规格，生产依据、适用工艺规程和岗位操作规程，领用原、辅料代号、名称、编号、等级、数量，各工序生产周期、使用机台和模具、要求产品收率以及执行指令车间、班组、产品质量负责人和产品代号、批号等内容。

（2）各工序生产（操作）指令　可由企业生产部门或生产车间根据企业批生产指令下达。应包括生产加工品种名称、代号、数量、批号，要求执行工艺规程和岗位操作规程，加工机台及工、模具，生产周期以及产品收率。

（3）批包装指令　也由企业生产部门根据生产计划下达，应明确要求包装产品名称、数量、规格、批号、使用中间产品数量、代号、批号以及领用各类包装材料数量、指令车间和班组等内容。

企业生产部门在下达生产指令的同时，应将生产指令副联同时报送企业品质管理部门，以便品质管理部门及时检查和监督产品生产。

（二）生产批号管理

（1）批号的定义　用于识别同一批产品的一组数字（或字母加数字）称为批号。

（2）批号的重要性　由于批号可用以追溯和审查该批产品的生产历史，所以，批号是产品生产质量的代号，批号管理是产品质量控制的重要内容。

（3）批的划分原则

①固体制剂按照相同工艺组织生产，以成型或分装前使用同一台混合设备一次混合量所生产的均质产品为一批。

②液体制剂按照相同工艺组织生产，以灌装（封）前经同一台混合设备最后一次混合的液体所生产的均质产品为一批。

③在同一生产周期内连续生产，能够确保产品均质的保健食品，可以编制同一生产批号。如采用分次混合，经验证，在规定限度内所生产一定数量的均质产品为一批。

（4）批号的制定　原则上批号是由企业生产部门随制剂生产指令一并下达确定。常用编制方法为“年－月－流水号”，如批号190805，即代表2019年8月份第5批生产的产品批号。若同一批混合产品用不同装填或灭菌设备，可在原批号后加两位数字，形成亚批号以示区别，如19080502即为2019年8月份第5批第2台机灭菌或装填产品。

第二节　生产工艺管理

一、生产工艺规程管理

产品生产工艺规程是指为生产一定数量成品所需起始原料和包装材料的数量，以及工艺加工说明和注意事项，包括生产过程中各个环节的制作方法和控制条件等内容的一个或一套文件，是产品生产管理和质量监控的基准性文件，是制定批生产记录，发放批生产指令和批包装指令的重要依据。

（一）生产工艺规程主要内容

（1）产品概述（名称、剂型、规格等）；

（2）产品配方及配方依据；

（3）工艺流程图与区域划分；

（4）生产工艺及操作要求、生产岗位操作规程；

（5）物料平衡及其计算公式；
（6）设备一览表、主要设备生产能力；
（7）产品生产中的各项工艺关键控制点；
（8）原料、辅料、包装材料的质量标准、检验方法、检测频次及储存条件；
（9）中间产品质量标准、检验方法、检测频次；
（10）成品质量标准、检验方法、检测频次；
（11）原料、辅料、包材的消耗定额、技术经济指标、物料平衡及其计算公式；
（12）包装规格与产品包装要求；
（13）技术安全、工艺卫生、劳动保护及环境保护；
（14）劳动组织、岗位定员及生产周期；
（15）附录（常用理化常数、曲线、图表、计算公式及换算表等）。

（二）生产工艺规程制定程序

生产工艺规程一般由企业生产部门组织编写，由品质管理部门组织专业会审，由企业负责人批准后颁布执行。

生产工艺规程制定要求：

（1）生产工艺规程必须按产品申报批准的工艺规程制定，不可任意更改。

（2）若因工艺改革、设备改进或更新，原辅材料变更等，须提出申请并经验证。

（三）生产工艺规程制定注意事项

（1）生产岗位操作规程应合理、可行，各操作步骤的前后衔接要紧凑，条理性要好。

（2）语言要简练、准确、通俗和易懂，便于操作人员掌握。

（3）必须包括每一项必要步骤、信息和参数。

（4）岗位操作规程不得任意更改。若因工艺改革、设备改进或更新、原辅材料变更等须提出申请并经验证。

二、 生产记录的制定和管理

生产记录是生产过程中各项生产操作过程、生产操作条件和生产操作结果等的原始记录，是产品生产过程中各方面情况的原始凭证，是追索复核产品质量的原始依据。产品生产记录包括批生产记录、批包装记录和岗位操作记录。

（一）批生产记录的制定和管理

（1）批生产记录的内容　批生产记录是该批产品生产全过程（包括中间产品检验）的完整记录。它由生产指令、生产工艺传递卡、有关岗位生产原始记录、清场记录、偏差调查处理情况、中间产品检验报告单等汇总而成。

（2）批生产记录的填写　批生产记录可由岗位工艺员分段填写生产工艺传递卡和岗位生产记录，由车间技术人员汇总，报生产部审核并签字后送品质管理部门复核、归档。

（3）批生产记录填写注意事项

①批生产记录要及时如实填写，并保持整洁，不得撕毁和任意涂改。

②若发现填写错误，应按规定程序更改。

③批生产记录应按代号、批号归档，保存至产品有效期后一年。

（二）批包装记录的制定和管理

批包装记录是该批产品包装全过程的完整记录。批包装记录可单独设置，也可以作为批生产记录的组成部分。

批包装记录的内容包括：产品代号、名称、剂型、规格、批号、计划产量、包装方法、包装要求、作业顺序、半成品包装材料领用数量、使用数量、报废数量、回库数量、不合格品数量、合格品数量、生产日期以及本次包装操作的清场记录等内容。

批包装记录的填写注意事项同批生产记录。

（三）岗位生产记录的制定和管理

岗位生产记录是对各岗位生产情况的真实记录，其内容应包括该岗位各项生产条件参数、生产品种代号、名称、数量、批号、收率情况以及生产过程中各工艺参数复核情况等。

岗位生产记录的填写要求同批生产记录，应同生产工艺传递卡一并成为批生产记录的内容。

第三节　生产过程管理

一、原辅料备料与生产准备管理

生产车间、班组或岗位在接到上级生产指令后，应充分做好生产前准备工作与原辅料配料工作等工作准备管理。

（一）生产前准备管理

（1）检查与生产品种相适应的工艺规程、岗位操作规程等生产管理文件是否齐全。

（2）检查生产区域已无任何与本批生产无关的物料、产品与文件，清场检查符合要求，取下上批清场合格证，放入本批产品记录，挂上本批生产状态标示牌。

（3）检查生产场所是否符合该区域清洁卫生要求。

（4）对设备状况进行严格检查，检查合格，挂上运行状态标示牌后方可使用。

（5）对生产用计量容器、度量衡器以及测定、测试仪器、仪表，进行必要的检查（或校正）。

（6）检查设备、工具、容器清洗是否符合标准。

（7）检查生产用介质是否符合工艺要求。

（二）原辅料备料管理

生产前准备工作完成后，方可按以下程序进行原辅料备料工作。

（1）根据生产指令编制领料单，经复核批准后向仓库限额领取物料。限额领料通常有两种方式：仓库具备备料条件的，由仓库精确称量并发至生产车间；仓库不具备备料条件的，则以最小包装单位发运至车间。

（2）生产车间收料人检查已领物料的合格标志，并对照领料单核对物料的品名、物料编码、规格和编号或批号、生产厂家、生产日期等，确认质量符合要求后，复称重量或复核数量，然后在“领料”上签字。

（3）生产车间收料人员领用的原辅料、内包装材料，在指定地点（拆包间）除去外包装，必要时按照有关规定进行清洁消毒，然后通过传递窗或缓冲间进入车间备料间，按品种、规格、编号或批号分别堆放，并贴上合格物料卡。对于不能除去外包装的物料应清除表面尘埃，擦拭干净后进入洁净区。

二、 生产配料与加工过程的管理及质量控制

（一）配料管理

（1）生产配料所使用的计量器具需经过校验，每日使用前应进行日校。

（2）原辅料应当在适宜的条件下称量，以免影响其适用性。称量的装置应当具有与使用目的相适应的精度。

（3）生产配料时，计算、称量和配料要有人复核，操作人、复核人均应在生产工艺卡和岗位操作记录上签名。

（4）产品配料必须准确执行配方和生产指令，不得私自变更配方、低限或高限配料。并严格按“生产工艺规程”所规定的工艺条件、配料内容和数量、配料时间和方法进行操作。应仔细观察配料过程中的物料的变化，按规定对物料参数进行仔细监测，发现异常，立即报告处理。

（5）使用后剩余散装原辅材料应及时密封，由操作人在容器上注明启封日期，剩余的数量、皮重、毛重、经使用者、复核者签名后，由专人办理退料手续。

（6）对再次启封使用的原、辅料，应核对标签，检查外观形状，经确认合格后方可使用。如发现有异常或性质不稳定的原辅材料应再次送检，合格后方可使用。

（二）生产工艺管理

（1）生产全过程必须严格执行工艺规程和岗位操作规程。严格按工艺规程规定条件、操作规程规定方法、生产指令规定内容进行操作，不得擅自更改。

（2）生产规程各关键工序要严格进行物料平衡，符合规定范围方可递交下一工序继续操作；若超出范围，必须查明原因，在得出合理解释、确认无潜在质量事故后，经品质管理部门负责人批准，中间产品方可递交下一工序。

（3）应严格控制在规定生产周期内完成生产任务。生产周期若有变动，要按偏差管理程序处理。

（4）有毒、有害、高活性、易燃和易爆岗位要严格执行安全操作规程，有效地实施防范措施，企业安全员要严格检查和防范。

（5）车间工艺员、企业生产技术部门、质量监督员应定时对生产工艺执行情况进行查证，并将查证结果记入工艺传递卡或岗位操作记录。

（6）固体制剂的成型、装填、包封工序，液体剂的灌封工序均应在洁净区进行，并尽可能使用自动或半自动设备。操作员应按岗位操作规程要求定时定量抽查产品装量差异，并将抽查结果及时记入岗位操作记录。

（7）生产过程各岗位的操作及中间产品的流传都必须在质管员的严格监控下进行，各种监控凭证都要纳入批生产记录；无质检员签名发放的中间产品，不得往下一工序传送。

（8）各关键工序，比如起草生产指令、配料、灌装、消毒、灯检、外包装等，要严格复核，防止差错或混淆。

（三）生产过程的灭菌管理

灭菌与消毒在保健食品生产过程中是极为重要的，它是保健食品生产过程中一项重要的操作，也是保证保健食品质量的重要措施之一。灭菌是指用物理或化学方法将所有致病的微生物全部杀菌。灭菌方法是指杀灭或除去所有微生物的繁殖体和芽孢或孢子的技术。微生物包括细菌、真菌、病毒。微生物的种类不同，则灭菌方法不同，灭菌效果也不同。细菌的芽孢具有较强的抗热能力，因此灭菌效果常以杀灭芽孢为准。消毒是指杀灭物体上的微生物的繁殖体，不能保证杀死芽孢或孢子。

1. 灭菌方法

灭菌方法基本分为两大类：物理方法（干热灭菌、湿热灭菌、过滤除菌、射线灭菌等）和化学方法（气体灭菌和药液灭菌）。下面分别介绍几种常用的灭菌方法。

（1）干热灭菌法　干热灭菌法是利用火焰或干热空气进行灭菌的方法。干热灭菌可用于能耐受高温，却不宜被蒸汽穿透，或者易被湿热破坏的物品的灭菌。由于在相同的温度下，干热对微生物的杀灭效果远低于饱和蒸汽，故干热灭菌需要较高的温度或较长的灭菌时间。干热一般 135～170℃灭菌需 2～4h；180～200℃灭菌需 0.5～1h。干热灭菌常用的设备有干热灭菌柜和隧道灭菌系统。

（2）湿热灭菌法　是指在饱和蒸汽、流通蒸汽或水中进行加热灭菌的方法。蒸汽具有潜热大，穿透力强，灭菌效果比干热灭菌好等特点。此法灭菌可靠，易于控制，操作方便且经济实惠，所以是目前生产中最常用的灭菌方法。湿热灭菌的主要设备是灭菌釜。具体湿热灭菌方法有湿热灭菌法、流通蒸汽灭菌法、煮沸灭菌法、低温间歇灭菌法等，其具体特点和适应范围如下：

①湿热灭菌法：用压力大于常压的饱和蒸汽加热杀灭微生物的方法。此法具有很强的灭菌效果，灭菌可靠，能杀死所有细菌繁殖体和芽孢，是保健食品生产中运用最广泛的一种灭菌方法。湿热灭菌所需的温度（蒸汽表压）与时间的关系如下：115℃（67kPa），30min；121℃（97kPa），20min；126℃（139kPa），15min。凡能耐高压蒸汽的保健食品制剂均能采用此法灭菌。

湿热灭菌法常用设备为湿热灭菌柜。使用时应注意必须使用饱和蒸汽，并排除灭菌器内的冷空气，灭菌时间必须由全部物品温度真正达到所要求的温度时算起。灭菌完毕后停止加热、压力逐渐降至 0 时，才能放出锅内蒸汽，使锅内压力和大气压相等后，稍稍打开灭菌锅，待 10～15min。再全部打开锅盖。以避免锅内外压差太大、温差太大而使物品和玻璃瓶炸裂，保证操作人员的安全。

②流通蒸汽灭菌法：是在常压下 100℃流通蒸汽加热杀灭微生物的方法。通常灭菌时间为 30～60min。本法不能保证杀灭所有的芽孢，系非可靠的灭菌法，可适用于消毒及不耐高热的制剂的灭菌。

③煮沸灭菌法：把待灭菌物品放入沸水中加热灭菌的方法。通常煮沸 30～60min。本法灭菌效果差，可用于生产用具的消毒等。必要时加入适当的抑菌剂，如甲酚、氯甲酚、苯酚、三氯叔丁醇等，以杀灭芽孢菌。

④低温间歇灭菌法：将待灭菌的物品，用 60～80℃水或流通蒸汽加热 1h，将其中的细胞繁殖体杀死后，在室温中放置 24h，让其中的芽饱发育成为繁殖体，再次加热灭菌、放置，反复进行 3～5 次，直至消灭芽孢为止。本法适用于不耐高温的制剂的灭菌。缺点是费时、工效低，且芽饱的灭菌效果往往不理想。

（3）过滤除菌法　系利用细菌不能通过致密具孔滤材的原理，除去对热不稳定的食品溶液或液体物质中的细菌，从而达到无菌的要求。采用本法除菌必须配合无菌操作技术。如过滤装置、滤液的接收容器及管道等必须预先灭菌。除菌过滤常用设备为微孔薄膜滤器，滤膜的孔径不宜大于 0.22μm。

（4）辐射灭菌法　系将最终产品的容器和包装暴露在由适宜放射源（通常用

^{60}Co）辐射的 γ 射线或适宜的电子加速器发出的射线中，达到杀菌目的的方法。对上述三种方法不适用的容器、不受辐射破坏的物品等可以应用。

（5）微波灭菌法　是用微滤（300MHz～300GHz 的电磁波）照射而产生的热杀灭微生物的方法。具有低温（70～80℃）、常压省时（一般 2～3min）、高效、均匀、保质期长、节约能源、不污染环境、操作简单、易维护等优点。常用设备为微波灭菌机。

（6）紫外线灭菌法　是指用紫外线照射杀灭微生物的方法。灭菌力最强的波长是 253.7nm，一般使用 200～300nm 波长的紫外线灭菌就可以了。用紫外线灭菌时应注意：

①紫外线杀菌效果与照射的时间长短有关，要通过验证来确定照射的时间。

②紫外线灯安装的形式及高度，应根据实际的情况，并参考使用说明书确定。

③紫外线杀菌使用的照射量因菌种不同而有所不同，杀霉菌的照射量要比杀杆菌的大 40～50 倍。

④紫外线照射与室内湿度也有关系，湿度与照射量呈正比。

⑤紫外线灯杀菌效果，随使用的时间增加而减低，在一般情况下，当使用时间达到规定时间的 70% 时就要更换紫外线灯，以保证灭菌效果。紫外线适用于室内空气、纯化水、物体表面的灭菌。

（7）环氧乙烷灭菌法　这是一种传统的灭菌方法，它是用环氧乙烷气体进行灭菌。杀菌的效果由灭菌时间、气体浓度、温度和湿度等因素决定。可应用于洁净工作服、设备、设施、塑料瓶等不耐热的物品的灭菌。

（8）甲醛灭菌法　它是将甲醛倒入甲醛发生器、加热盘或烧杯中（必要时可视空间的大小加入高锰酸钾 2～3g/m^3），然后加热，使甲醛蒸发成气体而灭菌。甲醛的用量按房间体积计算，一般约为 8～9g/m^3（浓度为 37%～40% 甲醛液）。当房间温度在 40℃，相对湿度在 65% 以上时，甲醛气体灭菌效果较理想。甲醛灭菌的气体发生量、熏蒸灭菌时间、换气时间等应通过实验来确定。它主要用于洁净室、风管仓库等灭菌。

（9）臭氧消毒法　臭氧（O_3）在常温、常压下分子结构不稳定，很快会自行分解，$O_3 \rightarrow O_2 + [O]$，后者具有很强的活性，对细菌有强烈的氧化作用，臭氧氧化了细菌内部氧化葡萄糖所必需的酶，从而破坏其细胞膜，将细菌杀死。多余氧原子则会自行重新结合成为普通氧分子（O_2），不存在任何有毒残留物，故称为无污染消毒剂。它不但对多种病毒和细菌（包括肝炎病毒、大肠杆菌及杂菌等）有极强的杀灭能力，而且对霉菌也很有效。

生产臭氧的原料主要是电能和空气，一般通过高频臭氧发生器（电子消毒器）来获得；消毒时，直接将臭氧发生器置于房间中间即可，可用于局部和系统的消毒，对空调系统与室内环境，是一种简便的消毒方法。臭氧消毒时要注意根据消毒空间确定臭氧量、臭氧浓度和消毒时间等。

（10）消毒剂消毒法　消毒剂消毒法使用的消毒剂有：75%乙醇、75%异丙醇、1%戊二醛、0.1%~0.2%新洁尔灭、0.5%~3%苯酚（石炭酸）、2%~5%甲苯酚等。

2. 灭菌管理要点

（1）应根据不同产品、不同生产设施及仓库等特点选择适宜的灭菌方法。

（2）产品灭菌必须制定严格灭菌工艺和灭菌岗位操作规程，并必须经过验证，确保灭菌效果安全有效。

（3）必须选择效果可靠、性能稳定、对有效成分破坏最少、安全、节能、卫生的灭菌设备和方法。

（4）灭菌设备使用前都必须进行验证，工艺改变或大修后，要进行再验证，以确保灭菌效果。

（5）灭菌釜宜选择双扉式的，使用前应进行温度均匀性和灭菌效果的验证，并有记录，F_0值应控制在8.0以上。

（6）选用过滤器材和处理方法应符合工艺要求，不得对产品造成任何质量上的影响。微孔滤膜使用前后应做完整性试验，以保证其灭菌效果。

（7）药液从配制到灭菌开始，其间隔不得超过工艺规定的时间。

（8）灭菌应有温度、压力及升温时间、恒温时间、数量及全过程的温度压力曲线图或温度曲线图。

（9）按批号进行灭菌，不得混批。灭菌前后的中间产品应有可靠的防混淆措施。

（10）直接接触产品的包装设计、设备和其他物品应规定从灭菌结束到使用的最长存放时间。

（11）当一个批号产品使用多个灭菌柜灭菌时，应注明亚批号。

（12）使用消毒剂消毒时，应有两个以上消毒剂轮换使用，以防产生耐药性菌株。

（四）生产现场状态管理

（1）正在生产的操作区域应挂生产状态标示牌，注明正在生产的产品代号、名称及规格、批号等。

（2）生产用设备在使用中、维修中、清洁中、消毒或灭菌前后均应有状态标示。

（3）生产现场的工容器具应放置在一定位置并及时清理。使用过的工具、容器具应及时清洁，并按规定要求消毒。已清洁消毒和未清洁消毒工具、容器具定置挂牌放置，以免混淆。

（4）中间产品应及时加盖密封，称量挂牌放入指定位置，标记清楚合格、待验、不合格状态及容器编号、物料代号、品名、批号、数量，以免混淆。

（5）生产中可回收使用尾料和不可回收使用尾料应分器收集，并明码标记，及时按要求处理。可回收者，经检验合格后，用洁净容器收集，挂牌定位存放，以备再用；不可回收者，应及时称重标记，按废物处理程序及时处理。

（五）不合格品的管理

（1）凡不合格原辅材料不准投入生产，不合格半成品不得流入下一工序，不合格成品不准出厂。

（2）当发现不合格原辅材料、半成品（中间产品）和成品时应按下列要求管理。

①立即将不合格品隔离于规定的存放区，挂上明显的不合格牌。

②必须在每个不合格品的包装单或容器上标明品名、规格、代号、批号、生产日期等。

③填写不合格品处理报告单，内容包括：品名、规格、代号、批号、数量、查明不合格品的日期、来源，不合格项目及原因、检验数据及负责查明原因的有关人员等，分送各有关部门。

④由品质管理部门会同技术、生产部门查明原因，提出书面处理意见，负责处理的部门限期处理，品质管理部门负责人批准后执行，并有详细的记录。

⑤凡属不正常和生产中剔除的不合格产品，必须标明品名、规格、批号，妥善隔离存放，根据规定处理。

⑥生产中产生的不合格产品，均应由生产部门负责写出书面报告。内容包括质量情况、事故或差错发生原因，应采取的补救方法，防止今后再发生的措施。由品质管理部门审核决定处理程序。

⑦必须销毁的不合格产品由仓库或生产部门填写销毁单，品质管理部门批准后按规定销毁。

（六）物料平衡

（1）制剂生产必须按照配方量的100%（标示量）投入净物料，如已知某一成分在生产或储存期间含量会降低，工艺规程中可规定适当增加配料量。

（2）产品（或物料）的理论产量（或理论用量）与实际产量之间的比值应有可允许的正常偏差，收率范围应在批生产记录上标明。

（3）每批产品应在生产作业完成后，填写岗位物料结存卡并进行物料平衡检查。如有显著差异，必须查明原因，在得出合理解释、确认无潜在质量事故后，方可按正常产品处理。

（七）偏差处理

1. 偏差表现

出现以下偏差之一时必须及时处理：

（1）物料平衡超出收率的正常范围。

（2）生产过程时间控制超出工艺规定范围。

（3）生产过程工艺条件发生偏移、变化。

（4）生产过程中设备突然异常，可能影响产品质量。

（5）产品质量（含量、外观、工序加工）发生偏移。

（6）跑料。

（7）标签实用数、剩余数、残损数之和与领用数之间存在差额。

（8）生产中其他异常情况。

2. 偏差处理程序

（1）发生超限偏差时，须填写偏差处理单，写明品名、代号、批号、规格、批量、工序、偏差内容、发生的过程及原因、地点、填表人签字、日期。将偏差处理单交给生产部门管理人员。

（2）生产部门负责人及管理会同质量管理室有关人员进行调查，根据调查结果提出处理建议，如确认可能影响产品质量者，应报废或销毁。建议包括：

①继续加工；

②重新加工；

③回收或采取其他补救措施。

（3）生产部门技术人员将上述处理建议（必要时应验证），写出书面报告（一式两份），生产部门负责人签字后连同偏差通知单报品质管理部门，由该部门负责人必要时会同有关部门负责人审核、批准。

（4）生产部门按批准的文件组织实施；同时将偏差报告单、调查报告、处理措施及实施结果交质量管理室归档备查。

（5）发出偏差批次与该批前后批次产品有关联时，生产部门应与品质管理部门讨论，以做出相应处理。

（八）停产与复产管理

企业保健食品停产分为整体停产、剂型停产和品种停产三种情况。

整体停产是指企业停止所有保健食品生产达6个月的行为；剂型停产指企业停止某个保健食品剂型达6个月的行为；品种停产指企业一个或多个品种停止生产6个月的行为。

恢复生产前，需要按照保健食品良好生产规范对企业整体情况进行自查，必要时对制水系统、空气净化系统等关键设施进行验证，验证完成后方可组织复产。

企业必须建立保健食品整体停产、剂型停产与品种停产记录与复产记录，恢复生产前的自查或验证记录，所有的记录应按照文件的质量管理相关规定进行保管。

三、 产品包装与标签管理

（一）包装管理

（1）包装开始前应当进行检查，确保工作场所、包装生产线、印刷机及其他设备已处于清洁或待用状态，无上批遗留的产品、文件或与本批产品包装无关的物料。检查结果应当有记录。

（2）对符合生产工艺规程要求，完成生产全过程并检验合格的产品方可下达包装指令。某些产品因检验周期长，需要在出检验结果前先包装的产品，可先包装后在成品库办理寄库手续进行寄库管理，收到检验合格证后，重新办理入库手续。

（3）产品装盒、装箱、打码工序均应有现场质监员监督、复核，并在生产记录上签字。

（4）包装用的标签，必须由车间凭生产指令填写需料送料单，派专人到仓库限额领取，并根据生产需要限额发放使用。

（5）有数条包装线同时进行包装时，应当采取有效物理隔离或其他有效防止污染、交叉污染或混淆的措施；样品从包装生产线取走后不应当再返还，以防止产品混淆或污染。

（6）包装结束时，残损标签和已印刷批号等内容的剩余标签应由专门负责标签管理的人员同质管员一起计数并销毁，做好记录，由经手人及监销人签字。如将未打印批号的印刷包装材料退库，应当按照操作规程执行。

（二）标签管理

1. 标签管理范围

（1）标签；

（2）使用说明书；

（3）印有与标签内容相同的产品包装物，其管理与标签管理相同。

2. 标签、使用说明书的设计与印刷

（1）产品包装、标签、使用说明书设计应特别注意其内容、式样、文字应与保健食品证书批准的内容相一致，其文字图案不得加入任何未经审批同意的内容。

（2）产品包装、标签、使用说明书的设计稿宜经品质管理部门审核批准。

（3）标签、使用说明书的清样应由品质管理部门校对，确认无误并签字后才能印制、发放、使用。

（4）第一批印制出来的标签、使用说明书经品质管理部门严格检验，认为符合要求后，留下 5 套以上作为标准样本，分别发给生产部门、仓储部门（包材库）、供应部门各 1 套，品质管理部门 2 套，其中 1 套作为检验用的标准样本，1

套归档。

（5）标签、使用说明书应登记版本，每一版本均应归档。

（6）应选择信誉好、管理好的企业印制标签、使用说明书，并加强印制过程管理，严格控制印刷数量，及时销毁废次品；严格管理模具，模具使用、启封及封存要有管理制度及登记制度；及时回收并销毁其印刷的标签、说明书已改变版本的模具，并且进行模具登记及档案管理。

3. 标签及使用说明书验收要求

（1）验收员应依据标准样本，逐项检查色泽、尺寸、材质、文字、折叠、切割、印刷质量等，特别注意检查有无漏印某个版面、文字或图案。

（2）按每一件包装规定的数量来复核数量，并且必须准确。

（3）拒收的标签和使用说明书经印制企业确认后由生产企业亲自销毁，不能退回印制企业处理。

4. 标签及使用说明书的保管

（1）标签及使用说明书应专库（或专柜）上锁存放，专人负责、专账管理。

（2）标签及使用说明书应按照品种、规格、批次整齐码放，垛位前最好贴有样张，便于查找发料。

5. 标签及使用说明书的发放与使用管理

（1）标签及使用说明书必须按包装指令发放，按实际需要领取；车间设专人领取及保管。

（2）标签要计数发放，发料人、领料人均须核对，并由双方签名，做好仓库发放记录。

（3）领到车间的标签，要专柜上锁保管，计数发放到班组、机台，领料人、发料人均要核对并签名，做好车间发放记录。

（4）将一张已打印批号、有效期（储存期）等文字的标签样品贴在批包装记录的背面。

（5）未打印批号的剩余标签应退库。

（6）应严格控制标签的消耗定额。若发现标签的消耗定额超标，应马上寻找原因，按偏差管理办法处理。

6. 标签的销毁管理

（1）残损标签或印有批号的剩余标签要由专人负责计数、专人负责销毁并有监销。

（2）做好销毁记录，经手人和监销人员签字。

四、 防止生产过程中的污染和交叉污染

在生产、取样、包装或重新包装、储存或运输等操作过程中，原辅料、中间产品、待包装产品、成品受到具有化学或微生物特性的杂质或异物的不利影响，

称为污染。不同原料、辅料及产品之间发生的相互污染，称为交叉污染。为了防止生产过程中的污染、交叉污染等事故的发生，各生产工序在生产结束，转换品种、规格或换批号前，应彻底清场及检查作业场所。

（一）生产清场

1. 清场内容及要求

（1）地面无积灰、无结垢，门窗、室内照明灯、风管、墙面开关箱外壳无积尘，与下次生产无关的物品（包括物料、中间产品、废弃物、不良品、标准和记录）已清离生产场地。

（2）使用的工具、容器已清洁，无异物和遗留物。

（3）设备内无上次生产遗留物，无油垢。

（4）更换品种或规格的非专用设备、管道、容器和工具应按规定拆洗或在线清洗，必要时要消毒灭菌。

（5）凡与保健食品直接接触的设备、管道和工具、容器应每天或每批清洗或清理。同一设备连续加工同一品种、规格的非无菌产品时，其清洗周期可按生产工艺规程及标准操作规程的规定执行。

（6）包装工序调换品种时，剩余的标签及包装材料应全部退料或销毁，剩余的待包装品、已包装品及散落的产品要全部离场，所有与产品接触的设备、器具要清洗干净，必要时灭菌消毒。

（7）一批产品生产结束后，垃圾袋要及时清理或更换。

2. 清场记录及清场合格证

（1）清场应有清场记录。记录内容包括工序名称、产品代号、品名、规格、批号、清场日期、清场及检查项目、检查结果、清场人和复核人签字等。包装清场记录一式两份，把正本纳入本批包装记录，把副本纳入下一批包装记录之内。其余工序清场记录纳入本批生产记录。

（2）清场结束，由具有清场检查资格的人员检查合格后发给“清场合格证”，并挂在已清场区域。“清场合格证”作为下一个品种（或同品种不同规格、不同批号）的开工凭证纳入批生产记录中。未取得“清场合格证”不得进行另一个品种或同一品种不同规格、不同批号的产品生产。

（3）“清场合格证”内容应包括生产工序名称（或房间）、清场品名及规格、批号、清场日期、清场人员和检查人员签名。

3. 清场复查

清场复查是指在生产开始前对生产场地、生产设备等进行检查，确认没有上一批生产的遗留物，保证不会对下一批生产造成污染、交叉污染、差错或混淆。

（二）其他注意事项

（1）不同品种、规格的产品不得在同一生产操作间同时进行生产。

（2）有数条包装线同时进行包装时，应采取隔离或其他有效防止污染或混淆的措施，隔离栅高度应不低于1.5m。

（3）生产过程中应尽量防止尘埃产生与扩散，如采用分隔、加盖、轻拿、轻放和喷水雾等措施。

（4）生产过程中应防止物料及产品所产生的气体、蒸气、喷雾物和生物体等引起的交叉污染。

（5）动植物原材料要先经过拣选，去除杂物、异物和沙泥等，然后用流动水洗涤；用过的水不能洗涤其他原料；不同性质的材料不得一起洗涤；洗涤后的材料不能露天干燥。

（6）直接进入产品的粉末原料，配料前应先做微生物检验，符合标准后方可投入使用。

拓展阅读

“5W+1H”原则

“5W+1H”是对工作进行科学的分析，在调查研究的基础上，从原因（Why）、对象（What）、地点（Where）、时间（When）、人员（Who）、方法（How）六个方面提出问题并进行思考与调整，达到更好地完成职务任务的目标。

（1）What——什么事情。公司生产什么产品？车间生产什么零配件？为什么要生产这个产品？能不能生产别的？我到底应该生产什么？如果现在这个产品不挣钱，换个利润高点的好不好？

（2）Where——什么地点。生产是在哪里干的？为什么偏偏要在这个地方干？换个地方行不行？到底应该在什么地方干？这是选择工作场所应该考虑的。

（3）When——什么时候。现在这个工序或者零部件是在什么时候干的？为什么要在这个时候干？能不能在其他时候干？把后工序提到前面行不行？到底应该在什么时间干？

（4）Who——责任人。现在这个事情是谁在干？为什么要让他干？是不是可以换个人？

（5）Why——原因。为什么采用这个技术参数？为什么不能有震动？为什么不能使用？为什么变成红色？为什么要做成这个形状？为什么采用机器代替人力？为什么非做不可？

（6）How——手段，也就是工艺方法。现在我们是怎样干的？为什么用这种方法来干？有没有别的方法可以干？到底应该怎么干？

6W2H 法，也称八何分析法，在 5W1H 基础上增加 Which（哪一种方法或途径？选择或挑选哪种提案、方案）、How much（需要多少成本、花费、预算、指标是多少？）

思考题

1. 保健食品生产管理的文件和记录有哪些？
2. 生产工艺规程的主要内容有哪些？
3. 批生产记录的制定和管理包括哪些内容？
4. 生产过程管理有哪些方面的内容？
5. 如何防止生产过程中的污染和交叉污染？

实训操作项目十三　称量岗位操作规程

一、实训目的

1. 掌握岗位操作规程的组成、内容；学会如何进行岗位操作规程的制定与管理。

2. 建立原辅料称量岗位操作标准，确保称量的准确和被称量物料不被污染。

二、实训范围

本规程适用于原辅料称量的操作。

三、实训职责

（1）称量岗位人员负责原辅料的称量操作、及岗位卫生洁净、消毒、记录。
（2）车间管理人员负责按本标准管理。
（3）QA 人员负责称量过程的监控。

四、实训内容

1. 准备工作

（1）操作人员按洁净区更衣程序进入工作岗位。
（2）工前检查及准备：
①检查上班次的清场合格证。
②检查容器、设备、场地的卫生。
③取下设备状态标志、清场状态标志，挂上工序卡。
④仔细阅读有关的生产指令，认真核对物料盛装容器上标签的程序。

⑤检查称量器具是否满足所称量原辅料的要求，是否在规定有效期内。

⑥核对所称量原辅料的品名、批号、规格、生产厂家是否与配制指令单相符。

2. 原辅料的称量

（1）根据所称量原辅料量的多少选择所需称量用具：

①称量器具必须经检定/校准合格。

②所选用称量器具的感量（分度值）不得大于所称（量）质量（体积）的0.5%。

③所称原辅料质量在5～500g以内选用托盘天平。

④所称原辅料质量在0.5～15kg以内选用小电子秤。

⑤所称原辅料质量在15～300kg以内选用大电子秤（量程为2～300kg）。

⑥所量取溶液在10mL以下，则选用刻度吸管。

⑦所量取溶液在10mL以上，则选用量筒。

（2）根据工艺文件规定的原辅料需用量逐一称量。

①称定空配料容器（带盖）的皮重，在配料单上记录容器的皮重。

②按规定的方法，准确称取配方量的物料，在配料单上记录物料的净重。需分几次称量的，在配好的每个包装上，均须贴有配料标签，在配料标签右上角应注明该包装是第几个包装。

③需根据含量计算重量时，配料员必须按领料单上给定的配料量及检验报告书上的实际含量计算要料量，将含量注明，交其主管负责人审核签字。

④所有的称量作业必须有人进行复核，复核人进行复核无误后，在配料单上签字。

⑤称量和复核过程中，每个数值必须与规定数值一致。

⑥称量过程中所用称量器具应每料一个，不得混用，以免造成交叉污染。

3. 填写记录

QA应对上述过程进行监控，并在记录上签字。

4. 工后清场

（1）按SOP的要求，进行设备清洗。

（2）按相关的SOP进行容器、场地的清洁。

（3）取下工序卡，挂上设备状态标志、清场状态标志。

（4）关好水、电开关。

（5）填写清场记录。

5. 相关文件

（1）《生产指令管理规程》。

（2）《生产岗位清场操作规程》。

6. 相关记录

（1）《生产指令单》。

（2）《称量记录》。

实训操作项目十四　批生产记录管理

一、实训目的

1. 掌握批生产记录的组成、内容，学会如何进行批生产记录的制定与管理。
2. 掌握批生产记录的填写规范，学会填写批生产记录。

二、实训范围

某特定产品的生产工艺流程和质量控制点；批生产记录的填写与管理。

三、实训职责

（1）生产技术人员整理批生产记录表。
（2）包装员填写岗位生产记录与复核。
（3）岗位工艺员分段填写岗位生产记录与复核。
（4）车间管理人员对批生产记录汇总并审核。
（5）QA 负责批记录填写与管理的监控。

四、实训内容

（1）将班级学生分组，每组 3 ~ 5 人。每个小组承担 1 ~ 2 项生产工艺过程的批生产记录。

（2）根据给定的生产品种的工艺流程、操作规程、质量控制点整理出完整的批生产记录表，要求批生产记录能真实和准确地反映生产中各个工序的任务、时间、批次、用料、操作、数量、质量、技术数据以及操作人、复核人、审核管理等实际情况。（批生产记录表的设计可参考灭菌工艺生产记录案例。）

（3）根据给定的生产品种的批生产记录空白表格等，开展批生产记录包括批生产记录、批包装记录和岗位生产记录的发放、填写、复核、汇总、审核流程。

（4）填写记录过程中要掌握填写注意事项、记录的判定和管理要求。

灭菌岗位生产前检查记录

检查开始时间	日　时　分	检查结束时间	日　时　分
生产前检查项目		检查结果	
检查清场合格证是否在有效期内，不在有效期内的应重新清场，经 QA 检查合格后重新发清场合格证		□是　□否	
检查是否存在任何与本批产品生产无关的物料，记录或文件		□不存在　□存在	

续表

检查仪器、仪表是否已校准，现场是否贴有“检验合格证”，并在校验有效期内		□是　□否	
检查设备是否完好 是否已清洁并在清洁有效期内		□是　□否 □已清洁　□在有效期内	
检查生产用器具是否在灭菌有效期内		□是　□否	
检查电、真空是否正常		□正常　□异常	
操作人		复核人	
温度、相对湿度记录			
检查项目		检查结果	
灭菌室温度		℃	
灭菌室相对湿度		%	
温度合格标准：20～26℃；相对湿度合格标准：40%～65%			
操作人		复核人	
岗位负责人/日期		QA/日期	

灭菌岗位操作记录

生产日期		房间编号	
灭菌柜型号		灭菌柜编号	
品名		批号	
数量		灭菌程序	
灭菌温度：107～110℃，灭菌时间30min		升温时间：　时　分—　时　分 灭菌温度：　℃ 灭菌时间：　时　分—　时　分 冷却时间：　时　分—　时　分 出料温度：　℃	

续表

物料统计			
接受产品数量（A）	支	灭菌合格品数量（C）	支
取样数量（B）	支	灭菌不合格品数量（D）	支
收率计算			
收率 = $C/A\times100\%$ =			
收率范围	95.0%～100.0%	是否合格	□是　□否
物料平衡 = （$B+C+D$）$/A\times100\%$ =			
平衡范围	96.0%～102.0%	是否平衡	□是　□否
统计人		复核人	

废品处理						
废品名称	销毁数量	销毁地点	销毁方式	销毁人	监销人	销毁日期
灭菌不合格品						

灭菌岗位清场记录

清场时间	日　时　分— 日　时　分	房间编号	
清场项目		确认结果	
检查电、气是否处于关闭状态		□是　□否	
剩余物料是否清出操作室		□是　□否	
检查生产用器具是否清洁、废弃物是否已传出洁净区		□是　□否	
检查生产设备是否已清洁		□清洁　□未清洁	
是否对相关操作间及附属设施进行清洁和消毒		□已清洁　□未清洁 □已消毒　□未消毒	
现场是否存在与本批产品无关的物料、记录或文件		□不存在　□存在	
设备、器具、房间状态标识是否正确填写		□是　□否	
操作人			
复核人			

结论：清楚符合清场依据要求，准予进入下批次产品生产。□
　　　清场不符合清场依据要求，不准予进入下批产品生产。□

第九章

保健食品GMP——品质控制和品质保证

知识目标

1. 掌握保健食品品质管理机构及其职责、品质管理制度、质量标准及生产过程中的质量控制和卫生管理。

2. 熟悉保健食品销售及产品召回相关流程。

3. 了解保健食品委托生产和委托检验的概念及合同要求内容。

能力目标

1. 能够正确认识保健食品品质控制和品质保证的重要性，在保健食品的生产中做好品质管理。

2. 能进行产品跟踪监测；完成保健食品的召回。

第一节　品质控制

《保健食品良好生产规范》强调建立完善的品质管理体系，保健食品的品质管理主要包括品质管理机构及其职责、品质管理制度、质量标准、质量检验、质量控制等。

一、 品质管理机构及其职责

（一）机构设置

保健食品生产企业应设立独立于生产部门并与生产能力相适应的品质管理部门（其机构设置见图9－1），直属企业负责人领导，履行质量保证和质量控制的职责。企业应当配备与保健食品生产相适应的具有专业知识、生产经验及组织能力的管理人员和技术人员，专职技术人员的比例应不低于职工总数的5%。各车间设专职质监员，各班组设兼职质监员，形成一个完整而有效的品质监管体系，负责生产过程的品质监督。

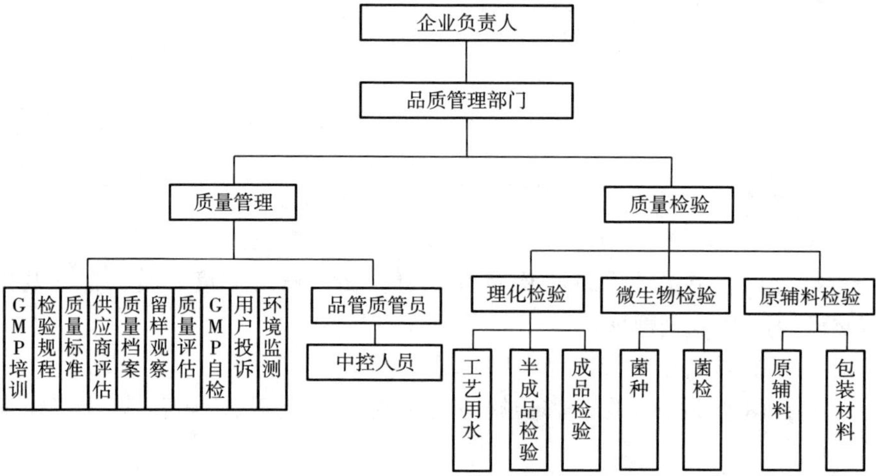

图9－1　品质管理部门机构设置及职能示意图

企业负责人是保健食品质量安全的主要负责人，全面负责企业日常管理，应当熟悉保健食品相关的法律法规，并对其实施负责。

质量管理负责人必须是专职人员，并且不得与生产管理负责人相互兼任。应当具有与所从事专业相适应的大专以上学历，或中级技术职称，具有至少三年从事保健食品生产和质量管理的实践经验，接受过与所生产产品相关的专业知识培训。

（二）主要职责

1. 质量管理负责人主要职责

（1）审核并放行物料、中间产品和成品；

（2）确保在成品放行前完成对批生产记录和检验记录的审核；

（3）确保完成所有必要的检验；

（4）批准质量标准、取样方法、检验方法和其他质量管理规程；
（5）审核和批准所有与质量有关的变更；
（6）确保所有重大偏差已经过调查并得到及时处理；
（7）批准并监督委托检验；
（8）监督厂房和设备的维护情况，以保持其良好的运行状态；
（9）确保完成各种必要的验证工作，审核和批准验证方案和报告；
（10）确保完成生产和质量内部评审；
（11）审核和监督物料供应商；
（12）确保所有与安全性监测和质量有关的投诉都经过调查，并得到及时正确地处理和上报；
（13）确保质量管理人员经过必要的上岗前培训和继续培训，并根据实际需要调整培训内容。

2. 质量管理负责人和生产管理负责人共同职责

（1）审核和批准产品的工艺流程和操作规程等文件；
（2）监督生产环境；
（3）确保完成关键设备等验证；
（4）确定和监控物料、中间产品和成品的储存条件；
（5）保存记录；
（6）监督法律法规的执行情况；
（7）为监控某些影响产品质量的因素而进行调查。

二、 品质管理制度

应当建立完善的质量管理制度，制度的内容至少应当包括：
（1）部门和关键岗位的质量管理职责；
（2）物料、中间产品和成品放行制度；
（3）物料供应商管理制度；
（4）物料、中间产品和成品质量标准和检验规范；
（5）取样管理制度；
（6）留样观察和稳定性考察制度；
（7）生产过程关键质量控制点的监控制度和监控标准；
（8）清场管理制度；
（9）验证管理制度；
（10）生产和检验记录管理制度；
（11）不合格品管理制度；
（12）生产质量管理体系运行自查管理制度；
（13）文件管理制度；

（14）质量档案管理制度；
（15）实验室管理制度；
（16）上市产品安全性监测及不安全召回制度；
（17）人员培训与健康管理制度；
（18）设施设备保养维修制度；
（19）仪器仪表检定校验制度；
（20）储存和运输管理制度；
（21）产品跟踪监测制度；
（22）安全事故处置制度。
（23）生产工艺操作核查制度。

三、质量标准

在保健食品的生产企业，物料和成品应当有经批准的现行质量标准；必要时，中间产品或待包装产品也应当有质量标准。

（一）原辅料质量标准

原辅料的质量标准一般应当包括：

（1）原辅料的基本信息：企业统一制定的物料名称和内部使用的物料代码；质量标准的依据；经批准的供应商；印刷包装材料的实样或样稿；

（2）取样、检验方法或相关操作规程编号；

（3）定性和定量的限度要求；

（4）储存条件和注意事项；

（5）有效期或复验期。

（二）中间产品质量标准

在保健食品的生产过程中，中间产品的检验结果用于成品的质量评价，则应当制定与成品质量标准相对应的中间产品质量标准。

（三）成品质量标准

成品的质量标准应当包括：

（1）产品名称、产品代码、标准号和适用范围；

（2）技术要求，包括主要原料及其规格标准、感官要求、保健功能、功效成分、理化指标和微生物指标；

（3）产品规格和包装形式；

（4）取样、检验方法或相关操作规范编号；

（5）定性和定量的限度要求；

（6）标志、标签和包装，包括标志和标签要求、包装规格要求、运输要求、保质期、储存条件和注意事项。

（四）包装材料质量标准

包装材料的质量标准可依据国家标准、行业标准和协议规格制定。包装材料质量标准的主要内容包括：品名、代码与标号、材质、外观、尺寸、规格、理化项目和取样规定。直接接触产品的包装材料、容器的质量标准还应符合保健食品要求的卫生标准。

（五）其他

保健食品中除原辅料、中间体、成品和包材的质量标准外，还包括工艺用水质量标准、标签标准等。如工艺用水质量标准主要内容：名称、制备方法、标准依据、检测项目及方法、取样规定等。

四、 质量检验

（一）实验室管理

质量控制实验室应当与生产品种和规模相适应。企业具备对原料、中间产品、成品进行检验所需要的房间、仪器、设备及器材，并定期进行检定校准，使其经常处于良好状态。质量控制实验室应符合如下要求：

（1）质量控制实验室应当至少有下列详细文件：质量标准、取样操作规程和记录、检验操作规程和记录、检验报告或证书，环境监测操作规程、记录和报告，检验方法验证报告和记录，仪器校准和设备使用、清洁、维护的操作规程和记录。

（2）每批产品的检验记录应当包括中间产品、待包装产品和成品的质量检验记录，可追溯每批产品所有相关的质量检验情况。

（3）宜采用趋势分析的方法保存某些数据，如检验数据、环境监测数据等。

（4）除与批记录相关的资料信息外，还应当保存其他原始资料或记录，以便查阅。

（二）取样

取样应当至少符合以下要求：

（1）品质管理部门的人员有权进入生产区和仓储区进行取样及调查。

（2）应当按照经批准的操作规程取样，操作规程应当详细规定：经授权的取样人；取样方法；所用器具；样品量；分样的方法；存放样品容器的类型和状态；取样后剩余部分及样品的处置和标识；取样注意事项，包括为降低取样过程产生的各种风险所采取的预防措施，尤其是无菌或有害物料的取样以及防止取样过程中污染和交叉污染的注意事项；储存条件；取样器具的清洁方法和储存要求。

（3）取样方法应当科学、合理，以保证样品的代表性。

（4）留样应当能够代表被取样批次的产品或物料，也可抽取其他样品来监控生产过程中最重要的环节，如生产开始、生产结束等。

（5）样品的容器应当贴有标签，注明样品名称、批号、取样日期、取自哪一包装容器、取样人等信息。

（6）样品应当按照规定的储存要求保存。

（三）物料和不同生产阶段产品的检验

物料和不同生产阶段产品的检验应当至少符合以下要求：

（1）企业应当确保保健食品按照注册批准的方法进行全项检验。

（2）有如下情形之一的，应当对检验方法进行验证：采用新的检验方法；检验方法需变更的；采用《中国药典》及其他法定标准未收载的检验方法；法规规定的其他需要验证的检验方法。

（3）对不需要进行验证的检验方法，企业应当对检验方法进行确认，以确保检验数据准确、可靠。

（4）检验应当有书面操作规程，规定所用方法、仪器和设备，检验操作规程的内容应当与经确认或验证的检验方法一致。

（5）检验应当有可追溯的记录并应当复核，确保结果与记录一致。所有计算均应当严格核对。

（6）检验记录应当至少包括以下内容：产品或物料的名称、剂型、规格、批号或供货批号，必要时注明供应商和生产商的名称或来源；依据的质量标准和检验操作规程；检验所用的仪器或设备的型号和编号；检验所用的试液和培养基的配制批号、对照品或标准品的来源和批号；检验所用动物的相关信息；检验过程，包括对照品溶液的配制、各项具体的检验操作、必要的环境温湿度；检验结果，包括观察情况、计算和图谱或曲线图，以及依据的检验报告编号；检验日期；检验人员的签名和日期；检验、计算复核人员的签名和日期。

（7）所有中间控制，均应当按照经品质管理部门批准的方法进行，检验应当有记录。

（8）应当对实验室容量分析用玻璃仪器、试剂、试液、对照品以及培养基进行质量检查。

（9）必要时应当对检验用实验动物在使用前进行检验或隔离检疫。饲养和管理应当符合相关的实验动物管理规定。动物应当有标识，并应当保存使用的历史记录。

（四）留样

企业按规定保存的、用于产品质量追溯或调查的物料、产品样品称为留样。用于产品稳定性考察的样品不属于留样。留样应当至少符合以下要求：

（1）应当按照操作规程对留样进行管理；

（2）留样应当能够代表被取样批次的物料或产品；

（3）成品的留样：每批产品均应当有留样；如果一批产品分成数次进行包装，则每次包装至少应当保留一件最小市售包装的成品；留样的包装形式应当与产品市售包装形式相同，如无法采用市售包装形式的，可采用模拟包装；每批产品的留样数量一般至少应当能够确保按照注册批准的质量标准完成两次全检（无菌检查和热源检查等除外）；如果不影响留样包装完整性，保存期间至少应当每年对留样进行一次目检观察，如有异常，应当进行彻底调查并采取相应的处理措施；留样观察应当有记录；留样应当按照注册批准的储存条件至少保存产品有效期后一年，保存期限不得少于两年；如企业终止保健食品生产或关闭的，应当将留样转交授权单位保存，并告知当地市场监督管理部门，以便在必要时可随时取得留样。

（五）试剂、试液、培养基和检定菌

试剂、试液、培养基和检定菌的管理应当至少符合以下要求：

（1）试剂和培养基应当从可靠的供应商处采购，必要时应当对供应商进行评估。

（2）应当接收试剂、试液、培养基的记录，必要时，应当在试剂、试液、培养基的容器上标注接收日期。

（3）应当按照相关规定或使用说明配制、储存和使用试剂、试液和培养基。特殊情况下，在接收或使用前，还应当对试剂进行鉴别或其他检验。

（4）试液和已配制的培养基应当标注配制批号、配制日期和配制人员姓名，并有配制记录。不稳定的试剂、试液和培养基应当标注有效期及特殊储存条件。标准液、滴定液还应当标注最后一次标化的日期和校正因子，并标化记录。

（5）配制的培养基应当进行适用性检查，并有相关记录。应当有培养基使用记录。

（6）应当有检验所需的各种检定菌，并建立检定菌保存、传代、使用、销毁的操作规程和相应记录。

（7）检定菌应当有适当的标识，内容至少包括菌种名称、编号、代次、传代日期、传代操作人。

（8）检定菌应当按照规定的条件储存，储存的方式和时间不应当对检定菌的生长特性有不利影响。

（六）标准品或对照品

标准品或对照品的管理应当至少符合以下要求：

（1）标准品或对照品应当按照规定储存和使用。

（2）标准品或对照品应当有适当的标识，内容至少包括名称、批号、制备日期（如有）、有效期（如有）、首次开启日期、含量或效价、储存条件。

（3）企业如需自制工作标准品或对照品，应当建立工作标准品或对照品的质量标准以及制备、鉴别、检验、批准和储存的操作规程，每批工作标准品或对照品应当用法定标准品或对照品进行标化，并确定有效期，还应当通过定期标化证明工作标准品或对照品的效价或含量在有效期内保持稳定。标化的过程和结果应当有相应的记录。

（七）检验方法建立、确认、验证

实验室检验方法的检测项目要以国家标准、行业标准和地方标准为依据。当没有国际、国家、行业、地方规定的检验方法时，实验室应尽可能选择已经公布或由知名的技术组织或有关科技文献或杂志上公布的方法，但应经实验室技术主管确认。

当实验室将标准方法引入到检测工作时，则应对引入的标准方法进行验证，并正确有效地运用。方法的确认应广泛全面，以满足预定用途或应用领域的需要。标准方法确认准则是：所用的设备、环境条件、人员技术等，以证明实验室能够正确使用该新标准实施检测过程。

实验室应按照制定的相关工作程序对检测方法进行验证，确认将要使用的检测方法是否满足要求，在确认方法确实可行后，方可投入使用。对于方法确认试验来说主要有：变更后的标准确认和新方法的确认。在确认时应该做方法的标准曲线、添加标准回收率试验、最低检出限试验和精密度试验等，并考虑方法的特异性和耐用性，如果需要时还应进行不确定度评估。应用实验数据真实地证明方法的适用性、准确性和灵敏性。

五、 质量控制

（一）原辅料的质量控制

1. 企业必须设置品质管理部门及相关质检人员，逐批次对原辅料进行鉴别和质量检查，不合格者不得使用。

（1）企业必须按本章第一节的要求设置品质管理机构和人员。

（2）企业必须按本章第一节的要求建立原辅料、包装材料和成品的质量标准。

（3）企业质检人员必须逐批次对原辅料、包装材料和标签进行鉴别和质量检查，并做好记录，不合格者不得使用。

2. 保健食品生产企业应制定物料的购入、储存、发放、使用规程。

（1）原辅料应当从经评审合格的供应处采购，特殊（或紧急）情况下经生产和品质管理部门负责人确认后方可从未经评审的供应处临时采购少量原辅料。

（2）明确各种原辅料的存放要求，要检查和管理原辅料的存放场所。存放条件不符合要求的场所不得使用。

（3）生产部门应参照第六章的要求做好原辅料、包装材料、标签的购入、储存、发放领取、验收和使用。

（二）加工过程的质量控制

（1）找出加工过程中的质量、卫生关键控制点，将各产品的关键控制点列表，明确控制点、控制限值、监控对象、方法、频率、人员、偏差以及纠偏措施。并进行监控，做好记录。若企业已通过 HACCP 认证，可按 HACCP 计划严格执行，对质量卫生关键控制点进行监控，做好记录。若没建立 HACCP 体系，企业必须找出质量、卫生关键控制点，至少监控下列环节，并做好记录。

①投料的名称与重量（或体积）；

②有效成分提取工艺中的温度、压力、时间、pH 等技术参数；

③中间产品的产出率及质量规格；

④成品的产出率及质量规格；

⑤直接接触保健食品的内包装材料的卫生状况；

⑥成品灭菌方法的技术参数。

（2）对生产设备和计量器具按相关管理规程的要求进行严格管理。计量器具必须定期检定或校验。

①企业应有计量器具清单、计量器具周期校验计划及计量器具校验记录。

②重要计量器具应有单独的编号，确保计量器具与其检校验记录或校验合格标志一一对应，能够溯源。

③用于灭菌设备的温度计、压力表至少半年检修一次，并做好记录；且至少一年校验一次，并做好记录和贴好合格标志。

（3）应具备对生产环境进行监测的能力，并定期对关键工艺环境的温度、湿度、空气净化度等指标进行监测，并出具报告。

①应按要求制定各生产区域的环境监测标准。

②应制定洁净区内空气的微生物数（沉降菌/浮游菌）、尘埃粒子数和表面微生物等的检验操作规程。

③应有整个厂区的洁净区或洁净室布局图，制定环境监测计划，并定期监测，做好记录并及时将监测结果反馈给相关部门。监测结果不合格时，应采取纠偏措施，并跟踪监测。

（4）应具备对生产用水的监测能力，并定期监测。

①品质管理部门负责对工艺用水的检测，制定相关监控制度，并设有相应的质检人员和检测设备。

②按要求制定工艺用水的质量标准，并确定哪些是日常监测项目，哪些是年检项目。

③按要求制定工艺用水日常监测项目的检验程序。

④按监控制度要求，做好日常监测项目的监测，并且每年至少有一份全项检验报告。

（5）生产过程中发生的异常情况应及时报告生产部门并同时报告品质管理部门。品质管理部门有权进行必要的调查和处理，应迅速查明原因做好记录，偏差统计分析表样式如表9－1所示。

表9－1　偏差统计分析表

序号	偏差编号	偏差类型	产品及批号	偏差内容根本原因	产品处理	纠正与预防措施	完成情况跟踪

（6）品质管理部门有权审核不合格中间产品、成品返工情况，有权制止不合格原辅料投入生产、不合格半成品（中间产品）流入下道工序、不合格成品出厂等，不合格品记录表样式如表9－2所示，返工产品通知表样式如表9－3所示。

表9－2　不合格品记录表

序号	日期	产品代码	品名	规格	生产批号	数量	来源	检验号	处理意见	处理情况	备注

表9-3　　返工产品通知表

接收部门		通知部门	
填表人及时间		接收人	
产品名称			
批号		数量	
返工原因			
返工要求			
备注			

（三）成品的质量控制

（1）企业应对成品进行感官项目、卫生及质量指标的检验，不合格者不得出厂。

①企业除执行保健食品通用（卫生）标准外，还应按规定要求制定各产品的企业标准。企业标准中所规定的出厂检验项目应包括产品主要功效因子或功效成分、感官、卫生及其他质量指标。

②企业必须逐批对各成品按企业标准进行所有出厂检验项目的检验，不合格不得出厂。

③根据制定的各产品的生产工艺操作规程，品质管理部门对产品进行审核，并出具放行证方可出厂。

（2）每批产品均应有留样，留样应存放于专设的留样库（或区）内，按品种、批号分类存放，并有明显标志。应做好留样记录和留样观察。

（3）产品必须进行稳定性实验。

①品质管理部门应开展对原料、中间产品及成品的质量稳定性有计划地考核，根据考核结果来确定物料储存期，为制定保健食品有效期提供依据。

②稳定性实验内容。

a. 加速破坏实验，预测产品的有效期。

b. 样品在规定保存条件下观察若干年限的稳定性试验记录。

③稳定性试验参考。

a. 检验方法有参考依据。

b. 加速稳定性试验：将定型包装的产品置于温度37～40℃和相对湿度75%的条件下，选择能代表产品内在质量的指标，每月检测一次，连续3个月，如指标稳定，则相当于样品可保存两年（参考《保健食品评审技术规程》第二十一条产品稳定性资料的审查）。

c. 常温稳定性试验：是在产品规定的保存条件下进行的稳定性试验，一般第一年每隔3个月检测一次，第二年每隔6个月检测一次，以后每年一次。常温稳定性试验较加速试验更为可靠。

④产品的稳定性试验，至少应对三批样品进行考察，所有代表内在质量的指标均应检测，尤其是明确的功效成分指标。并应注意直接与产品接触的包装材料对产品稳定性的影响。

（4）必须对产品的包装材料、标志、说明书进行检查，不合格者不得使用。

①按要求制定包装材料、标志、说明书的质量标准。包装材料、标志、说明书的内容应与该保健食品批准证书中的内容相符合。

②企业应按要求制定包装材料、标志、说明书的抽样方案。

③企业应设有质检人员对产品的包装材料、标志、说明书进行检查，不合格者不得使用。

（5）检查和管理成品库房存放条件，不符合存放条件的库房不得使用。

①企业应根据质量标准中成品存放条件的要求设置符合要求的成品库房。

②成品库房管理人员每天记录成品库房的温度、湿度等条件，如有不符合要求的情况应采取相应的措施。

③品质管理部门应定期检查成品库房的存放条件，不符合存放条件的库房不得使用。

第二节　卫生管理

一、原料及工艺用水的卫生管理

（一）原料的控制

中国“药食同源”的悠久历史及习惯对现代保健食品的生产有着巨大的影响。许多保健食品的原料是直接取自动物、植物或它们的提取物。与化学合成物质不同，这种原料容易受微生物、农药等污染，保健食品的卫生应当从源头抓起。《保健食品良好生产规范》中将原料定义为保健食品生产过程中使用的所有投入物，包括加工助剂和食品添加剂。因此，保健食品生产所用的原辅料、加工助剂和食品添加剂应符合相应的食品安全标准，如 GB 2761—2017、GB 2762—2017、GB 2763—2019 等关于真菌素、污染物、农残等标准的要求。保健食品辅料的使用应符合国家相关标准及有关规定，必须遵循以下原则：对人体不产生任何健康危害；不以掩盖产品腐败变质为目的；不以掩盖产品本身或加工过程中的质量缺陷或以掺杂、掺假、伪造为目的；不降低产品本身的保健功能和营养价值；在达到预期效果的前提下尽可能降低在产品中的使用量；加工助剂的使用应符合《食品安全国家标准 食品添加剂使用标准》（GB 2760—2014）及有关规定。对于未制定国家标准的原辅料，可参照行业标准、地方标准、《中国药典》或制定企业标准。

1. 食品原料

（1）采购的食品原料应当查验供货者的许可证和产品合格证明文件；对无法提供合格证明文件的食品原料，应当依照食品安全标准进行检验。

（2）食品原料必须经过验收合格后方可使用。经验收不合格的食品原料应在指定区域与合格品分开放置并明显标记，并应及时进行退、换货等处理。

（3）加工前宜进行感官检验，必要时应进行实验室检验；检验发现涉及食品安全项目指标异常的，不得使用；只应使用确定适用的食品原料。

（4）食品原料运输及储存中应避免日光直射、备有防雨防尘设施；根据食品原料的特点和卫生需要，必要时还应具备保温、冷藏、保鲜等设施。

（5）食品原料运输工具和容器应保持清洁、维护良好，必要时应进行消毒。食品原料不得与有毒、有害物品同时装运，避免污染食品原料。

（6）食品原料仓库应设专人管理，建立管理制度，定期检查质量和卫生情况，及时清理变质或超过保质期的食品原料。仓库出货顺序应遵循先进先出的原则，必要时应根据不同食品原料的特性确定出货顺序。

（7）含有兴奋剂或激素的原料，应索取其含量检测报告；经放射性辐射的原料，应索取辐照剂量的有关资料。

2. 食品添加剂

（1）采购食品添加剂应当查验供货者的许可证和产品合格证明文件。食品添加剂必须经过验收合格后方可使用。

（2）运输食品添加剂的工具和容器应保持清洁、维护良好，并能提供必要的保护，避免污染食品添加剂。

（3）食品添加剂的贮藏应有专人管理，定期检查质量和卫生情况，及时清理变质或超过保质期的食品添加剂。仓库出货顺序应遵循先进先出的原则，必要时应根据食品添加剂的特性确定出货顺序。

3. 新食品原料

（1）新食品原料是指在我国无传统食用习惯的以下物品：动物、植物和微生物；从动物、植物和微生物中分离的成分；原有结构发生改变的食品成分；其他新研制的食品原料。

（2）新食品原料应当具有食品原料的特性，符合应当有的营养要求，且无毒、无害，对人体健康不造成任何急性、亚急性、慢性或者其他潜在性危害。

（3）以菌类经人工发酵制得的菌丝体或菌丝体与发酵产物的混合物及微生态类原料必须索取菌株鉴定报告、稳定性报告及菌株不含耐药因子的证明资料。

（4）以藻类、动物及动物组织器官等为原料的，必须索取品种鉴定报告。从动物、植物中提取的单一有效物质或以生物、化学合成物为原料，应索取该物质的理化性质及含量的检测报告。

（二）工艺用水的卫生管理

水不仅是保健食品生产中必不可少的介质，而且也是保健食品生产中使用最广、用量最大的重要原料。水质的优劣直接影响保健食品的质量。《保健食品良好生产规范》（GB 17405—1998）中指出：“生产用水的水质必须符合 GB 5749—2006 的规定，对于特殊规定的工艺用水，应按工艺要求进一步纯化处理。”我国的保健食品生产用水包括生活饮用水和纯化水。

1. 生活饮用水

许多国家或地区对饮用水都有明确的标准，但项目及指标并不完全相同。我国原卫生部发布的 GB 5749—2006《生活饮用水卫生标准》中水质的具体项目及指标见表 9－4。

表 9－4　生活饮用水水质常规检验项目及限制

项目	限值	项目	限值
1. 微生物指标①		3. 感官性状和一般化学指标	
总大肠菌群	每 100mL 水样中不得检出	色度（铂钴色度单位）	15
耐热大肠菌群	每 100mL 水样中不得检出	浑浊度	1NTU②，水源与净水技术条件限制时为 3NTU
大肠埃希氏菌	每 100mL 水样中不得检出	臭和味	无异臭、异味
菌落总数	100CFU/mL	肉眼可见物	无
2. 毒理学指标		pH	不小于 6.5 且不大于 8.5
砷	0.01mg/L	铝	0.2mg/L
镉	0.005mg/L	铁	0.3mg/L
铬（六价）	0.05mg/L	锰	0.1mg/L
铅	0.01mg/L	铜	1.0mg/L
汞	0.001mg/L	锌	1.0mg/L
硒	0.01mg/L	氯化物	250mg/L
氰化物	0.05mg/L	硫酸盐	250mg/L
氟化物	1.0mg/L	溶解性总固体	1000mg/L
硝酸盐（以 N 计）	10mg/L，地下水源 20mg/L	总硬度（以 $CaCO_3$ 计）	450mg/L
三氯甲烷	0.06mg/L	耗氧量（COD_{Mn}法，以 O_2 计）	3mg/L 水源限制，原水耗氧量 > 6mg/L 时为 5mg/L

续表

项目	限值	项目	限值
四氯化碳	0.002mg/L	挥发酚类（以苯酚计）	0.002mg/L
溴酸盐（使用臭氧时）	0.01mg/L	阴离子合成洗涤剂	0.3mg/L
甲醛（使用臭氧时）	0.9mg/L	4. 放射性指标[③]	指导值
亚氯酸盐（使用二氧化氯消毒时）	0.7mg/L	总 α 放射性	0.5Bq/L
氯酸盐（使用复合二氧化氯消毒时）	0.7mg/L	总 β 放射性	1Bq/L

注：①CFU 表示菌落形成单位。当水样中检出总大肠菌群时，应进一步检验大肠埃希氏菌或耐热大肠菌群；水样中未检出总大肠菌群，不必检验大肠埃希氏菌或耐热大肠菌群。

②表中 NTU 为散射浑浊度单位。

③放射性指标规定数值不是限值，而是参考水平。放射性指标超过指导值，应进行核素分析和评价，判定能否饮用。

保健食品生产企业应当制定 SSOP，对饮用水系统加以控制，如定期监测微生物及其他指标、定期清洗等。

2. 纯化水

保健食品企业生产过程中工艺用水除生活饮用水外，还需要另一种工艺用水——纯化水。2020 版《中国药典》规定“纯化水为饮用水经蒸馏法、离子交换法、反渗透法或其他适宜的方法制得的制药用水，不含任何添加剂”。具体检测项目见表 9-5。

表 9-5　　纯化水指标

	中国药典 2020 版	欧洲药典 8.0	美国药典 40
来源	本品为饮用水经蒸馏法、离子交换法、反渗透法或其他适宜的方法制得	符合法定规定的饮用水经蒸馏、离子交换或其他适宜方法制得	符合美国环境保护协会或欧共体或日本法规或世界卫生组织指导方针要求饮用水适宜方法制得
性状	无色的澄清液体，无臭，无味	无色澄清液体，无臭，无味	—
酸碱度	符合规定	符合规定	—
氨	0.3×10^{-6}	—	—
不挥发物	符合规定	—	—
硝酸盐	0.06×10^{-6}	0.2μg/g	—
亚硝酸盐	0.02×10^{-6}	—	—
重金属	0.1×10^{-6}	0.1μg/g	—
铝盐	—	用于生产渗析液时方控制此项	—

续表

	中国药典 2020 版	欧洲药典 8.0	美国药典 40
易氧化物	符合规定	符合规定	—
总有机碳	0.50mg/L	符合规定	符合规定
电导率	符合规定	4.3μS/cm（20℃）	符合规定
细菌内毒素	—	0.25IU/mL	—
微生物纠偏限度	需氧菌总数不得过 100CFU/mL	100CFU/mL	100CFU/mL

由于纯化水越来越广泛地应用于保健食品的生产，加上保健饮料、口服液的工艺用水量都比较大，不得给保健食品的生产带来不安全的风险，因此水系统的运行状态必须加以监控，以保证保健食品工艺用水的质量。作为工艺用水的纯化水，其卫生指标不应低于饮用水的标准，保健食品企业可以参考《中国药典》及饮用水国家标准制定本企业的 SSOP，确保生产用水的卫生状况。生产用水应当符合生产及相关技术要求，清洗直接接触保健食品的生产设备内表面应当使用纯化水。

企业应当具备纯化水制备和检测能力，并定期进行 pH、电导率等项目的检测。

生产用水的制备、储存和分配应当能防止微生物的滋生和污染，储罐和输送管道所用材料应当无毒、耐腐蚀，明确储罐和管道的清洗、灭菌周期及方法。

企业每年应当进行生产用水的全项检验，对不能检验的项目，可以委托具体合法资质的检验机构进行检验。

二、 环境的卫生管理

（一）概述

保健食品的环境由外部环境和生产环境组成，总体上可分为以下几类：

（1）厂区内生产车间的外部环境。

（2）一般管理区，如仓库和一般包装材料检验室、一般化学实验室、一般生产区。员工要按劳动防护用品管理要求穿戴好劳保用品。进入一般生产区不得带入食物及其他与生产无关的物品。在生产区进行原辅料使用时，要小心操作，如有污染设备表面和地面，应及时清洁干净，保证良好的工作环境。生产区每天生产完打扫一次。

（3）洁净管理区（有人员更衣、物料缓冲和净化空调系统，参照洁净区管理）。

（4）规范规定的洁净区可分为以下 4 个级别：

A 级：高风险操作区，如灌装区、放置胶塞桶和与无菌制剂直接接触的敞口包装容器的区域及无菌装配或连接操作的区域，应当用单向流操作台（罩）维持该区的环境状态。单向流系统在其工作区域必须均匀送风，风速为0.36～0.54 m/s（指导值）。应当有数据证明单向流的状态并经过验证。

在密闭的隔离操作器或手套箱内，可使用较低的风速。

B级：指无菌配制和灌装等高风险操作A级洁净区所处的背景区域。

C级和D级：指无菌产品生产过程中重要程度较低操作步骤的洁净区。

以上各级别空气悬浮粒子的标准规定如表9－6所示。

表9－6　各级别空气悬浮粒子的标准规定

洁净度级别	悬浮粒子最大允许数/m^3			
	静态		动态③	
	≥0.5μm	≥5.0μm②	≥0.5μm	≥5.0μm
A级①	3520	20	3520	20
B级	3520	29	352000	2900
C级	352000	2900	3520000	29000
D级	3520000	29000	不作规定	不作规定

注：①为确认A级洁净区的级别，每个采样点的采样量不得少于1m^3。A级洁净区空气悬浮粒子的级别为ISO 4.8，以≥5.0μm的悬浮粒子为限度标准。B级洁净区（静态）的空气悬浮粒子的级别为ISO 5，同时包括表中两种粒径的悬浮粒子。对于C级洁净区（静态和动态）而言，空气悬浮粒子的级别分别为ISO 7和ISO 8。对于D级洁净区（静态）空气悬浮粒子的级别为ISO 8。测试方法可参照ISO 14644－1。

②在确认级别时，应当使用采样管较短的便携式尘埃粒子计数器，避免≥5.0μm悬浮粒子在远程采样系统的长采样管中沉降。在单向流系统中，应当采用等动力学的取样头。

③动态测试可在常规操作、培养基模拟灌装过程中进行，证明达到动态的洁净度级别，但培养基模拟灌装试验要求在“最差状况”下进行动态测试。

生产环境是为生产工艺服务的，生产环境的卫生控制不只是根据级别，还需要考虑品种的特点，如无菌灌装的保健饮料和热灌装保健饮料，背景条件都为相同洁净级别，但它们的管理要求因产品不同而存在较大的区别。对于热灌装间洁净级别的卫生管理要求，比无菌灌装的大体上要低一个级别，没有必要因为总体环境都属同一洁净级别，就采用完全相同的清洁、消毒及其保证产品免遭污染的卫生管理措施。

各个企业的设备情况不同、产品不同、人员素质不同，卫生管理的具体做法当然也就不同，保健食品生产企业应根据各自的实际情况，制定出适合自己情况的SSOP。

（二）常用清洁剂及消毒剂

生产环境、生产过程和人员使用的清洁与消毒剂很多，应注意在使用清洁剂及消毒剂时，与产品接触的清洁剂与消毒剂不得对产品造成污染。因此，与产品接触表面的消毒剂通常都用酒精及其他无毒、无残留的产品。

保健食品生产常见的清洁剂及消毒剂见表9－7。

表9－7　保健食品生产中常见的清洁剂及消毒剂

品名	组成、配制方法或说明	备　注
75%（体积分数）乙醇	由95%乙醇（药用）与水按比例配制而成	供手、墙和设备消毒用
0.1%新洁尔灭（苯甲溴铵）	系5%新洁尔灭与水按比例配制而成：5%新洁尔灭500mL注射用水（冷）24.5L	属表面活性剂类消毒剂，兼有清洁和杀菌作用，可用于洁净室、生产用具和设备的清洗和消毒灭菌。 本品与普通肥皂或洗衣粉接触时能使灭菌效果消除或减弱。 不能用于饮用水消毒
含0.5%醋酸洗必泰的70%（质量体积分数）乙醇	系95%乙醇、水和洗必泰醋酸盐按比例配制液：95%（体积分数）乙醇、37L注射用水（冷）、13L醋酸洗必泰0.25kg	洁净室和设备消毒用；手消毒用时可加入2%的甘油
杜灭芬（消毒宁）	0.05%～0.1%水溶液消毒	消毒皮肤，冲洗伤口及橡皮、塑料、棉织物的消毒
2%戊二醛（质量体积分数）	—	用于不耐热物品的消毒，如精密仪器等；也用于洁净室墙、天花板、门窗和地面、地漏消毒； 加入0.3%碳酸氢钠可杀灭芽孢； 避免接触皮肤、黏膜，发生意外，应用大量水冲洗
氢氧化钠溶液	用氢氧化钠与水配制	通常使用的有10%、2%、0.2%，或0.1mol/L等
“白猫”洗洁精	清水中加入数滴本品，浸洗，最后用清水洗净	管道、设备油渍处理 地板、墙面的油渍处理
“威猛先生”玻璃清洗剂	玻璃，镜子清洁剂	距清洁物20cm喷射，再用布擦拭即可
珠光液体皂	市售	清洁皮肤，适用于沐浴、洗手等
37%甲醛①	市售品浓度约为37%	熏蒸，杀灭空气中的微生物 浸泡，物品表面消毒
过氧乙酸②	0.2%～0.5%水溶液	可用作皮肤、塑料、织物等消毒
二氧化氯	ClO_2原液∶柠檬酸=10∶1，活化10～15min	空气消毒：浓度2000×10^{-6}，20～25mL/m^3雾化1h

续表

品名	组成、配制方法或说明	备　注
乙醇抗霉剂③	A. 75%乙醇 10kg 自配 对羟基苯甲酸甲酯（尼泊金）21.5g 对羟基苯甲酸丙酯（尼泊素）8.6g	具有抑制真菌的作用，常用来杀灭霉菌

注：①用于空气消毒时，以每 $1m^3$ 空间用量约 20mL 计算，关闭门窗，加热蒸发，一般需 6～12h。本品对上呼吸道、皮肤及眼睛有强烈刺激性。操作时注意戴好手套、护目镜。一旦皮肤及眼睛接触到本品，应立即用大量流动清水冲洗并及时就医。产品需储存于阴凉、通风处。

②为无色透明液体，有刺激性的醋酸臭味，具有弱酸性、易挥发，有腐蚀性。易溶于水、乙醇、乙醚、醋酸。稀释液易分解，宜使用前配制。本品为强氧化剂，其水溶液为光谱、高效、速效灭菌剂，对细菌、芽孢、真菌、病毒均有杀灭作用。对被消毒物品表面无残留物，毒性低、无公害、应用较广。0.5%溶液对空气喷雾 $30mL/m^3$，可用于空气消毒，0.1%～0.5%溶液用于器械和皮肤消毒。

③在高级别区，霉菌通常被作为环境污染的重要指标，如无菌操作区检出霉菌，说明空气污染状况令人担忧，有必要立即采取纠偏措施。

（三）环境的清洁和消毒

为了做好生产环境的卫生管理，除生产环境本身的清洁、消毒外，还应保证生产环境的基础设施和条件，制定相关的管理和操作规程，为卫生管理创造良好的条件。

（1）厂房维修规程；

（2）防鼠防虫及其他动物进入仓库及生产区的规程；

（3）净化空调系统运行监控规程；

（4）地漏及洁具间的清洁管理规程；

（5）工作服及清洁工器具清洁规程；

（6）消毒剂和清洁剂使用指南；

（7）实验动物清洁管理规程等。

企业应制定生产车间的外部环境、一般管理区、洁净管理区和洁净级别区的清洁卫生规程。企业应规定车辆停放处、货物临时堆放处，保证厂区内道路畅通、无积水、无污染源等。做好厂区绿化工作，定期修剪、除杂草、杀虫。定期组织全厂大扫除，清除垃圾、疏通下水道、灭蚊、灭蝇、灭鼠。生产车间、仓库要采取必要的防虫防鼠措施。

洁净级别区 SSOP 的内容因洁净级别不同而异，通常应规定所用的洁净设备、清洁用具的存放要求、洁净用具的洁净及消毒要求、所使用的消毒剂及洁净剂、清洁的方法及记录等内容。

三、生产过程的卫生管理

（一）人员卫生

在保健食品的生产中，人员被认为是重要污染源，应采取有效措施，做好人员卫生工作，最大限度地消除人员对保健食品的污染。在厂房设计与设备设施时，对人员更衣室、缓冲室、洗衣房及更衣程序按照规定严格执行。

应根据不同生产区域的不同要求，制定相应的人员卫生规程，如：洁净管理区的个人卫生规程；A 级区个人卫生规程；B 级区个人卫生规程等。另外，还应对人员的个人卫生状况进行有效的监控。

在人员的卫生规程中，应对工作服、工作鞋、工作帽、手的卫生等做出详细规定。

对操作人员的监控主要通过手套和操作服表面的微生物监测来实现。

（二）设备清洁

不同保健食品生产的设备差别很大，应制定设备使用后的清洁卫生规程。一般来说，要求比较低的口服固体产品，如连续生产同一产品，批与批之间不需要特别的清洁。当生产品种需要更换时，应对生产设备进行必要的清洁、消毒。

清场是指在某一批产品生产结束后，将该批生产所用的物料、产品、生产废弃物、记录文件等从生产的现场清理出去，以避免与下一批产品发生混淆。清场是一项卫生管理，是 GMP 的要求，适用于所有品种。

保健食品生产中，通过清洁验证确定清洁方法，制定详细的 SSOP 规定是非常必要的。与药品生产有所不同，清洁合格标准的重点往往不是在残留上，而是在微生物污染的控制上，因为功能成分和药品的作用有所不同，用某些药品生产验证采用的 0.1% 的残留标准来要求一般的保健食品，显然是不合适的。清洁合格的标准由企业根据品种的具体情况去定，但设备微生物污染带给产品污染的风险应予足够重视。

一些液体产品，如口服保健饮品，无论是配制罐、灌装机、料液过滤器等，均有一个清洁、消毒或灭菌的问题。这类 SSOP 规程的制定均应通过适当的验证。不管是何种清洁方法，目检清洁仍是清洁达标的一项指标。

（三）消毒、灭菌

消毒、灭菌是保健食品生产工艺的重要组成部分，它们在保证保健食品卫生中的地位和作用至关重要。

2020 版《中国药典》收载了 7 个灭菌方法，分别为湿热灭菌法、干热灭菌法、辐射灭菌法、气体灭菌法、过滤灭菌法、汽相灭菌法和液相灭菌法。它们可在保健食品生产的不同场合下使用。除过滤灭菌外，其他均能达到污染菌存活的概率小于百万分之一，即经灭菌后，每一批产品中存在污染产品的概率不得大于百万分之一，灭菌合格的这一量化标准在1973年前即在食品行业中广泛采用，1980年正式收载进入美国药典和英国药典。

（四）产品密封的可靠性

保健食品中不少产品属灭菌产品，它们在加工过程中均经过适当的灭菌，并有一定的保质期。因此，产品密封的可靠性一旦出现问题，产品的使用安全就受到威胁。美国FDA在1994年的《人用药品生产企业及兽药厂上报灭菌验证文件指南》中，明确要求将产品的密封形式详细列入上报文件。《中国药典》灭菌法中也提到防止产品二次污染的问题，中心是产品密封的可靠性。卫生管理应包括产品密封可靠性的内容。

有些小装量的灭菌产品可采用检漏法，在灭菌完成后，将其放入水中，抽真空，加压一定时间，然后看产品是否存在密封缺陷，经检漏试验后，将有缺陷的产品挑出、丢弃。此情况下，应制定产品检漏SSOP规程。

一些大装量的产品或有色产品，难以采用检漏法进行检查，它们的密封可靠性须通过验证，然后以严格控制工艺条件的形式来保证产品密封的可靠性。企业应根据产品的具体情况，制定适当的方法，对产品密封的可靠性进行检查。

第三节　保健食品委托生产与委托检验

一、　委托生产与委托检验的概念

委托生产：是指委托方将其生产（储存、采购等）整体或其中的某一部分委托给其他组织进行的活动。由委托方提供工艺、标准、规格，贴上自己的品牌商标，并负责销售。接受委托的生产企业也应当按照GMP法规的要求，从事与其接受的委托生产任务相关的各项活动。

委托检验：是指企业为了对其生产、销售的产品质量监督和判定，委托具有法定检验资格的检验机构进行检验。检验机构依据标准或合同约定对产品检验，出具检验报告给委托人，检验结果一般仅对来样负责。

二、　委托生产

《保健食品批准证书》持有者（以下称委托方）提交产品批准证书和企业营业执照或合法登记的证明文件复印件经所在地省级市场监管部门出具相关证明文件

后，可以将产品委托给具有相应生产条件的保健食品生产企业（以下称受托方），并经受托方所在地省级市场监管部门备案后组织生产。

委托方应当具备的条件，具体如下：

（1）合法登记的企业法人或其他组织；

（2）持有《国产保健食品产品批准证书》；

（3）具有与产品质量控制相适应的质量管理制度和体系。

受托方应当具备的条件，具体如下：

（1）持有《保健食品生产许可证》，且其许可范围包括与委托生产产品相同的剂型；

（2）具有除辐照灭菌工艺外的从原料处理到产品全过程生产能力和条件。对于原料前提取需特殊工艺的，经受托方所在省局同意，原料前提取能力可不作为受托方的必备条件；

（3）具有与受托生产保健食品的原辅料、中间产品、成品质量标准检验要求相适应的检验能力；

（4）具有完善的可追溯的产品生产质量管理制度；

（5）生产场地、设备和其他条件应当满足同一时期内生产品种和总量的要求。

委托方应当对受托方进行评估，对受托方的条件、技术水平、质量管理情况进行现场考核，确认其具有完成受托工作的能力。委托方应当向受托方提供所有必要的资料，以使受托方能够按照保健食品注册和其他法定要求正确实施所委托的操作。委托方应当使受托方充分了解与产品或操作相关的各种问题，包括产品或操作对受托方的环境、厂房、设备、人员及其他物料或产品可能造成的危害。委托方应当对受托生产的全过程进行监督，应当确保物料和产品符合相应的质量标准。

受托方必须具备足够的厂房、设备、知识和经验以及人员，满足受托方所委托的生产要求；受托方应当确保所收到委托方提供的物料、中间产品和待包装产品适用于预定用途。受托方不得从事对委托方生产的产品质量有不利影响的活动。

三、 委托检验

企业通常不得进行委托检验，个别检测类别和项目确需委托检验的，应当遵守以下规定，委托外部实验室或检验机构进行检验，并在检验报告中予以说明。

委托方和受托方应当签订书面合同，明确规定各方责任、委托检验的内容以及相关的技术事项。委托方应当向受托方提供检验所必要的资料，以使受托方能够按照保健食品注册和其他法定要求正确实施所委托的操作，并对受托检验的全过程进行监督。

受托方应当具备相关的检验资质和能力，满足委托检验工作的要求，委托检验的所有活动，包括技术或者其他方面拟采取的任何变更，均应当符合保健食品生产和注册的相关要求。

四、 合同

为确保委托生产的质量和委托检验的准确性和可靠性，委托方和受托方必须签订书面合同，明确规定各方责任、委托生产或委托检验的内容及相关的技术事项。

合同起草的基本内容包括如下：

(1) 委托方和受托方之间签订的合同应当详细规定各自的产品生产和控制职责，其中的技术性条款应当由具有专业技术、检验专业知识和熟悉法规的主管人员拟定。

(2) 委托生产及检验的各项工作必须符合保健食品生产许可和保健食品注册的有关要求，并经双方同意。

(3) 合同应当详细规定质量受权人批准放行每批保健食品的程序，确保每批产品都已按照保健食品注册的要求完成生产和检验。

(4) 合同应当规定何方负责物料的采购、检验、放行、生产和质量控制（包括中间控制），还应当规定何方负责取样和检验。在委托检验的情况下，合同应当规定受托方是否在委托方的厂房内取样。

(5) 合同应当规定由受托方保存的生产、检验和发运记录及样品，委托方应当能够随时调阅或检查；出现投诉、怀疑产品有质量缺陷或召回时，委托方应当能够方便地查阅所有与评价产品质量相关的记录。

(6) 合同应当明确规定委托方可以对受托方进行检查或现场质量审计。

(7) 委托检验合同应当明确受托方有义务接受食品安全监督管理部门检查。

(8) 委托方和受托方的联系人名称、职位、联系方式，应当被写在合同中。

第四节 产品销售与产品召回

一、 产品贮运

由于保健食品的特殊性，储存、运输的条件可能影响产品质量。因此，保健食品的储存、运输管理是保证产品质量，确保保健食品安全有效的重要环节。

(一) 保健食品的储存管理

保健食品的储存管理要求主要有以下几个方面。

1. 色标管理

保健食品成品的储存实行色标管理，仓库要有醒目的状态标识。所谓色标管理，即用不同颜色的标记，将在库成品的不同状态明显地区分开来，以防止发生混淆或错发出库。

色标管理的具体要求是：

待检、退货产品用黄色标识，表示产品处于待检之中；合格、发货产品用绿色标识，表示产品检验合格，准予出库；不合格产品用红色标识，表示产品不符合质量要求，不准出库。

成品仓库一般分为合格品库（区）、发货库（区）、不合格库（区）、退货库（区）、待验库（区），各库（区）应有明显的状态标识。

保健食品的生产企业，可以根据实际需求，将成品按色标管理的要求，分库或分区存放。

2. 定置管理

（1）产品代码。为便于生产企业产品的管理，避免差错发生，各生产企业对企业所生产的产品给予具有专一性的代码。每一个品种的产品，如含量不同、规格不同时，应给予不同的代码，产品代码的设置主要是为了防止同一名称、不同规格或浓度等产品发生混淆。产品代码的编制及管理应由物料管理部门负责。

（2）库房分区编号。根据库房面积的大小，将储存场所划分为若干货区，每区又分为若干货位，并按顺序编号。各库房货位应分别同一编组编号，并用货位图标示。

（3）入库成品按色标管理要求进入相应的区域及货位。

（4）成品按储存要求分类储存。

按产品储藏条件（储藏温度）分库储存：每一种产品都有其规定的储藏温度，按其储藏温度要求，将其分别存放于相对应的库（区）。冷库2～10℃，阴凉库不高于20℃，常温库10～30℃，各库相对湿度应保持在45%～75%。有特殊要求需冷冻的按冷冻要求存放。

按产品性质分类储存：性质相互影响、容易串味的保健食品应分库存放；品名或外包装容易混淆的产品，可能条件下，宜分区或隔垛存放。

（5）不合格品单独存放在不合格品库（区）。

（6）成品库不得储存有毒、有害物品或其他易腐易燃品。

3. 堆垛要求

成品按要求进入相应区域后，应按堆垛要求分垛码放。成品应离地、隔墙放置，各堆垛间应留有一定的距离。搬运和堆垛应严格遵守保健食品外包装图示标志的要求规范操作，堆放保健食品必须牢固、整齐，不得倒置；对包装易变形或较重的保健食品，应适当控制堆放高度，并根据情况定期检查、翻垛。

4. 效期管理

保健食品在一定的储存条件下能够保持其功效、保证其安全且符合其质量标准的储存期限即为其有效期或保质期。由于保健食品不能长期储存，具有一定的保质期，因此，在保健食品成品储存管理中有效期的管理至关重要，必须加强其管理，以防过期失效。

保健食品成品的外包装上必须注明有效期或保质期。在入库检验时应确认产品包装上是否印有有效期或保质期、是否正确、字迹是否清晰、有无漏印或错印。

保健食品成品必须严格按照效期“近期先出”的原则发货。当库存成品在距有效期规定时间内（一般 12 个月，特殊的另定），应进行效期催销月报管理。保管人员及时报告主管部门，主管部门及时通知销售部门加快销售，以免过期造成损失。

表 9－8　近效期库存成品催销表

填表人：　　　　填表时间：

产品代码	品名	规格	库存数量	生产批号	有效期	距效期时间	保管员	备注

已到有效期或保质期的库存成品应立即转入不合格库（区），经品质管理部门确认后，由其发放不合格检验证书及不合格标签。应做好不合格品记录，过有效期的保健食品一律不得出库发货，不得流入市场。

5. 货卡管理

保健食品成品在库存时应建立成品批货卡（即批卡），批货卡作为每批成品出入库的原始记录，要求同一批号、同一规格、同一品种记录一张批货卡，并认真填写，妥善保管。

批货卡内容主要包括：产品名称、产品代码、产品规格、生产批号、入库时间、有效期、单位、批量、入库总量、检验报告号、发货日期、购货单位、发货数量、结存量、发货人等项目。

成品出入库要及时填写批货卡，填写字迹要清晰、工整，应做到日清月结，账、卡、物相符。每月底对库存成品进行盘点。

6. 产品退货管理

保健食品退货分为质量原因退货和非质量原因退货。产品退货是经销售部门退回或收回本企业售出的产品，保管员根据销售部门填写的、由品质管理部门及主管领导批准签字的退货申请单接收退货（见表9－9）。退货产品放于退货区，并用黄色标识，做好退货接收记录（见表9－10）。

退货产品应做好退货评估（见表9－11），及时进行处理。对于非质量原因且在有效期内的退货，经检验全项合格，经品质管理部门负责人批准可继续销售；对包装外观不合格，经品质管理部门负责人批准，换包装后可继续销售。如已过有效期或已近有效期无法销售时，经品质管理部门确认后，由其发放不合格检验证书及不合格标签。保管人员做好有关不合格品记录。

对于质量原因退货，经品质管理部门调查确认后按返工或不合格品处理执行。

表9－9　　退货申请表

填报人：　　　　填报日期：

<table>
<tr><td>产品代码</td><td></td><td>产品名称</td><td></td><td>批号</td><td></td></tr>
<tr><td>退货方式</td><td></td><td>退货数量</td><td></td><td>有效期</td><td></td></tr>
<tr><td>退货原因</td><td colspan="5"></td></tr>
<tr><td>销售部门审评</td><td colspan="5"></td></tr>
<tr><td>质量部门审评</td><td colspan="5"></td></tr>
<tr><td>主管领导审评</td><td colspan="5"></td></tr>
<tr><td>备注</td><td colspan="5"></td></tr>
</table>

表9－10　　退货产品接收记录

<table>
<tr><td colspan="2">品名</td><td></td><td>规格</td><td></td></tr>
<tr><td colspan="2">退货单位</td><td colspan="3"></td></tr>
<tr><td colspan="2">批号</td><td></td><td>数量</td><td></td></tr>
<tr><td rowspan="4">验收</td><td colspan="2">外观是否清洁</td><td></td><td></td></tr>
<tr><td colspan="2">包装是否完好（包括标签完好、封签完好）</td><td></td><td></td></tr>
<tr><td colspan="2">是否有特殊储存要求</td><td></td><td></td></tr>
<tr><td colspan="2">有效期</td><td></td><td></td></tr>
<tr><td colspan="3">验收人：</td><td colspan="2">部门确认：</td></tr>
<tr><td colspan="3">处理意见：
□直接销毁处理
□进行评估后处理</td><td colspan="2"></td></tr>
<tr><td colspan="3">生产部门：</td><td colspan="2">QA 确认：</td></tr>
<tr><td colspan="5">品质管理部门批准：</td></tr>
</table>

表 9-11　　退货产品评估表

品名		规格	
批号		数量	
退货单位			
评估项目			
处理方法			
生产部门：		QC：	
QA：		品质管理部门批准：	

7. 储存不合格成品的处理

（1）不合格品　凡与法定质量标准及有关规定不符合的保健食品，均属不合格保健食品。包括：国家命令淘汰并停止销售的保健食品；无《保健食品生产许可证》生产单位生产的保健食品；无保健食品检验合格证明的保健食品；不符合《保健食品标识规定》规定的保健食品；伪造产地，伪造或者冒用他人厂名、厂址、批准文号的保健食品；腐败变质、油脂酸败、霉变生虫、混有异物、掺假掺杂或者感官异常的保健食品；被包装材料、容器、运输工具等污染的保健食品；超过保质期的保健食品；其他不符合法律法规的保健食品。

在保健食品验收、储存、上柜、销售过程中出现的及售后召回的不合格保健食品，需由品质管理部门提出处理意见。

（2）不合格品处理　凡因质量原因有问题的不合格品，需品质管理部门进行调查，并提出处理意见，经主管部门、品质管理部门确认批准后，保管员按处理意见执行。

当不合格品需报废销毁时，保管员应填写报损申请单，经主管部门签署销毁意见、财务部门审核同意、报请主管领导同意批准后，定期销毁。销毁不得违反环保条例，不留产品整个包装为原则；销毁必须品质管理部门现场检查员监督下进行，并填写不合格品销毁记录。

8. 仓库安全

严格按照安全操作规程及各种管理制度执行，确保仓库安全。仓库保管人员应熟悉消防知识，会使用灭火器材及消防器材。仓库内严禁烟火，不得将易燃、易爆物品带入仓库，不得吸烟、不得使用电炉等。仓库周围不得堆放易燃易爆物品。定期对仓库的消防器材进行检修，及时更换灭火器。货垛间应留出消防通道，通道内不得堆放物品，确保消防通道畅通。

成品进出仓库要复核品名、生产批号、规格、数量等，防止发生差错。

每年应对仓库安全和消防进行 1~2 次全面检查，重大节日前应对仓库进行一次全面检查，发现安全隐患及时解决，并制定预防措施。

9. 仓库卫生

应保持库区、货架和出库保健食品的清洁卫生，定期进行清扫，做好防水、防潮、防热、防霉、防鼠、防蚊蝇和防污染等工作。保持成品外包装清洁，每周至少进行两次清洁，保证无积灰。库区内成品按类别分区存放，摆放整齐，不堆放杂物和废弃物。

10. 保管养护管理

养护员应具有高中以上学历，由市场监督管理部门培训考试合格，熟悉保健食品性能及养护方法的人员担任。养护员可依据保健食品的质量性质监督保健食品储存的分类情况是否合理、储存条件是否合适。

库存保健食品按“三三四”的养护原则（每季度第一个月检查30%，第二月检查30%，第三个月检查40%），陈列保健食品每月一次，定期检查保健食品的质量，并做好养护记录。

近保质期的保健食品，易霉变、易潮解的保健食品养护周期为一个月，并建立养护档案，督促营业员对近效期的保健食品做好催报。

根据季节、气候变化，做好温湿度管理，做好温湿度观测记录。库内的湿度控制在45%～75%，并根据具体情况和保健食品的性质及时采取相应的措施，确保保健食品的储存安全。

养护员每季度对养护记录进行汇总，填写养护检查记录（见表9－12），做出评价分析，评价保健食品的养护情况，品质管理人员审核后归档。

表9－12　　养护检查记录

日期	产品代码	货位	品名	规格	批号	有效期	库存数量	检查情况				质量结论处理意见	养护员	备注
								标志	数量	外观	包装			

养护员对库房进行巡检，每周检查一次。主要检查库房内的防虫网是否完好、库房内易碎塑料、玻璃制品有无破损；检查照明设备是否完好；检查通风设备是否完好等。

养护员对库房屋顶进行巡检，每周检查一次。主要检查库房屋顶有无漏水破损；排水管是否通畅；喷淋系统是否正常等。

养护员对库房养护设备每年进行一次检查，填写养护，设备使用记录表（见表9－13）。

表9－13　　养护设备使用记录表

设备名称		型号		设备编号	
使用日期	使用时间	设备运行状况	操作人	备注	

11. 成品复验管理

保健食品在储存过程中需要进行质量再确认时，成品库可向品质管理部门提出复验申请。

凡发现或怀疑有质量问题或近保质期的在库成品，保管员及品质管理部门现场检查员应提出复检申请。如在养护检查时，发现有异常情况的库存成品；在日常保管中，发现外观、外包装异常，有可能发生污染，影响产品质量的库存成品；当储存条件发生异常时，怀疑发生质量问题的库存成品；近保质期的库存成品；储存两年以上的库存成品；有质量问题的退货产品；易变质的品种，在储存条件异常或储存时间超过一年时。

由成品库保管员填写复验申请单，写明需检验成品的名称、产品代码、批号、规格、库存数量、申请复验的原因、请验人、请验日期等，一式两份，一份交品质管理部门，一份留档。

品质管理部门接到“复验申请单”后，应立即安排取样检验，并在规定时间内进行复检，将检验报告单及时送达成品库。

成品库在提出复验申请后，该品种应换挂黄色待检标识，不得出库。

库房接到检验报告后，若成品检验合格，换下待检标识，换上绿色合格标识，成品可继续出库销售。若复验成品检验不合格，应将成品移至不合格区，挂上红色标识，不合格品不得出库销售。

凡复验品种，保管员应填写成品复检记录（表9－14）。

表9－14　　成品复检记录表

序号	日期	产品代码	品名	规格	生产批号	有效期	库存数量	复验原因	请验人	检验号	复验结果	备注

（二）保健食品的运输管理

保健食品产品根据品质管理部门开具的合格检验报告单、放行证及车间填写的产品入库单见表9－15，由仓库保管员核对入库成品的品名、规格、批号及数量，确定无误后，在入库单上签字验收。入库产品按批号设置货位卡。

表9－15　　产品入库单

年　　月　　日

产品名称	规格及装量	生产批号	单位	应收数量		实收数量	
				件数	细数	件数	细数

仓库根据财务部门出具的发货单发货，发货时仔细核对所发成品的品名、数量、规格、批号。成品发运必须依据先进先出原则，如果客户有要求，需经销售主管和品质管理主管同意后按其要求发货。

成品发运时保管员需开具成品发运运交单见表9－16，运交单上需注明收货单位、卸货地址、联系人、运输车号、联系电话、产品名称、单位、数量、批号。装车完毕后，承运单位（人）须对所承运的货物核对后在运交单上签字，承运单位（人）在签收后要对所承运的货物负责。产品发运时，要仔细核对检验报告书与产品标签，需内容一致才能发货。产品发货后，需填写货位卡、发运备查账等。

表9－16　　运交单

收货单位			联系人及电话	
卸货地址			运输车号	
产品名称及规格	单位	数量	批号	备注
合计				

送货人：　　　　　　　收货人签单及单位盖章：

保健食品的运输工作应根据“及时、准确、安全、经济”的原则，遵守国家有关法规及相关规定，合理组织运输，缩短产品待运期，减少产品运输差错，把产品安全及时运达目的地。

（1）运输的产品应包装牢固，标识清晰，严格按照产品运输标志要求配装、运输；

（2）根据产品的理化特性配装产品，运输工具应符合卫生要求。公路、铁路运输不得使用敞车，水路运输不得配装在舱面。在运输途中和堆放站台时，还必须有防晒、防雨、防震措施，以免产品受潮湿、光、热和震动的影响而变质。针对包装条件和道路情况，采取相应措施，防止产品破损和混淆。

（3）文明装卸，安全操作，轻拿轻放，严谨摔撞。液体产品不得倒置。按包装运输要求正确装车，如发现产品包装破损、污染或影响运输安全时，不得发运。

（4）运输还应注意液体产品和固体产品分开装运，易挥发、易污染、易破碎的产品与一般产品分开装运，且不得与有毒有害物品混装。

（5）怕热产品应拟定怕热发运期，合理调运，并在运输单据上注明“怕热”字样。对于温度要求严格的产品，运输中应采取冷藏措施。

（6）怕冻产品在冬季运输应注意防寒防冻措施，加防寒包装或用暖车。应拟定防寒发运期，合理调配，应在运输单据上注明“怕冻”字样。

（7）产品发货前，提货人（承运人）必须检查核对产品的名称、规格、生产批号、有效期（保质期），数量是否与发货凭证相符，包装是否牢固。

（8）填制各种运输单据，应做到字迹清楚，项目填全，严禁乱写乱画。交接手续要清楚。

二、产品销售

企业应严格按照依法批准的经营方式和经营范围销售保健食品，销售保健食品严格按照《中华人民共和国食品安全法》及其实施条例的要求，正确说明保健食品的保健功能、适宜人群、使用方法、食用量、储存方法和注意事项等内容，不得夸大宣传其保健功能，严禁宣传疾病预防、治疗功效等。严禁以任何形式销售假冒伪劣保健食品。销售过程中怀疑保健食品存在质量问题，应立即停止销售，报告质量负责人进行处理。

保健食品广告应当按照国家市场监督管理总局发布的《药品、医疗器械、保健食品、特殊医学用途配方食品广告审查管理暂行办法》的规定，取得省市场监督管理局批准的保健食品广告批准文号，并严格按照批准文号的内容如实发布保健食品广告。未取得广告批文的，不得发布广告，若广告批文超过有效期的，应重新办理审批手续。

凡有下列情况之一的在售保健食品必须立即撤柜停止销售：国家命令淘汰并停止销售的保健食品；无《保健食品生产许可证》生产单位生产的保健食品；无保健食品检验合格证明的保健食品；不符合《保健食品标识规定》规定的保健食品；伪造产地，伪造或者冒用他人厂名、厂址、批准文号的保健食品；腐败变质、油脂酸败、霉变生虫、混有异物、掺假掺杂或者感官异常的保健食品；被包装材料、容器、运输工具等污染的保健食品；超过保质期的保健食品；其他不符合法律法规的保健食品。

凡有下列情况之一的已售保健食品，必须立即召回：国家命令必须立即召回的保健食品；在企业自查中被认定为有问题的保健食品；经营单位认为应该召回的保健食品。

产品发运应有专门的记录，发运记录应清楚、完整，能随时调用，便于产品质量跟踪，并方便可能出现的用户意见的处理，确保能迅速地召回产品。

发运记录内容应当包括：产品名称、规格、批号、数量、收货单位和地址、联系方式、发货日期、运输方式等。根据发运记录能追查每批产品的销售情况，必要时应能及时全部追回。每批成品均应有发运记录，发运记录应至少保存至保健食品有效期后一年。

三、 投诉与不良反应处理

企业应建立保健食品不良反应报告和监测管理制度，设立专门机构并配备专职人员负责管理。

当有不良反应或投诉发生时，企业应当做好如下工作：

（1）应当主动收集保健食品不良反应，对不良反应应当详细记录、评价、调查和处理，及时采取措施控制可能存在的风险，并按照要求向市场监督管理部门报告。

（2）应当建立操作规程，规定投诉登记、评价、调查和处理的程序，并规定因可能的产品缺陷发生投诉时所采取的措施，包括考虑是否有必要从市场召回产品。

（3）应当有专人及足够的辅助人员负责进行质量投诉的调查和处理，所有投诉、调查的信息应当向质量受权人通报。

（4）所有投诉都应当登记与审核，与产品质量缺陷有关的投诉，应当详细记录投诉的各个细节，并进行调查。

（5）发现或怀疑某批次产品存在缺陷，应当考虑检查其他批次的产品，查明其是否受到影响。投诉调查和处理应当有记录，并注明所查相关批次产品的信息。

（6）应当定期回顾分析投诉记录，以便发现需要警觉、重复出现以及可能需要从市场召回产品的问题，并采取相应措施。

企业出现生产失误、产品变质或其他重大质量问题，应当及时采取相应措施，必要时还应当向当地市场监督管理部门报告。

四、 产品召回

（一）不安全保健食品的确定

不安全保健食品是食品安全法律法规规定禁止生产经营的保健食品以及其他有证据证明可能危害人体健康的保健食品。包括：

(1) 已经诱发保健食品污染、食源性疾病或对人体健康造成危害甚至死亡的保健食品;

(2) 可能引发保健食品污染、食源性疾病或对人体健康造成危害的保健食品;

(3) 含有对特定人群可能引发健康危害的成分而在保健食品标签和说明书上未予以标识,或标识不全、不明确的保健食品;

(4) 有关法律、法规规定的其他不安全保健食品。

(二) 召回级别的确定

根据食品安全风险的严重和紧急程度,食品召回分为三级:

(1) 一级召回　食用后已经或者可能导致严重健康损害甚至死亡的,食品生产者应当在知悉食品安全风险后24h内启动召回,并向县级以上地方市场监督管理部门报告召回计划。

(2) 二级召回　食用后已经或者可能导致一般健康损害,食品生产者应当在知悉食品安全风险后48h内启动召回,并向县级以上地方市场监督管理部门报告召回计划。

(3) 三级召回　标签、标识存在虚假标注的食品,食品生产者应当在知悉食品安全风险后72h内启动召回,并向县级以上地方市场监督管理部门报告召回计划。标签、标识存在瑕疵,食用后不会造成健康损害的食品,食品生产者应当改正,可以自愿召回。

(三) 召回的流程

具体召回流程如图9-2所示。

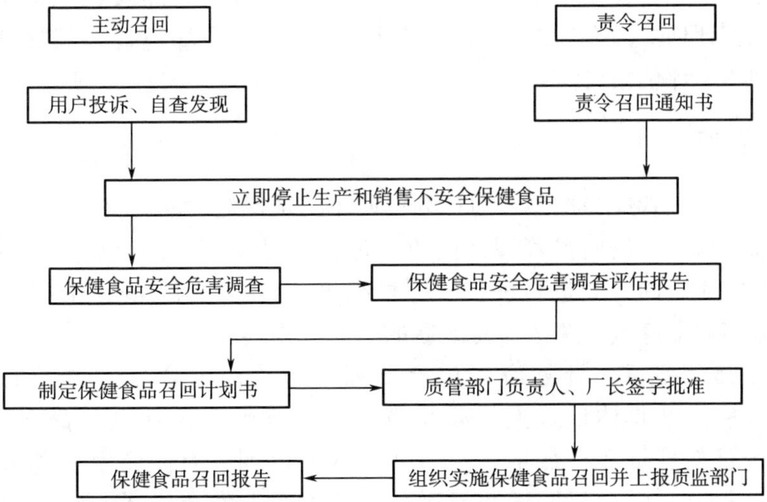

图9-2　保健食品召回流程图

（四）召回分类

召回分类主要为主动召回和责令召回。

1. 主动召回

保健食品生产者通过自检自查、公众投诉举报、经营者和监督管理部门告知等方式知悉其生产经营的保健食品属于不安全保健食品的，应当主动召回。

2. 责令召回

保健食品生产者应当主动召回不安全食品而没有主动召回的，县级以上市场监督管理部门可以责令其召回。

（五）保健食品安全危害的调查、评估

判定保健食品是否属于不安全保健食品，应当进行保健食品安全危害调查和保健食品安全危害评估。

（1）保健食品安全危害调查的主要内容包括：是否符合保健食品法律、法规或标准的安全要求；是否含有非保健食品原辅料、添加非食品用化学物质或者将非食品当做食品；保健食品的主要食用人群的构成及比例；可能存在安全危害的食品数量、批次或类别及其流通领域和范围。

（2）保健食品安全危害评估的主要内容包括：保健食品引发的保健食品污染、食源性疾病、或对人体健康造成的危害，或引发上述危害的可能性；不安全保健食品对主要食用人群的危害影响；危害的严重与紧急程度；危害发生的短期和长期后果。

（3）企业获知其生产的保健食品可能存在安全危害或接到省级市场监管部门的保健食品安全危害调查书面通知，应当立即进行保健食品安全危害调查和保健食品安全危害评估。并及时通知县、市级部门向省级市场监督部门提交保健食品安全危害调查、评估报告。

（六）召回

保健食品生产者应当按照召回计划召回不安全保健食品。

县级以上地方市场监督管理部门收到保健食品生产者的召回计划后，必要时可以组织专家对召回计划进行评估。评估结论认为召回计划应当修改的，保健食品生产者应当立即修改，并按照修改后的召回计划实施召回。

（1）保健食品召回计划应当包括下列内容：保健食品生产者的名称、住所、法定代表人、具体负责人、联系方式等基本情况；保健食品名称、商标、规格、生产日期、批次、数量以及召回的区域范围；召回原因及危害后果；召回等级、流程及时限；召回通知或者公告的内容及发布方式；相关保健食品生产经营者的义务和责任；召回保健食品的处置措施、费用承担情况；召回的预

期效果。

（2）保健食品召回公告应当包括下列内容：保健食品生产者的名称、住所、法定代表人、具体负责人、联系电话、电子邮箱等；食品名称、商标、规格、生产日期、批次等；召回原因、等级、起止日期、区域范围。

不安全保健食品在本省、自治区、直辖市销售的，保健食品召回公告应当在省级市场监督管理部门网站和省级主要媒体上发布。省级市场监督管理部门网站发布的召回公告应当与国家市场监督管理总局网站链接。

不安全保健食品在两个以上省、自治区、直辖市销售的，保健食品召回公告应当在国家市场监督管理总局网站和中央主要媒体上发布。

实施一级召回的，保健食品生产者应当自公告发布之日起10个工作日内完成召回工作。

实施二级召回的，保健食品生产者应当自公告发布之日起20个工作日内完成召回工作。

实施三级召回的，保健食品生产者应当自公告发布之日起30个工作日内完成召回工作。

情况复杂的，经县级以上地方市场监督管理部门同意，食品生产者可以适当延长召回时间并公布。

保健食品经营者知悉食品生产者召回不安全保健食品后，应当立即采取停止购进、销售，封存不安全保健食品，在经营场所醒目位置张贴生产者发布的召回公告等措施，配合食品生产者开展召回工作。

保健食品经营者对因自身原因所导致的不安全食品，应当根据法律法规的规定在其经营的范围内主动召回。

保健食品经营者召回不安全保健食品应当告知供货商。供货商应当及时告知生产者。

保健食品经营者在召回通知或者公告中应当特别注明系因其自身的原因导致保健食品出现不安全问题。

因生产者无法确定、破产等原因无法召回不安全保健食品的，保健食品经营者应当在其经营的范围内主动召回不安全食品。

保健食品经营者召回不安全食品的程序，参照食品生产者召回不安全保健食品的相关规定处理。

案例讨论

案例：2017年8月24日执法人员对位于安徽省淮南市大通区九龙岗镇建设村的淮南市大通区百泉大药房销售的保健食品进行专项监督抽检，随机抽取了由“云南凤鑫龙源科技有限公司”委托“陕西仁康药业有限公司”生产的“凤鑫龙源牌快便茶”3 盒。经安徽国科检测科技有限公司检验，铅（pb）不符合 GB 16740—2014《食品安全国家标准　保健食品》要求，检验结论为不合格。

当事人在接到不合格《检测报告》后，主动消除危害后果：立即对上述已售出的不合格保健食品采取了召回和销毁措施，并以给予消费者两倍销售价格的赔付。

当事人经营重金属含量超过食品安全标准限量的食品的行为，违反了《中华人民共和国食品安全法》之规定，于 2017 年 11 月 16 日予以立案。

依据《中华人民共和国食品安全法》之规定，参照《安徽省食品药品行政处罚裁量基准（试行）》和《安徽省食品药品行政处罚裁量适用规则（试行）》的规定，给予当事人没收违法所得并处罚款壹万元整的行政处罚。

讨论问题：什么原因会导致产品的召回？在实际生产中如何避免同类事件发生？

拓展阅读

我国的标准体系建设

按照《中华人民共和国标准化法》规定，由国务院标准化行政主管部门统一管理全国标准化工作。

我国标准依照 2017 年新修订的《中华人民共和国标准化法》分为国家标准、行业标准、地方标准和团体标准、企业标准五个层次。国家标准分为强制性标准、推荐性标准，行业标准、地方标准是推荐性标准。强制性国家标准由国务院批准发布或者授权批准发布；推荐性国家标准由国务院标准化行政主管部门制定；行业标准由国务院有关行政主管部门制定，报国务院标准化行政主管部门备案；地方标准由省、自治区、直辖市人民政府标准化行政主管部门制定；国家鼓励学会、协会、商会、联合会、产业技术联盟等社会团体协调相关市场主体共同制定满足市场和创新需要的团体标准，由本团体成员约定采用或者按照本团体的规定供社会自愿采用，国务院标准化行政主管部门会同国务院有关行政主管部门对团体标准的制定进行规范、引导和监督；企业可以根据需要自行制定企业标准，或者与其他企业联合制定企业标准。

推荐性国家标准、行业标准、地方标准、团体标准、企业标准的技术要求不得低于强制性国家标准的相关技术要求。国家鼓励社会团体、企业制定高于推荐性标准相关技术要求的团体标准、企业标准。

思考题

1. 品质管理机构及其职责是什么?
2. 品质管理制度的内容主要是什么?
3. 保健食品生产中的质量标准主要有哪些?
4. 如何做好保健食品的质量检验和质量控制?
5. 保健食品生产过程的卫生管理是什么?
6. 委托生产和委托检验的概念是什么? 如何进行委托生产和委托检验?
7. 保健食品召回分哪几个级别? 如何确定保健食品的召回级别?

实训操作项目十五　片剂生产质量控制

一、 实训目的

了解片剂的制备过程，掌握片剂生产的质量控制要求和控制要点，进一步熟悉保健食品生产质量管理。

二、 实训范围

保健食品中片剂生产的质量控制。

三、 实训原理

确定某一片剂的生产工艺流程，制定工艺流程中每项工艺过程的质量控制项目与质量控制点，确立监控频次。

四、 实训内容

(1) 明确并详细描述出某一片剂的生产工艺流程及其操作和管理要点

①生产工艺流程（图）参照第十一章，第一节，片剂生产工艺流程及洁净区域划分示意图（图 11 -2）。

②操作和管理要点参照第十一章，第一节，三、生产管理要点。

(2) 明确质量控制要点，确定质量控制点，描述质量控制项目，确定频次。

参照第十一章，第一节，四、质量控制要点，胶囊剂、片剂、粉剂、颗料剂生产质量控制要点（表 11 -1）。

五、 实训报告

(1) 绘制某一片剂的生产工艺流程（图），并简要说明工艺操作及其生产管理要点；

(2) 设计该片剂生产的质量控制要点表格，并填写。以下表格供参考。

片剂生产的质量控制要点

工序	质量控制点	质量控制项目	频次
粉碎			
配料			
制粒			
干燥			
压片			
包装			

实训操作项目十六　保健食品的召回

一、实训目的

了解保健食品召回程序，掌握保健食品召回的安全危害调查和评估，并学会制定召回计划书、下达产品召回指令。

二、实训范围

适用于保健食品的不安全产品召回。

三、实训原理

不安全保健食品是食品安全法律法规规定禁止生产经营的保健食品以及其他有证据证明可能危害人体健康的保健食品。通过进行保健食品安全危害调查和保健食品安全危害评估，判定保健食品是否属于不安全保健食品，

四、实训内容

（1）对需召回的保健食品进行安全危害调查，并对其安全危害进行评估，实训按下表内容进行填写。

（2）根据产品召回的安全危害调查和评估确定召回级别。

保健食品安全危害调查、评估表

产品名称		批号	
规格		数量	
保健食品安全危害调查	调查人：		
保健食品安全危害评估	评估人：		
保健食品召回级别	一级召回（ ）	二级召回（ ）	三级召回（ ）
审核人			

注：保健食品安全危害调查、评估可另附页。

(3) 根据保健食品安全危害调查、评估结果，制定召回计划。

召回计划表

保健食品召回计划书产品名称		批 号	
规格		数量	
车间生产情况		销售者经营情况	
消费者使用情况		保健食品安全危害程度	
召回措施	（包括实施组织、联系方式以及召回的具体措施、范围和时限等）		
预期效果			
召回食品处理措施			
起草人签名：			
品质管理部门意见		主管厂长意见	

注：表格内容不够可另附页。

(4) 下达产品召回指令。

各办事处：

我司拟对________，规格________，批号________进行召回，请贵办务必在收到“产品召回指令”起3日内，将该产品退回我司。具体退换货适宜请与商务部联系。

退货地址：

邮政编码：

退货联系人：

联系电话：

此事给贵办工作带来的麻烦深表歉意，谢谢合作，盼谅！

×××有限公司

××年××月××日

第十章

原料提取物与复配营养素管理

知识目标

1. 掌握原料提取物的制备条件和质量控制，复配营养素的概念。
2. 熟悉原料提取物的质量要求，复配营养素的管理。
3. 了解原料提取物制备的方法，复配营养素储存过程中的影响因素。

能力目标

1. 能够掌握原料提取物的制备条件及质量要求。
2. 掌握复配营养素的储存影响因素及管理。

第一节 原料提取物的制备

一、 制备的条件

1. 提取物的制备工艺流程

提取物的制备工艺流程见图 10 – 1。

2. 原料提取物的制备条件

（1）原料前处理　处理的方法、设备和设施、操作过程及条件、物料的组合及数量等。

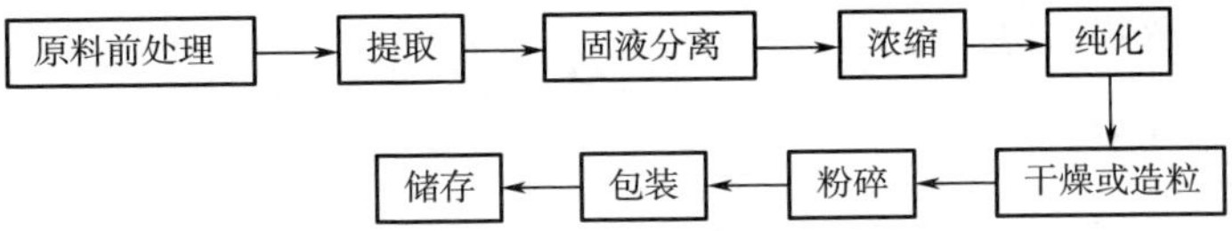

图 10－1　提取物的制备工艺流程

（2）提取　提取方法、提取温度、提取压力、提取时间等工艺条件，原料和溶媒等物料的数量及其变化、使用的设备等。

（3）固液分离　分离方法及设备、料液的浓度、分离温度、设备转速等工艺条件。

（4）浓缩　浓缩方法及设备、浓缩温度、真空度和浓缩时间等工艺条件，物料的数量及其变化。

（5）纯化　纯化的方法及设备、酸碱度、浓度、温度等工艺条件、物料的数量及其变化。

（6）干燥或造粒　干燥或造粒的方法和设备、干燥温度等工艺条件，物料的数量及其变化。

（7）粉碎　粉碎的方法和设备、工艺条件、物料的数量及其变化。

（8）包装　包装方法和设备、包装规格、物料的数量及其变化。

（9）储存　仓储设施及条件、储存方法和储存期限。

3. 原料提取物的质量要求

（1）提取物质量要求应选择与产品申报功能相关的特征成分指标作为标志性成分指标（难以定量的应当制定专属定性鉴别指标）。

（2）应参照《中国药典》等相关标准，结合原料提取物生产工艺等具体情况，制定能够准确定量、充分反映提取物质量特征的指标，并详细说明指标选择以及指标值确定的依据。

（3）参照《中国药典》等相关标准，可制定多个特征成分指标的，应制定多个特征成分指标。

（4）提取物质量要求包括原料来源（对动植物品种有明确要求的，应明确其具体品种，必要时写明原植物拉丁学名）、制法（包括主要生产工序、关键工艺参数等）、提取率（得率）、感官要求、一般质量控制指标（如水分、灰分、粒度等）、污染物指标（铅、总砷、总汞、提取溶剂残留等）、农药残留量、标志性成分指标（难以定量测定的应当制定专属性定性鉴别指标）、微生物指标（包括菌落总数、大肠菌群、霉菌和酵母、金黄色葡萄球菌、沙门菌）等。内容有缺项难以制定或无需制定的，原因应合理。

二、 制备的方法

提取物制备涉及的生产方法主要有提取方法、浓缩方法、分离方法、纯化方法、干燥方法、造粒和粉碎方法。

（一）提取方法

（1）浸渍法　是在常温或低热（$<80℃$）条件下用适当的溶剂浸渍原料以溶出其中成分的方法。该方法适用于有效成分遇热不稳定的或含大量淀粉、树胶、果胶、黏液质的原料提取物。但该方法出膏率低。

（2）渗漉法　向粉碎的原料中添加新鲜浸出溶剂，使其渗过原料，从渗漉筒下端出口流出浸出液的一种方法。但该方法消耗溶剂量大，操作麻烦。

（3）回流法　用易挥发的有机溶剂加热回流提取原料成分的方法。但对热不稳定的成分不宜用该方法，且溶剂消耗量大，操作麻烦。

（4）煎煮法　在原料中加入水后加热煮沸，将有效成分提取出来的方法。该方法简便，但含挥发性成分或有效成分遇热易分解的原料不宜用该方法。

（5）水蒸气蒸馏法　适用于具有挥发性的、能随水蒸气蒸馏而不被破坏、且难溶或不溶于水的成分的提取。

（6）升华法　固体物质在受热时不经过熔融直接转化为蒸气的现象称作升华。

（7）逆流提取　是指在提取的过程中，物料和溶剂同时连续运动，但运动方向相反。逆流提取是通过机械传输，连续定量加料。使物料和溶媒充分接触，设备内溶剂不断更新。植物有效成分的提取过程是一个固液传质的过程，是固相原料向低浓度液相浸出的传质过程。

（8）超声波提取　采用超声波辅助提取，使溶剂快速地进入固体物质中，将其物质所含的有效成分尽可能完全地溶于溶剂之中，得到多成分混合提取液。

利用超声波技术来强化提取分离过程，可有效提高提取分离率，缩短提取时间、节约成本、甚至还可以提高产品的质量和产量。

（9）微波提取　用电磁场的作用使固体或半固体物质中的某些有机物成分与基体有效的分离，并能保持分析对象的原本化合物状态的一种分离方法。微波是指频率在300MHz～300GHz的电磁波。

（10）半仿生提取　半仿生提取是近几年提出的新方法。它是从生物药剂学的角度，将整体药物研究法与分子药物研究法相结合，模拟口服药物经胃肠道转运吸收的环境，采用活性指导下的导向分离方法；是经消化道口服给药的制剂设计的一种新的提取工艺。

一是提取过程符合中医配伍和临床用药的特点和口服药物在胃肠道转运吸收的特点。二是在具体工艺选择上，既考虑活性混合成分又以单体成分作指标，这样不仅能充分发挥混合物的综合作用，又能利用单体成分控制中药制剂的质量。三是有效成分损失少。

（11）超临界流体萃取　物质处于其临界温度和临界压力以上状态时，成为单一相态，将此单一相态称为超临界流体（supercritical fluid，SF）。在超临界状态下，将超临界流体与待分离的物质接触，通过控制不同的温度、压力以及不同种类及含量的夹带剂，使超临界流体有选择性地把极性大小、沸点高低和相对分子质量大小的成分一次萃取出来。这种萃取方法称为超临界流体萃取法（SFE）。

（二）浓缩方法

（1）蒸发浓缩和减压浓缩。

①蒸发浓缩：在蒸发器内，物料和热源（蒸汽）进行热量交换，物料中的部分溶剂（一般是水）变为气态，分离出来，物料的浓度提高，从而达到蒸发浓缩的目的。

②减压浓缩：使用抽真空的方式降低水或溶剂的沸腾温度使水或溶剂蒸发，达到浓缩的目的。减压浓缩又称真空浓缩，分为单效减压浓缩和多效减压浓缩。

（2）薄膜浓缩　主要分为升膜浓缩、降膜浓缩、离心薄膜浓缩和刮板薄膜浓缩。

（3）分子蒸馏　又称短程蒸馏（short - path distillation），是在高真空（0.1 ~ 100Pa）、低温环境下进行的连续蒸馏。它是一种特殊的液 - 液分离技术，是依据液体分子受热会从液面逸出，而不同种类分子逸出后，在气相中其运动平均自由程不同这一性质来实现分离的。

（4）反渗透膜浓缩　反渗透所用膜孔径小于1nm，是一种压力驱动的膜过程，是利用反渗透膜具有选择性透过溶剂而截留离子物质的性质，依靠膜两侧的静压力差为推动力，以克服溶剂的渗透压，使溶剂通过反渗透膜而实现对液体混合物的分离。

（三）分离方法

（1）过滤　使液固或气固混合物中的流体强制通过多孔性过滤介质，将其中的悬浮固体颗粒加以截留，从而实现混合物的分离，是一种属于流体动力过程的单元操作。

（2）离心　是利用离心力，分离液体与固体颗粒或液体与液体的混合物中的各组分。

（四）纯化方法

（1）萃取　利用化合物在两种互不相溶（或微溶）的溶剂中溶解度或分配系数的不同，使化合物从一种溶剂内转移到另外一种溶剂中。经过反复多次萃取，将绝大部分的化合物提取出来的方法。

（2）沉淀法　是利用某种沉淀剂或改变条件，使需提取的成分或杂质在溶液中的溶解度降低而形成无定形固体沉淀的过程。由于沉淀法的操作简单，不需要特殊的或专用的设备，所以其应用极为普遍。

（3）层析法　层析法是利用混合物中各组成部分物理化学性质的差异（如吸

附力、分子形状及大小、分子亲和力、分配系数等)，使各组成部分在两相中的分布程度不同，从而使各组成部分以不同的速度移动而达到分离的目的。所有的层析系统均是由固定相和流动相组成，固定相为固体物质或固定于固体物质上的成分，流动相是可以流动的物质如水和各种溶剂。

(4) 膜分离法　膜分离技术是指在分子水平上不同粒径分子的混合物在通过半透膜时，实现选择性分离的技术，半透膜又称分离膜或滤膜，膜壁布满小孔，根据孔径大小可以分为：微滤膜（MF)、超滤膜（UF)、纳滤膜（NF)、反渗透膜（RO）等，膜分离采用错流过滤或死端过滤方式。

(5) 结晶法　是指溶质自动从溶液中析出形成新相的过程。结晶的关键是溶液的过饱和度。通常可以通过蒸发法、冷却法、等电点法、盐析结晶法等方法制备过饱和溶液。

(五) 干燥方法

(1) 流化床干燥　热空气以一定速度自下而上穿过松散的物料层，使物料形成悬浮流化状态的同时进行干燥的操作。

(2) 真空干燥　真空干燥，又名解析干燥，是一种将物料置于负压条件下，并适当通过加热达到负压状态下的沸点或者通过降温使得物料凝固后通过熔点来干燥物料的干燥方式。

真空干燥技术已广泛应用于保健食品的生产中，尤其是天然产物的提取物干燥，因天然产物中很多功效成分不耐高温而广泛采用真空干燥。真空干燥技术又称减压干燥。它是在密闭的容器中抽去空气，减压而进行干燥的一种方法。

(3) 喷雾干燥　喷雾干燥是系统化技术应用于物料干燥的一种方法。将料液经雾化后，在与热空气的接触中，水分迅速汽化，即得到干燥产品。该方法能直接使溶液、乳浊液干燥成粉状或颗粒状制品，可省去蒸发、粉碎等工序。

(4) 冷冻干燥　冷冻干燥又称升华干燥，将物料冷冻至水的冰点以下，并置于高真空（10～40Pa）的容器中，通过供热使物料中的水分直接从固态冰升华为水汽的一种干燥方法。

(5) 红外干燥　是利用红外辐射元件所发射的红外线对物料直接照射而加热的一种干燥方式。红外线是介于可见光和微波之间的一种电磁波，其波长范围在0.72～1000μm的区域，波长在0.72～5.6μm区域的称近红外，5.6～1000μm区域的称远红外。

红外干燥时，由于物料表面和内部的分子同时吸收红外线，故受热均匀、干燥快、质量好。缺点是电能消耗大。

(6) 微波干燥　湿物料处于振荡周期极短的微波高频电场内，其内部的水分子会发生极化并沿着微波电场的方向整齐排列，而后迅速随高频交变电场方向的交互变化而转动，并产生剧烈的碰撞和摩擦（每秒钟可达上亿次)，结果一部分微波能转化为分子运动能，并以热量的形式表现出来，使水的温度升高而离开物料，从而使物料得到干燥。也就是说，微波进入物料并被吸收后，其能量在物料电介质内部转换成热能。因此，微波干燥是利用电磁波作为加热源、被干燥物料本身为发热体的一种干燥方式。

微波干燥加热迅速、均匀、干燥速度快、热效率高；对含水物质的干燥特别有利；微波操作控制灵敏、操作方便。缺点是成本高，对有些物料的稳定性有影响。

（六）造粒

（1）干法造粒　将原料和辅料的粉末混合均匀、压制成大片状或板状后，粉碎成所需大小颗粒的方法。该方法靠压缩力使粒子间产生结合力，其制备方法有压片法和滚压法。

压片法是利用重型压片机将物料粉末压制成直径为20～25mm的坯片，然后粉碎成一定大小颗粒的方法。

滚压法是利用转速相同的两个滚动圆筒之间的缝隙，将物料粉末滚压成板状物，然后粉碎成一定大小颗粒的方法。

（2）湿法造粒　将原料与辅料的粉末混合均匀后，加入液体黏合剂制备颗粒的方法。该方法靠黏合剂的作用使粉末粒子间产生结合力。由于湿法造粒的颗粒具有外形美观、流动性好、耐磨性强、压缩成形性好等优点，是医药工业中应用最广泛的方法。但具有热敏性、湿敏性、极易溶性等物料不适合该方法。

（3）沸腾造粒　粉状物料投入料斗密闭容器内，由于热气流的作用，使粉末悬浮呈流化状循环流动，达到均匀混合，同时喷入雾状黏结剂润湿容器内的粉末，使粉末凝成疏松的小颗粒。

（七）粉碎方法

（1）干法粉碎　是指物料干燥后直接粉碎的方法。

（2）湿法粉碎　在待粉碎物料中加入适量的水或其他液体进行研磨粉碎的方法。

（3）超微粉碎　是指利用机械或流体动力的方法克服固体内部凝聚力使之破碎，从而将3mm以上的物料颗粒粉碎至10～25μm的操作技术。

三、原料提取物的质量控制

企业应当具有两名以上能够鉴别动植物等原料真伪优劣的专业技术人员。在原料提取物的生产中要严格控制原料来源、生产过程和成品质量等。

（一）原料来源控制

在提取物生产中要对原料进行严格控制，要明确动植物的具体品种，是否符合国家法律法规要求。必要时应写明原植物的拉丁学名。

（二）生产过程控制

保健食品生产工艺有原料提取、纯化等前处理工序的，需要具备与生产的品种、数量相适应的原料前处理设备或者设施。原料的前处理车间应配备必要的通风、除尘、除烟、降温等设施并运行良好，应与其生产规模和工艺要求相适应。原料的前处理车间应与成品生产车间分开，人流物流通道应与成品生产车间分设。

企业应按照生产工艺和质量标准要求，制定原料前处理工艺流程，建立原料提取生产记录制度，包括原料的称量、清洗、提取、浓缩、收膏、干燥、粉碎等生产过程和相应工艺参数。每批次提取物应标注同一生产日期。

企业应具有与原料前处理相适应的生产设备，提取、浓缩、收膏等工序应采用密闭系统进行操作，便于管道清洁，防止交叉污染。采用敞口方式进行收膏操作的，其操作环境应与保健食品生产的洁净级别相适应。

提取物的干燥、粉碎、过筛、混合、内包装等工序，应在洁净车间内完成，洁净级别应与保健食品生产的洁净级别相适应。

原料的清洗、浸润、提取用水应符合生产工艺要求，清洗提取设备或容器内表面应当使用纯化水。

提取用溶剂需回收的，应当具备溶剂回收设施设备；回收后溶剂的再使用不得对产品造成交叉污染，不得对产品的质量和安全性有不利影响。

每批产品应当进行提取率检查，如有显著差异，必须查明原因，在确认无质量安全隐患后，方可按正常产品处理。

（三）提取物的成品质量控制

申请原料提取物生产许可证的企业对制备的成品——原料提取物，要进行相应的质量控制指标检验。企业应当具备原料提取物的检验设备和检验能力，能够按照提取物质量标准或技术要求进行全项目检验，并按照全检量的要求进行提取物留样。

企业应当对提取物进行稳定性考察，确定原料提取物有效期，有效期一般不超过两年。

原料提取物的生产记录、检验记录、销售记录等各项记录的保存期限不得少于五年；提取物留样至少保存至保质期后一年，保存期限不得少于两年。

第二节　复配营养素的管理

一、 复配营养素的概念

按照保健食品产品配方要求，采用物理方法将两种或两种以上单一维生素、矿物质营养素补充剂，通过添加或不添加辅料，经均匀混合制成的混合物称作复配营养素。复配营养素在生产过程中不能发生化学反应，不能产生新的化合物。

企业应按照生产工艺和质量标准的要求，制定复配营养素的产品技术标准、工艺操作规程以及各项质量管理制度。复配营养素的生产企业应具备自动称量、自动投料、自动混合等生产设施设备，并能够进行实时检测和生产过程记录，保证产品的均匀混合和在线追溯。复配营养素的生产过程应在密闭设备内完成，并采用有效的防尘捕尘设备，生产环境洁净级别应与保健食品生产的洁净级别相适应。企业应具有复配营养素的检验设备和检验能力，每批产品均应按照相关要求开展感官、有害物质、致病微生物以及维生素、矿物质、微量元素含量的检验。复配营养素的感官、有害物质、致病性微生物等项目，可参考《食品安全国家标准　复配食品添加剂通则》（GB 26687—2011）的要求进行检验。

复配营养素产品对其补充的维生素、矿物质等营养物质，应具有明确的中国居民膳食营养素推荐摄入量（RNI）或适宜摄入量（AI）；生产中所使用的原料质量标准应有适用的食品安全国家标准或卫生行政部门认可的适用标准。

企业按照全检量的要求做好产品留样，并对复配营养素进行稳定性考察，确定产品有效期，有效期一般不超过两年。复配营养素的生产记录、检验记录、销售记录等各项记录的保存期限不得少于五年；产品留样至少保存至保质期后一年，保存期限不得少于两年。

二、 复配营养素的储存管理

（一）营养素在储存过程的损失影响因素

1. 维生素在储存过程的损失影响因素

（1）矿物元素　矿物元素对维生素的氧化－还原反应起到催化作用，矿物元素的不同化合物其氧化或还原维生素的能力不同。例如，硫酸盐比碳酸盐具有较高的氧化－还原势，而氧化物由于溶解度低具有较低的氧化－还原势。矿物元素呈游离态存在，在氧化－还原反应中作为氧化剂诱导维生素的氧化、变色而破坏维生素的结构，矿物元素氧化－还原能力不同，以铜、锌和铁活性最强，锰、硒次之，螯合物形式不能激发形成自由基，不具有破坏作用。

（2）水分　环境湿度高，其水分会加速矿物元素参与的化学反应，如脂质过氧化、变色等，也会加速微生物的滋生。对于吸湿性较强的维生素，其暴露于空气中易吸收水分引起变质，如维生素 B_1。

（3）温度　温度是影响维生素稳定性的重要因素。复配营养素在不同储存温度下损失不同，温度越高，损失越大，在载体含水量高时尤为严重。维生素 B_1、叶酸和维生素 A 对热敏感。如叶酸微溶于水，对热、光线、酸性溶液均不稳定，在酸性溶液中温度超过 100℃ 即分解。在碱性和中性溶液中对热稳定。烹调加工过程中损失率可达50% ~90%。

（4）光线和氧气　可见光和紫外线对维生素具有强烈的破坏作用。温湿度高时，在直射光线和充足氧的环境中，维生素迅速被破坏。如维生素 B_2 对光敏感，在紫外线的照射下可迅速发生不可逆的分解。维生素A在氧的作用下容易被氧化破坏。光线和氧的破坏作用随着温度增高而增强。故应避光、密封保存。

（5）酸碱度或pH　在碱性条件下容易分解变质，或遇碱易分解，如维生素 B_1，在碱性溶液中加热极易分解破坏；维生素K对碱敏感，容易分解破坏；维生素 B_2 和维生素 B_6 在碱性溶液中易被破坏，而在酸性条件下稳定。在酸性条件下不稳定，易分解破坏，如叶酸在酸性条件下不稳定，在酸性溶液中温度超过100℃即分解，而在碱性和中性溶液中对热稳定。

不同营养素的稳定性如表10－1所示。

表10－1　营养素的稳定性

物质		稳定性
脂溶性维生素	维生素A	维生素 A_1 熔点64℃；维生素 A_2 熔点17~19℃。维生素A对酸和热稳定，一般烹调过程中破坏较少；维生素A，特别是它的游离醇，对氧和紫外线很敏感；脂肪酸败时易破坏
	维生素D	维生素D溶于脂肪和脂溶剂，对热、碱较稳定，光及酸可促进其异构化
	维生素E	对热和酸稳定，一般烹调对食物中维生素E破坏不大。维生素E对氧十分敏感，各种生育酚都可被氧化成氧化型生育酚、生育酚氢醌及生育酚醌。这种氧化受光照射、热、碱，以及一些微量元素如铁和铜的存在而加速。在无氧的条件下，维生素E对热与光以及对碱性环境相对较稳定。商业中的生育酚常以其醋酸酯的形式存在，其在有氧条件下比较稳定
	维生素K	维生素K对光和碱敏感，但对热和环境氧化剂相对稳定。在一般烹调过程中损失很少
水溶性维生素	维生素 B_1	有引湿性，暴露于空气中易吸收水分。在酸性溶液中（pH5.0以下）比较稳定，加热不易分解，而在碱性溶液中极不稳定，容易分解变质。遇光和热效价下降。应置于避光，凉处保存，不宜久贮
	维生素 B_2	对酸稳定，碱性条件下易分解破坏；对光敏感，紫外线可促进破坏
	维生素 B_6	在空气与酸性溶液中稳定，但在碱性溶液中易被破坏，在中性和碱性环境中对光敏感，易被破坏
	维生素 B_{12}	在pH4.5~5.0的弱酸性条件下最稳定，强酸（pH<2）或碱性溶液中则分解。遇热有一定程度的破坏，但快速高温消毒损失较小。遇强光或紫外线易被破坏
	维生素C	在酸性环境中稳定，在有氧、热、光和碱性环境下不稳定。特别在有氧化酶及铜、铁等金属离子存在时，易促进其氧化破坏。
	泛酸（维生素 B_5）	其水溶液在中性pH下很稳定，而在酸性或碱性情况下易被热破坏。泛酸盐为白色、无味晶体，较泛酸稳定

续表

物质		稳定性
水溶性维生素	叶酸	叶酸对热、光线、酸性溶液均不稳定，在酸性溶液中温度超过100℃即分解。在碱性和中性溶液中对热稳定。烹调加工过程中损失率可达50% ~90%
	烟酸或烟酰胺	烟酸和烟酰胺性质比较稳定，不易吸潮，酸、碱、氧、光照或加热条件下均不易被破坏；在高温（120℃）高压下持续20min也不被破坏。烹调损失很小，但洗涤时随水流失
	胆碱	胆碱有很强的吸湿性，暴露于空气中易吸水。胆碱容易与酸反应生成更稳定的结晶盐，在强碱条件下不稳定。胆碱耐热，烹调时损失很小
	生物素	其干粉形式对空气、热和光相当稳定，但在水溶液、强酸或强碱中易于降解

2. 矿物元素在储存过程中的影响

一般矿物元素比较活泼，不稳定，如钠、钾、镁、铁等，具有强的化学性质，容易与其他物质发生反应。但在实际生产应用中，多选用矿物元素的盐或其他化合物形式，相对比较稳定。部分不稳定的如硫酸亚铁，容易氧化引起产品变质，应避光密封保存。在生产应用中，要根据矿物元素的盐或其他化合物的性质，采用相应的储存方式，避免分解破坏。

（二）复配营养素的储存管理

根据复配营养素的特点和卫生需要选择适宜的储存条件，必要时应配备保温、冷藏等设施。不得将复配营养素产品与有毒、有害、或有异味的物品一同储存运输。

应建立和执行适当的仓储制度，发现异常应及时处理。

储存、运输和装卸产品的容器、工器具和设备应当安全、无害，保持清洁，降低产品污染的风险。

复配营养素产品储存方式及环境应避光、防雨淋，温度、湿度应控制在适当范围，并避免撞击和振动。

仓库应有收、发货检查制度。成品出厂应执行“先产先销”的原则。

成品入库应有存量记录；成品出库应有出货记录，内容至少包括批号、出货时间、地点、对象、数量等，以便发现问题及时回收。

案例讨论

案例：2015 年 5 月，国家监管部门在飞行检查中发现，部分提取物企业擅自改变提取工艺，使用3%盐酸代替稀乙醇制备银杏叶提取物，而按国家生产标准应使用稀乙醇提取。

随后，按照原料生产商、药企、保健食品企业这样一条线索，综合飞行检查、曝光；自查、曝光；重点抽查、再曝光等手段，国家食药总局在全国范围内，对“问题”银杏叶提取物安全性风险进行彻查。

至2015年7月19日，国家食品药品监督管理总局就“银杏叶事件”发布公告20余篇，最多的一天内发布了4次公告。不合格企业涉及桂林兴达、宁波立华等原料药提供商，哈药、扬子江、康恩贝等知名药企，以及汤臣倍健、深圳海王星辰等知名保健食品生产商。

从稀乙醇改成3%盐酸提取，每吨银杏叶提取物大约能够节约4000元成本。另外，使用盐酸提取更提高效率。用稀乙醇生产1t银杏叶提取物，需要约一周时间，改用盐酸提取，可以缩短基础工艺流程时间，年生产银杏叶提取物的产能可提高近10倍。

银杏叶事件虽然产品有效成分和杂质等指标检测完全合格，但提取工艺违反了《中国药典》关于银杏叶提取物制备的标准要求。产品的安全性和功效性无任何实验报告和文献可供参考，存在“分解药品有效成分，影响药品疗效”风险。

讨论：从GMP管理角度讨论“银杏叶事件”在生产中存在的问题。如何规范原料提取物，避免同类事件发生?

拓展阅读

营养素补充剂

平衡膳食、多样化膳食是健康基础，但有的人获得的营养不够全面，如果再加上偏食、挑食或者一些饮食习俗等，很难获得多样化的膳食。因此，营养素补充剂成了改善人群微量营养素缺乏的好方法。

营养素补充剂是指以补充维生素、矿物质而不以提供能量为目的的产品，包括单一和复合的营养素补充剂。营养素补充剂仅限于补充维生素和矿物质，适宜特定人群食用，常以胶囊、片剂、颗粒剂或口服液等形式按照规定的量服用。与营养强化剂不同的是，营养素补充剂除了预防营养缺乏外，还可以降低某些慢性退行性疾病发生的风险。

满足营养需求，是每个人保持良好营养状况的必需条件。但想要科学使用营养素补充剂，应咨询营养专业人员（营养师、营养专家或医生），合理进行膳食调整或营养素补充。尤其是孕妇、乳母、幼儿、老年人等群体。还有一些特殊环境或特殊职业的人群，如高原、高温、低温、低日照、高强度运动和体力活动等，根据工作性质使用营养素补充剂同样很有必要。

思考题

1. 原料提取物的制备流程及制备条件是什么?
2. 原料提取物的质量要求是什么?
3. 原料提取物制备的提取方法有哪些?
4. 原料提取物制备的干燥方法有哪些?
5. 什么是复配营养素?
6. 复配营养素在储存中的影响因素主要有哪些?
7. 如何进行复配营养素的储存管理?

实训操作项目十七　越橘提取物的制备条件及质量要求

一、 实训目的

1. 掌握越橘提取物的制备方法及条件。
2. 熟悉越橘提取物的质量要求。
3. 通过越橘提取物的制备，了解原料提取物的质量要求。

二、 实训范围

越橘提取物的制备及质量要求。

三、 实训原理

以成熟的越橘浆果或其加工的余料为原料，通过有机溶剂提取、大孔吸附树脂分离浓缩、真空干燥、粉碎等工艺制备成符合质量要求的越橘提取物。

四、 实训内容

1. 原料提取物的制备条件

(1) 原料　以成熟的越橘浆果或其加工的余料为原料。

(2) 提取

①第一次提取：称取越橘果实 800g，加入 2. 4L 95% 乙醇溶液搅拌，再加入 6. 5g 浓硫酸，常温搅拌提取 2h，提取结束加入饱和柠檬酸钠溶液 25g，调节溶液 pH 至 3. 0 ~3. 5，搅拌 15min，离心，收集离心液，滤渣备用。

②第二次提取：将第一次提取离心后的滤渣投入提取罐，加入 3. 6L 95% 乙醇溶液，开启搅拌，常温搅拌提取 1h，提取结束后离心，收集滤液，弃去滤渣。

(3) 分离浓缩

①上柱预处理：将两次乙醇提取离心液合并，浓缩至无醇得到浓缩液，加入浓缩液体积 3 倍的水搅拌得料液，准备上大孔吸附树脂柱，上柱前用 pH3. 0 ~3. 5

柠檬酸溶液清洗树脂。

②上柱吸附：将料液上 HPD100 柱吸附，控制流速为 25 ~ 30mL/min。

③水洗：料液上柱结束后用 1.5L pH3.0 ~ 3.5 的柠檬酸溶液进行洗脱，控制流速为 25 ~ 30mL/min。

④解吸：洗脱完毕后用 3.6L 80% 乙醇溶液进行解吸，控制流速 25 ~ 30mL/min，观察有红色液体出现时开始收集，将解吸得到的料液浓缩至无醇。

（4）干燥　将上述得到的浓缩料进行真空干燥得越橘提取物。

（5）粉碎　将干燥得到的越橘提取物进行粉碎，使粒度 80 目的通过率大于 98%。

2. 越橘提取物的质量要求

（1）越橘提取物的感官要求，应符合表 10 – 2 的规定。

表 10 – 2　　感官要求

项目	要求
色泽	紫黑色
气味	越橘特殊气味
状态	均匀，无可见异物的粉末

（2）越橘提取物的理化要求，应符合表 10 – 3 的规定。

表 10 – 3　　理化要求

项目	指标	项目	指标
花色苷含量/%	≥36.0	灰分/%	≤3.0
花青素含量（以飞燕草素计）/%	≥25.0	乙醇残留/（mg/kg）	≤1000
游离花青素含量/%	≤1.0	重金属（以 Pb 计）/（mg/kg）	≤20
粒度（80 目筛通过率）/%	≥98	铅（Pb）/（mg/kg）	≤3.0
堆密度/（g/mL）松密度	0.35 ~ 0.55	镉（Cd）/（mg/kg）	≤1.0
堆密度/（g/mL）紧密度	0.60 ~ 1.00	砷（As）/（mg/kg）	≤1.0
pH	3.0 ~ 4.5	汞（Hg）/（mg/kg）	≤0.1
水分/%	≤5.0		

（3）越橘提取物的微生物要求，应符合表 10 – 4 的规定。

表 10 – 4　　微生物要求

项目	指标	项目	指标
细菌总数/（cfu/g）	≤1000	大肠埃希菌	不得检出
霉菌及酵母菌数/（cfu/g）	≤100	沙门菌	不得检出
大肠菌群/（MPN/g）	≤3	金黄色葡萄球菌	不得检出

（4）越橘提取物的其他污染物要求：其他污染物限量要求，依据不同要求，应符合我国相关法规的规定。对于出口产品，应符合出口目的国相关法规的规定。

第十一章

保健食品GMP典型实例

知识目标

1. 掌握几类保健食品生产特殊要求和质量控制要点。
2. 熟悉几类保健食品生产管理基本要点，生产洁净区域划分要求。
3. 了解几类保健食品基本生产工艺流程，及其标准操作规程、标准管理规程。

能力目标

1. 能够正确认识保健食品生产及其品质控制和品质保证的要领，在保健食品的生产中做好 GMP 实施与管理。
2. 学会并绘制保健食品生产工艺流程及洁净区域划分示意图。
3. 能认识各种标准操作规程、标准管理规程。

第一节　粉剂、颗粒剂、胶囊剂、片剂生产过程中的 GMP 实施

一、 生产特殊要求

（1）固体制剂的设备、工艺须经试运行生产三批次以上，并按各质量控制点

进行监测，以确保产品中各成分的含量均一，质量稳定。

（2）合理布局，采取积极有效的措施，防止出现污染和差错。

（3）原辅料细度、水分、相对密度、浓度、温度，工艺条件及设备型号、性能等对产品质量有一定的影响，其中工艺条件的确定应体现有效性和重现性。

（4）制剂过程应在洁净区域内进行，空气洁净度级别应为100000级。

二、生产工艺流程、洁净区域划分

（1）胶囊剂生产工艺流程及洁净区域划分示意图，见图11－1。

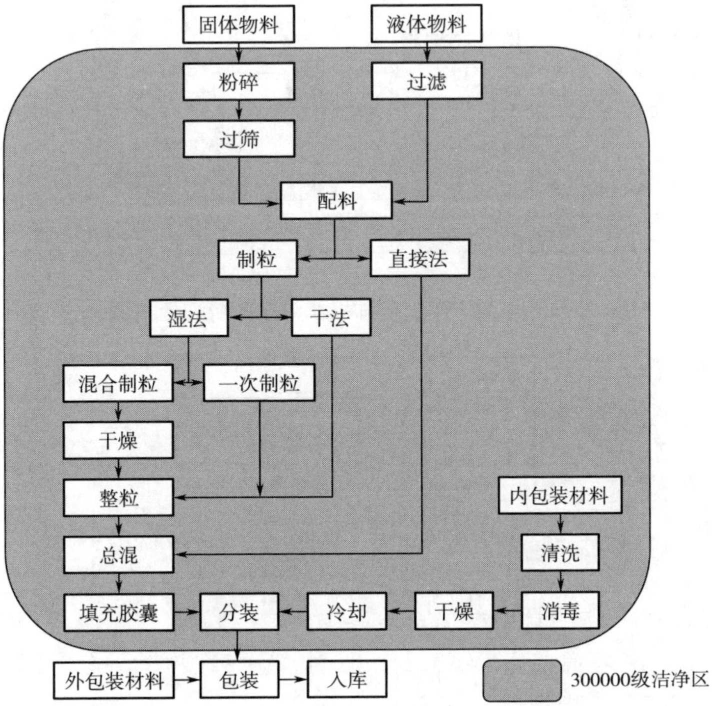

图11－1　胶囊剂生产工艺流程及洁净区域划分示意图

（2）片剂生产工艺流程及洁净区域划分示意图，见图11－2。

（3）粉剂、颗粒剂生产工艺流程及洁净区域划分示意图，见图11－3。

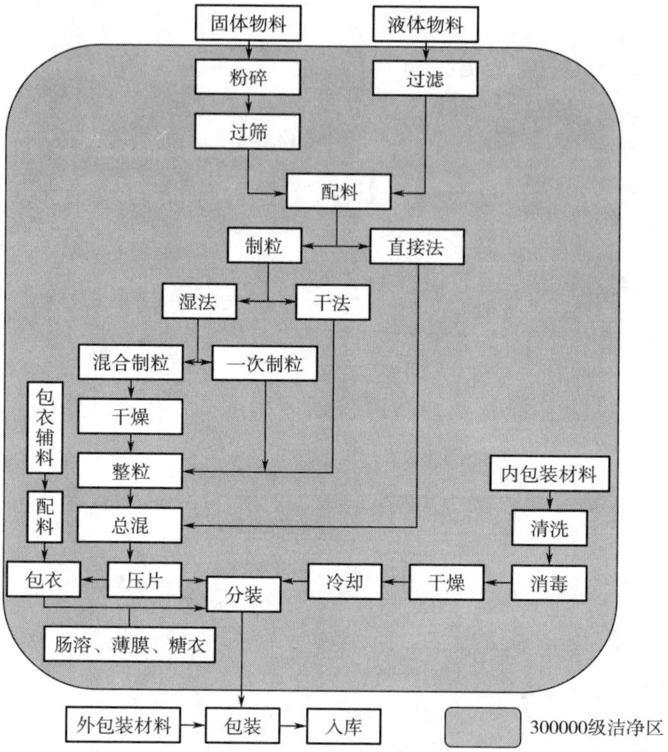

图 11－2　片剂生产工艺流程及洁净区域划分示意图

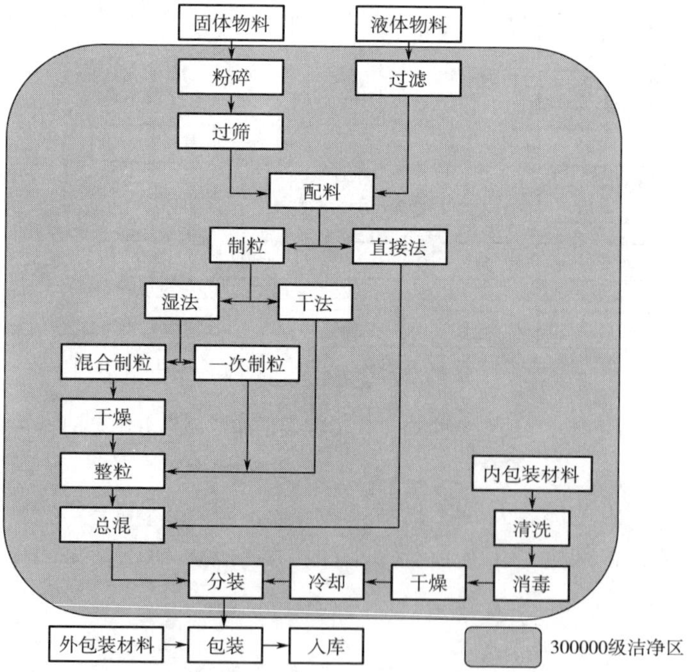

图 11－3　粉剂、颗粒剂生产工艺流程及洁净区域划分示意图

三、 生产管理要点

（一）称量和预处理

（1）从质量管理部门批准的进货单位购进物料，物料须经检验合格、质量管理部门放行后方可使用。

（2）物料应经缓冲区域除去外包装或经适当清洁处理后才能进入备料室，原辅料配料室的环境空气洁净度应与生产相一致。

（3）原辅料使用前应目检，核对代号、名称、重量。固体物料必要时应过筛；液体物料必要时应过滤，除去异物。

（4）称量原辅料的计量器具应定期经计量部门校验并贴有有效的计量合格证，有相应的校验记录。

（5）物料过筛过滤前应核对代号、品名、规格编号和重量等，过筛后的原辅料应在容器外贴上标签，标明品名、规格、编号、重量、日期和操作者等，并做好相应的记录。

（6）过筛和粉碎设备应有吸尘处理装置。

（7）滤网、筛网使用前后应检查其网面破损情况，发现问题应追查原因并及时更换，过筛后的原辅料应达到规定的细度。

（二）配料

（1）配料前应按领料单核对原辅料代号、品名规格、编号、生产厂、包装情况等。

（2）配方计算、称量及投料必须复核，操作者及复核者均应在记录上签名。

（3）对物料比例相差悬殊的原辅料，应采取适当的方法使物料混合的均匀度符合规定。

（4）配好的物料装入洁净的容器内，容器内外均应有标签，标明容器编号、物料代号、品名、规格、编号、重量、日期和操作者。

（三）制粒

（1）使用的容器、设备和工具应清洁，无异物。

（2）制粒时必须按规定将原辅材料混合均匀，根据需要加入适宜的黏合剂。

（3）对黏合剂的种类、溶剂温度、浓度、体积或重量，流化喷雾法制粒的喷雾、颗粒沸腾状态以及干压制粒的压力等技术条件，必须按品种特点制定必要的技术参数，并严格按照要求进行操作。

（四）干燥

（1）按品种特点制定相应的技术参数，以控制干燥盘中的湿粒厚度、重量，干燥过程中应按规定进行翻料，并做好记录。

（2）严格控制干燥温度，防止颗粒熔融、变质，并定时记录干燥温度。

（3）注意由上而下进料，由下而上出料，以防止污染。

（4）采用流化床干燥时，操作中应随时注意流化室温度、颗粒流动情况，防止发生结料现象。

（5）应定期检查干燥温度的均匀性。

（五）整粒与混合

（1）整粒机的下料漏斗应装有金属探测吸除器，以便除去意外进入颗粒中的金属碎屑。

（2）宜采用V型混合机或多向运动混合机进行总混，每一次总混料为一个批号。

（3）混合机内的装量一般不宜超过该机总容积的2/3。

（4）混合后的物料应装入洁净的容器内，容器内、外均应有标签，标明容器编号、半成品代号、品名、规格、批号、重量、日期和操作者等，并及时送到中间站。

（六）中间站

必要时可按工艺要求设置中间站，其环境空气洁净度级别应为100000级。中间站的职责范围包括：

（1）制定各工序半成品的入站、移交、验收、储存及发放制度，以及各工序容器的保管、发放制度。

（2）中间站必须有专人负责验收、保管半成品，以明显的标志注明代号、名称、规格、批号，加盖分区存放，并按作业计划向各工序发放，做好相关记录。

（3）统一管理车间半成品的各种周转容器及盛具，各工序使用后的容器退回中间站后须经过检查、清洗、烘干后才能再次使用。

（七）压片

（1）压片室与外室应保持相对负压，粉尘由吸尘装置排除，室内应根据工艺要求严格控制温度和湿度。

（2）压片工段应设冲模室，由专人负责冲模的核对、检测、维修、保管和发放。建立冲模清洁保养管理制度和冲模使用档案。

（3）冲模使用前后均应检查品名、规格、光洁度，检查有无凹槽、卷皮和磨损，发现问题应及时追查原因并更换。

（4）压片前应试车，并检查片重、硬度、厚度、崩解度、脆碎度和外观，必要时可根据品种要求，测定含量。符合要求后才能正式开车，开车后应定时抽样检查片重，至少每30min抽查一次。

（5）压片机的加料宜采用密闭加料装置，以减少粉尘飞扬。压片机应有吸尘装置，以便除去粉尘。

（6）压制好的半成品应放在清洁干燥的容器中，容器内、外都应有标签，标明容器编号、半成品代号、品名、规格、批号、重量操作者和日期，然后及时送到中间站。

（八）包衣

（1）包衣室与外室应保持相对负压，粉尘由吸尘装置排除。

（2）使用有机溶剂的包衣室和配液室必须符合防火、防爆要求，禁止使用明火。

（3）包衣锅内干燥用空气应经过过滤，所用空气的洁净度应符合工艺规定。

（4）包衣液应根据工艺要求进行配制，并做好配制记录。

（5）包衣时应根据工艺要求核对品名、规格和包衣颜色。

（6）包薄膜衣时，应控制进风温度、出风温度、锅体转速、压缩空气的压力，以保证包衣质量。

（7）包衣过程中应随时抽样检查包衣片质量并控制包衣片的增重。

（8）包制好的半成品应盛放于洁净容器，容器内、外应有标签，标明容器编号、半成品代号、品名、规格、批号、重量、日期和操作者等。并按规定时间干燥后送到中间站。

（九）胶囊填充

（1）胶囊填充室与外室应保持相对负压，粉尘由吸尘装置排除。室内应根据工艺要求严格控制温度和湿度。

（2）填充前应核对物料的代号、品名、规格、编号或批号、重量，并检查物料的外观质量和空胶囊壳的规格、颜色是否与工艺要求相符。

（3）填充前应试车，并检查胶囊的装量、崩解度。符合要求后才能正式开车，开车后应定时抽样检查胶囊的装量，至少每30min抽查一次。

（4）已填充的胶囊，必要时应采用适当的方法清除沾附在胶囊表面的细粉，拣去瘪头等不合格品，盛于清洁的容器内，标明容器编号、半成品代号、品名、规格、批号、重量、操作者、日期等。

（十）粉剂、颗粒剂的颗粒分装

（1）生产作业场所与外室应保持相对负压，粉尘由吸尘装置排除。室内应根据工艺要求严格控制温度与湿度。

（2）分装前应核对物料的品名、规格、批号、重量，检查物料的外观质量，检查内包材铝塑复合膜的规格、文字内容是否与工艺要求相符。

（3）分装前应试机，并检查内容物的装量符合要求后才能正式开机，开机后应定时抽样检查装量，至少每30min抽查一次。

（4）已分装的粉剂或颗粒剂应盛放于清洁的容器内，标明容器编号、半成品代号、品名、规格、批号、重量、操作者、日期等。

（十一）包装

（1）包装材料的选用应符合食品卫生标准的要求，在使用前应经过预处理：玻璃瓶应先用饮用水洗净，经纯化水冲洗、高温干燥灭菌后，在洁净区域内储存，储存时间不得超过3d，超过规定时间应重洗；塑料瓶、塑料袋、铝塑材料等的外包装应严密，内部应保持清洁干燥，必要时应采取适当的方法进行清洁消毒，消毒后干燥密闭保存。直接接触产品的内包装材料应在工艺规定的洁净区域内进行清洁、消毒，内包装材料应与内容物不反应。

（2）对包装物上印制的标签文字内容必须进行复核校对。将已印字标签及合格证样本贴在批包装记录中。包装结束后，应统计标签的实用数、损坏数及剩余数，与领用数额不符时应追查原因。剩余标签和报废标签应按规定进行处理。

（3）包装过程中应随时检查包装质量。要求标签端正、批号正确、封口平整严密、PVP泡罩和铝箔热压熔合均匀、装箱数量准确、外箱文字内容清晰正确。

（十二）清场

生产前，应对操作区域进行清场检查，该区域应无任何与本批生产无关的物料、产品及文件。如符合要求，将上一批的清场合格证取下，放入本批生产记录中，挂上本批生产状态标志。

生产结束，即生产现场在更换批号和更换品种规格时，各生产工序应按规定进行彻底清场并做好记录，检查合格后，应挂清场合格证，该证应归入下一批生产记录。

（十三）批生产记录

各工序应按规定及时填写本工序的批生产记录，并按批及时汇总，审核后交品质管理部门归批档案，以便进行批成品质量审核及评估。经审核符合要求者，出具成品合格证后，方可放行出厂。

四、 质量控制要点

胶囊剂、片剂、粉剂、颗粒剂生产质量控制要点见表11－1。

表 11-1　　胶囊剂、片剂、粉剂、颗粒剂生产质量控制要点

工序	质量控制点	质量控制项目	频次
粉碎	原辅料	异物	每批
	粉碎、过筛	细度、异物	每批
配料	称量、投料	代号、名称及数量复核	每批
制粒	颗粒	黏合剂浓度、温度、相对密度	每批
		筛网外观	
		含量、水分、细度	
烘干	烘箱	温度、时间、清洁度	随时/班
	沸腾床	温度、滤袋外观、清洁度	随时/班
压片	片子	温度、湿度	定时/班
		片重差异	1 次/30min
		硬度、崩解时间、脆碎度	1 次以上/班
		外观	随时/班
		含量	每批
胶囊填充	硬胶囊	温度、湿度	随时/班
		装量差异	1 次/30min
		崩解时间	1 次以上/班
		外观	随时/班
		含量	每批
颗粒分装	粉、颗粒	温度、湿度	随时/班
		装量差异	1 次/30min
		粒度	每批
		外观	随时/班
		含量	每批
包衣	片子	外观	随时/班
		崩解时间	定时/班
洗瓶	纯化水	《中国药典》 全项	1 次/月
	瓶子	清洁度	随时/班
		干燥	随时/班
包装	在包装产品	装量、封口、瓶签	随时/班
	装盒	数量说明书、标签	随时/班
	标签	内容、数量、使用记录	每批
	装箱	数量、装箱单、印刷内容、拼箱	每箱

第二节　软胶囊剂生产过程中的GMP实施

一、 生产特殊要求

（1）软胶囊剂是指以明胶、甘油为主要成囊材料，将油性液体或固体物质制成混悬液、乳状液、半固体状物后，定量地用压丸机或滴丸机密封于软质囊中。

（2）软胶囊剂制备的工序一般分为溶胶、配料 压（滴）丸、定型、洗丸、干燥、灯检、内外包装等。

（3）软胶囊剂生产工序环境应按《保健食品良好生产规范》（GB 17405—1998）的要求严格控制好空气洁净度，温度、湿度须达到工艺要求。

（4）软胶囊剂洗丸一般使用95%的食用级乙醇或其他的有机溶剂，必须严格执行国家有关危险品运输、储存、使用的安全管理规定。

二、 生产工艺流程、 洁净区域划分

软胶囊生产工艺流程、洁净区域划分示意图，见图11－4。

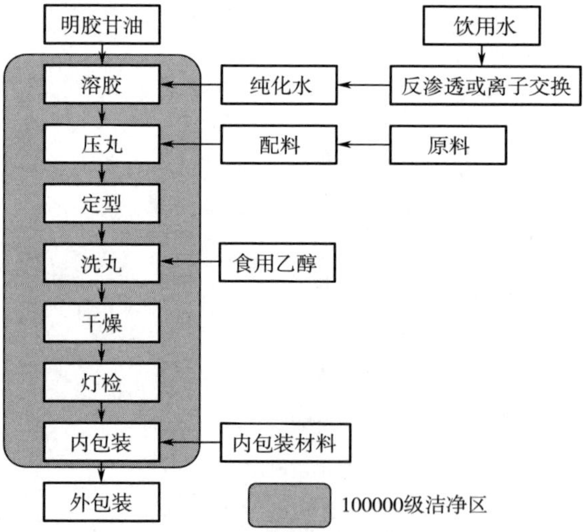

图11－4　生产工艺流程、洁净区域划分示意图

三、 生产管理要点

各工序均要严格执行《卫生管理制度》《清洁规程》《人员、物料净化程序》《设备维修、维护规程》等。

（一）溶胶工序

包括辅料准备、投料计算、称量、溶胶。

（1）生产开始前应进行清场，并取得生产许可。

（2）核对胶皮配方中各成分的代号、品名、规格、编号、数量等，检查是否附有检验报告书和合格证。

（3）衡器使用前应检查是否在计量合格证有效期内，并按有关的SOP进行校正。注意衡器的称量范围和精确度与所称物品的重量和准确要求是否相适应。

（4）计算、称量、投料均需有人复核，操作人、复核人均应签名。

（5）剩余的辅料均应及时封口，操作人应在容器上标明代号、品名、编号、剩余数量、启封日期，操作人、复核人签名，按退料的SOP执行。

（6）投料后严格执行溶胶工艺规程及溶胶罐操作SOP，溶胶过程应注意控制好真空度、温度、时间。胶液黏度、冻力和水分检验合格后填写中间产品流转卡并移交给中间站。

（二）配料工序

（1）生产开始前应进行清场，并取得生产许可。

（2）准备生产用容器，检查容器是否洁净、干燥，是否有合格的状态标志并在洁净有效期内。

（3）核对配料配方中各成分的代号、品名、规格、编号、厂家、数量等，检查是否附有检验报告书和合格证。必要时进行前处理：液体原料进行过滤，固体原料进行粉碎过筛。

（4）衡器使用前应检查是否在计量合格证有效期内，并按有关的SOP进行校正。注意衡器的称量范围和精确度与所称物品的重量和准确要求是否相适应。

（5）计算、称量、投料均需有人复核，操作人、复核人均应签名。

（6）按配料的工艺规程和SOP进行，将配好的料液装在指定的容器中，标明料液的代号、品名、规格、批号、数量，取样送检有关项目，合格后方可送交中间站。

（三）压丸、定型工序

（1）生产开始前应进行清场，并取得生产许可；如是交接班，则应认真执行交接班制度，做好交接班记录。

（2）按生产指令要求装上指定的模具；调整对线及注油时间。

（3）调节胶液温度、扇形体温度，同时监测胶皮厚度和均匀度，以后每半个小时检测和记录一次。

（4）调整丸重，检测装量差异，以后每半小时检测和记录一次；使用称量范围、精密度相匹配的衡器，如生产胶丸规格≤0.50g/粒，则需选用万分之一精度的电子天平。

（5）随时仔细检查丸形和是否有渗漏现象，每半个小时记录一次。

（6）密切注意压丸机运行情况，及时补充润滑油。

（7）控制好每一笼里的胶丸数量，使每笼胶丸的定型时间一致，定时检查丸形是否正常、粘连，填好中间产品流转卡。

（8）定时检查室内的温湿度并做好记录。

（9）生产结束，转换品种、规格、批号前应彻底清洗、清场并做好记录，取得质检员核发的清场合格证。

（10）定期进行设备维护保养并做好记录。

（四）洗丸工序

（1）生产开始前应进行清场，并取得生产许可。如是交接班，则应认真执行交接班制度，做好交接班记录。

（2）将经过规定时间定型的定量胶丸，按洗丸 SOP 用规定的清洗剂洗丸，使胶丸表面洁净无油迹。

（3）将洗好的胶丸经质检员抽检合格后，填好中间产品流转卡并交给下道工序（干燥工序）。

（4）将用过的清洗剂（有机溶剂）送至指定处。

（5）严格执行易燃、易爆、危险品安全操作规程和防范措施。

（五）干燥工序

（1）生产开始前应进行清场，并取得生产许可，如是交接班，则应认真执行交接班制度，做好交接班记录。

（2）定时检查干燥间的温湿度并做好记录。

（3）控制好胶丸的干燥时间，经质检员抽检合格后方可收丸。

（4）称重，填写中间产品生产流转卡，送交中间站。

（六）灯检

（1）生产开始前应进行清场，并取得生产许可。

（2）从中间站领取干燥合格的胶丸，核对品名、规格、批号、数量。

（3）置于灯检台，逐一检查，拣去异形丸、大小丸、气泡丸、漏油丸等。

（4）将合格的胶丸和不合格胶丸分别装好，称重记录，同时填写生产流转卡，送交中间站。

（5）定时检查室内的温湿度并做好记录。

（七）内包装工序

瓶装、水泡眼铝塑片、双铝包装片等形式。

（1）生产开始前应进行清场，并取得生产许可。

（2）从中间站领取灯检合格的胶丸及内包装材料，核对代号、品名、规格、批号、数量。

（3）按生产指令要求的包装形式进行包装。

（4）随时抽检内包装质量：抽检频率≥1/10min。

瓶装：粒数、电磁感应效果、瓶盖密封程度。

水泡眼铝塑：有无缺粒、热合效果、批号印刷效果是否清晰。

双铝包装：有无缺粒、热合效果、批号印刷效果是否清晰。

（八）外包装工序

（1）生产开始前应进行清场，并取得生产许可。

（2）按包装指令限额计数领取标签，并按经批准备案的标准实样核对代号、品名、规格、数量及文字内容，检查印刷质量。

（3）由车间质检员校对批号、生产日期、有效期印章等内容。

（4）工序负责人将待打印的包装材料定量发放给打印操作工，并填写记录。打印操作工把打印好的包装物交给工序负责人。

（5）将已打印有效期、批号的样签贴在批包装记录的背面。

（6）工序负责人将已打印好的包装材料定量发放给包装操作人员，包装操作人员按外包装各项 SOP 操作，并应经常检查包装材料上的品名、规格、批号、有效期及数量是否正确，内外箱标志是否一致。

（7）印刷批号的标签和残损标签应由工序负责人会同质管员一同计数、销毁，并做好记录，经手人、监销人均需签名。

四、 质量控制要点

软胶囊剂生产质量控制要点见表 11 -2。

表 11 -2　软胶囊剂生产质量控制要点

工序		质量控制点	控制项目	检测频率
配料	前处理	粉碎、过筛	异物、细度	一次/班
	投料	称量、投料量	名称、数量、含量、	一次/料
		投料量	各成分的投料量及比例	
溶胶		溶胶过程	真空度、温度、时间	一次/料
		胶液	水分、黏度、冻力	

续表

工序	质量控制点	控制项目	检测频率
压丸、定型	胶皮	左右胶皮厚度	一次/30min
	内容物	净含量允差	
	胶丸	丸形、接缝牢固	
洗丸	胶丸表面	清洁度	一次/班
干燥	胶丸胶皮	温度、湿度、水分	一次/班
灯检	丸形	大小丸、异形丸、气泡丸	二次/班
内包	分装、封口或密封	瓶装粒数、封口效果、封盖效果 水泡眼铝塑粒数、密封度、批号 双铝粒数、密封度、批号	一次/10min
外包	打印内容	批号、效期正确、清晰，无漏印	二次/班
	贴签	粘贴应端正、牢固	
	装箱	数量准确、摆放整齐、封口牢固	

第三节　口服液生产过程中的GMP实施

一、 生产特殊要求

（1）最终灭菌口服液的物料暴露工序的操作应在100000级洁净区进行。

（2）依据口服液原料性质，经验证后确定工艺要求：应明确规定从配料至灌装、灭菌结束的完成时限；对温度敏感的物料，其配制、存放应在低温下进行。

（3）口服液的配制应使用纯化水。直接接触物料的容器、管道和内包装材料的最后一遍清洗应使用纯化水。

（4）直接接触物料的容器、管道和用具应使用不锈钢或其他易清洁、耐消毒并不产生污染的材质。

（5）容器、管道和用具使用后应及时清洁，并定期消毒，对消毒效果应做验证。清洗剂、消毒剂应符合食品卫生要求。

二、 生产工艺流程、 洁净区域划分

口服液生产工艺流程、洁净区域划分示意图，见图11－5。

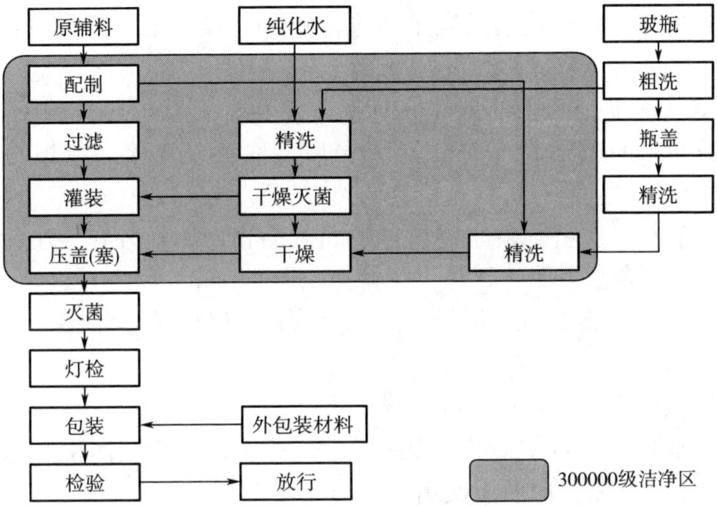

图 11－5　生产工艺流程、洁净区域划分示意图

三、 生产管理要点

（一）生产前准备

（1）检查生产区域已清洁清场，并有合格标志。检查合格，将清场合格证摘下，作为凭据放入本批生产记录中，并在该区域挂上生产状态标志。

（2）检查是否有生产指令及相应的配套文件（如岗位操作 SOP、过程控制 SOP、清洁 SOP 等）

（3）检查原辅料、中间产品是否有合格标识，核对其品名、规格、入库编号、数量等是否与生产指令相一致。

（4）检查生产所用设备、仪器是否正常运行。

（5）检查生产所用设备、容器、管道、用具等是否清洁，并标有清洁合格标识。若清洁后已过规定期限，应按 SOP 重新进行清洁。

（6）检查介质供应符合生产工艺要求。

（二）生产

1. 备料、称量

（1）按生产指令领取原辅料和中间产品。原辅料和中间产品应除去外包装或经净化处理后进入备料室。备料室的洁净级别应与配制室相一致。

（2）按生产指令逐项核对原辅料和中间产品，需预处理的原辅料或中间产品应按相应的工艺规程和 SOP 进行处理。

（3）按生产指令和称量 SOP 逐项称量。

（4）称量中所用的计量器具应是经过计量部门校验的、在有效使用期内的合格器具。

（5）称量及称量过程中的计算应有双人复核，复核内容应包括代号、品名、入库编号、数量和计算公式等。核对无误后，称量人复核人应填写原始记录并签名。

（6）称量完毕，应将剩余原辅料、中间产品密封，在外包装上标明代号、品名、入库编号、剩余数量等，暂存于备料室或退回仓库。

（7）按相关 SOP 清洁进行清场，清洁、清场合格后做好合格标识。

2. 配制、过滤

（1）配制人员应对原辅料进行复核。

（2）将原辅料、中间产品置于配液罐中，按工艺规程和岗位操作 SOP 要求制成规定量的溶液。配制口服液应使用新制的纯化水。

（3）配好的溶液应做性状、pH、相对密度等项目的检测。

（4）按工艺要求选用适宜的过滤器材和过滤方法对溶液进行过滤。

（5）对滤液进行澄明度检查。合格后将溶液转至洁净的储液罐中，标明物料状态等待灌装。

（6）配制过程中应按工艺要求控制好原辅料加入顺序、搅拌时间、过滤速度、存放温度和时间等参数。对性质不稳定物料的配制及存放的温度和时间应做验证。

（7）操作完毕立即按清洁 SOP 对所用储罐、管道、过滤器及其他用具进行清洁、消毒。过滤器应定期更换。清洁、消毒 SOP 应经过验证。

（8）根据清场 SOP 对配制区域进行清洁、清场并做好合格标志。

3. 洗瓶、干燥

（1）选择适宜的洗涤设备和方法，用饮用水将玻璃瓶内外壁洗涤干净。粗洗时加入清洁剂的，应用饮用水将清洁剂冲洗干净。

（2）洗涤用水应检查澄清度。精洗应选用纯化水。

（3）精洗后的瓶子应立即干燥。干燥后的瓶子应在洁净室冷却、存放，其存放期限应做相应的规定。

（4）直接接触溶液的内塞应选择适宜方法依次用饮用水、纯化水洗净，洗净后进行干燥。

（5）若选择不经洗涤直接使用的瓶子或内塞，则该瓶子或内塞应于洁净室内制备，并经验证证明是满足口服液生产所需要的洁净产品。

4. 灌装、压塞

（1）按设备操作 SOP 开启灌装机，调节到规定装量，检查澄明度，合格后开始正式灌装。

（2）灌装过程中应定期对装量进行抽查，保证装量差异在规定范围之内。

（3）配制好的溶液应在规定的时间内灌装完毕。

（4）灌装后口服液应及时压塞、压盖，并检查压盖的密封性。

（5）操作过程中应随时剔除不合格产品。不合格产品若要返工，应有相应措施以防止污染。

（6）生产完毕，应按清洁 SOP 立即对设备、管道、用具等进行清洁、消毒，以防止微生物滋生。

（7）根据清场 SOP 对配制区域进行清洁、清场并做好合格标志。

5. 灭菌

（1）灌装好的口服液应在规定时间内灭菌，等待灭菌的半成品应在规定的温度下存放，必要时低温冷藏。

（2）灭菌的温度和时间应做验证。

（3）灭菌过程中应采取适当的措施防止灭菌前后的产品混淆。

（4）灭菌过程中的各参数应做好记录。

（5）灭菌后产品应逐柜取样检测微生物指标，并做好标识和记录。

（6）生产完毕，及时进行清场。

6. 灯检

（1）在规定的照度下，由经过培训的、视力合格的人员按照 SOP 的要求逐支进行检验。

（2）剔除装量不足，密封不严，破损，有玻璃屑、纤维及其他异物的不合格品。不合格品用专门容器存放，容器上贴有不合格标识。

（3）灯检合格产品应明确标识。灯检过程中应采取有效的措施防止已灯检产品和未灯检产品混淆。

（4）灯检结束，应及时进行清洁、清场并做好记录。

7. 包装

（1）进行包装前的清场检查，该区域应无任何与本批无关的物料、产品及文件。

（2）按包装指令领取标签、说明书及其他包装材料。

（3）核对待包装产品及包装材料的代号、品名、数量、入库编号等是否与批指令一致。

（4）按包装 SOP 贴签、装盒、装箱，在包装上标注生产日期等标识。

（5）将一张已印有效期、生产批号的标签贴在批包装记录的背面。

（6）包装结束，清点数量，计算物料平衡。若物料平衡出现异常，应查明原因。

（7）成品入库，挂待检标识。

（8）剩余的包装材料重新包装好，标明品名、数量、入库编号等退回仓库。

(9) 生产中产生的废标签应由专人销毁、双人复核并做好记录。

(10) 包装现场按 SOP 清场，记录并做好合格标识。

8. 检验、批记录审核、放行

(1) 按成品质量标准及检验 SOP 对成品抽样并进行理化和微生物检测。

(2) 审核批生产记录。若全部生产过程符合工艺规程和过程控制标准的要求，出现的偏差已得到妥善处理，则审核合格。

(3) 成品检验合格且批记录审核合格，则由品管部发放合格证。成品由待检标识转合格标识，可以放行。

(4) 若成品检验或批记录审核二者有一项不合格，则由品管部发不合格证。成品移至不合格品区域，挂不合格标识，不得放行。

四、 质量控制要点

口服液生产的质量控制要点见表 11 -3。

表 11 -3　　口服液生产的质量控制要点表

工序	控制点	质量控制项目		频次
		生产过程	中间产品	
备料	前处理	工艺要求	物料合格标识	每批
	称量	代号、品名、入库编号，重量与指令一致，双人复核	标识	每批
配制	配液	纯化水，温度、时间、均匀性	性状、密度、pH 等理化指标	每批
	过滤	过滤速度、过滤材质、清洗方法	澄明度	每批
	储存	温度、时间	标识	每批
洗瓶、盖	洗涤	水质、清洗剂、清洁方法	清洁度、澄明度	每批
	干燥、灭菌	温度、时间、储存条件	干燥程度	每锅
灌装	灌装	管道、设备清洁，设备稳定性	装量及装量差异	一次/30min
	压塞、盖	设备稳定性	密封性	随时
	储存	温度、时间	标识	每批
灭菌	灭菌	温度均匀性、时间	微生物	每锅
灯检	灯检	照明度、操作员视力	异物、澄清、标识	每支

续表

工序	控制点	质量控制项目		频次
		生产过程	中间产品	
包装	贴签	数额、废旧标签处理、复核	文字打印准确、清晰	每批
	装盒、箱	防差错措施	数量、合格证、标识、拼箱符合要求	每批
	物料平衡	有标准、有记录、符合标准		每批
成品储存		温度、相对湿度	标识	每班
放行	成品检测	取样方法、检测方法	性状、理化、微生物	每批
	过程审核	审核制度		每批

第四节　益生菌保健食品生产过程中的GMP实施

一、生产特殊要求

益生菌指能促进肠内菌群生态平衡而发挥有益作用，达到提高人体健康水平和健康状态的微生物。益生菌保健食品是指以益生菌为主要功效成分，配合其他物质制成的保健食品。主要包括益生菌口服液、胶囊或干粉等。

益生菌保健食品生产用水应符合国家饮用水标准，所用原料及辅料应符合食品及加工产品（卫生）标准、食品包装材料及容器标准、食品添加剂标准、《中国药典》或《中国生物制品主要原辅材料质量标准》的要求。

所用菌种应属卫健委允许用于益生菌保健食品的菌种。

二、生产工艺流程、洁净区域划分

（1）益生菌口服液生产工艺流程及环境区域划分示意图，见图11－6。

（2）益生菌胶囊、干粉生产工艺流程及环境区域划分示意图，见图11－7。

三、生产管理要点

1. 菌种的使用与管理

（1）生产用菌种应已列入卫健委公布的“可用于保健食品的益生菌菌种名单”，其生物学、遗传学、功效学特性应明确和稳定。

（2）原始菌种采购时必须索取菌株鉴定报告、稳定性报告及菌株不含有耐药因子的证明材料；各生产单位自行分离或收集的菌种，须经卫健委指定的检验机构审查认可。

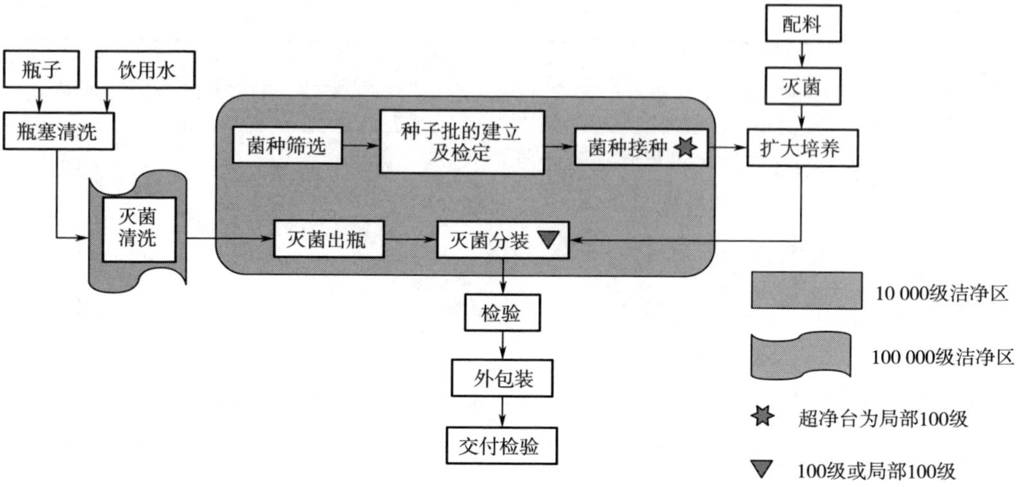

图 11－6　益生菌口服液生产工艺流程及洁净区域划分示意图

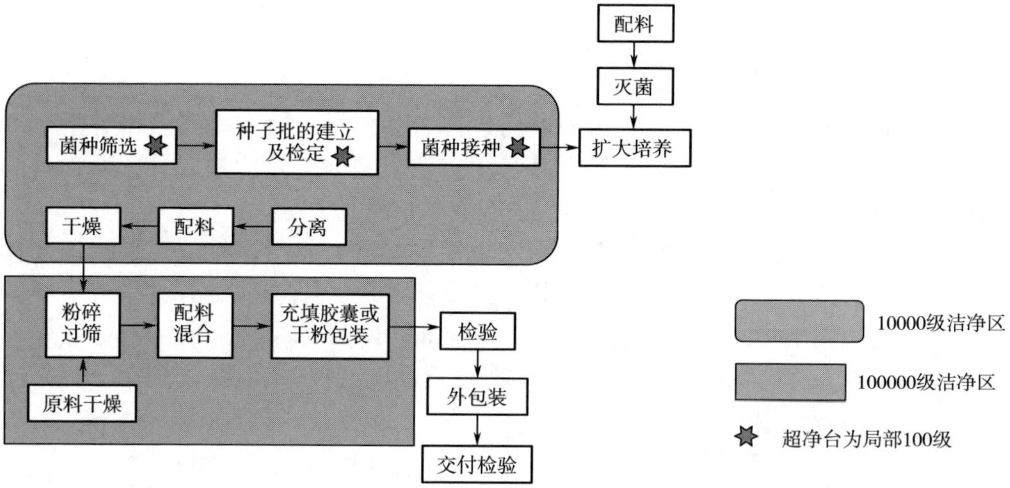

图 11－7　益生菌胶囊、干粉生产工艺流程及环境区域划分示意图

（3）原始菌种经鉴定后，应及时冻干，不能冻干的菌种应保存两份，或保存于两份培养基，一份供定期移种或传代用，另一份供经常移种或传代用。并规定适宜保存期限，到期重新筛选、复壮，再冻干。

（4）每支冻干菌种开启后投产前须进行检定，检定内容包括：形态、纯度及培养特性的检查、糖发酵和生化反应观察。对于同时制备的同一批号的冻干菌种，须抽样进行代谢产物测定、血清学检查、毒性试验，必要时作遗传学特性的鉴定。

（5）保健食品生产用菌应采用种子批系统。工作种子批的生物学特性应与原始菌种一致，每批主种子批和工作种子批均应按规程要求保管、检定和使用。在适宜的培养基上主种子传代不超过10代，工作种子传代不超过5代。

（6）菌种及其代谢产物必须无毒无害，不得在生产用培养基内加入有毒有害物质和致敏性物质。

（7）从活菌类益生菌保健食品中应能分离出与报批和标识菌种一致的活菌。

（8）生产企业应有专门的部门和人员管理生产菌种，经常定期检查，建立菌种档案资料，包括来源、历史、筛选、检定、保存方法、数量、开启使用等完整记录。

（9）应专门设立种子室用于生产用菌种的制备，仅经批准的人员方可进入。

2. 原料及辅料

（1）应符合食品及加工产品（卫生）标准、食品包装材料及容器标准、食品添加剂标准、《中国药典》或《中国生物制品主要原辅料质量标准》未纳上述标准的化学试剂，应不低于化学纯级别；

（2）对所有原辅料的供应商要进行全面的审查，并对所提供的产品进行检定，合格后签订供货协议；

（3）必须制定严格的原辅料管理办法，并严格实施；

（4）口服液生产所用内包装材料应严格清洗，经高压灭菌后方可使用；

（5）胶囊、干粉所用内包装材料的生产环境级别应为30万级或10万级以上，其进入洁净室前应经拆包间（30万级）拆包或用适当方法清洁后方可进入。

3. 生产过程

益生菌保健食品的生产过程必须符合GB 17405—1998《保健食品良好生产规范》的相应规定。

（1）制定生产操作规程。生产企业应根据本规范要求并结合自身产品的生产工艺特点，制定生产工艺规程及岗位操作规程。

生产工艺规程需符合加工过程中益生菌不变异、不产生有害代谢产物，活菌产品须保证较高存活率的工艺要求，其内容包括产品配方、成品加工过程的主要技术条件及关键工序的质量和卫生监控点，如产品加工过程中的温度、压力、时间、pH、中间产品的质量指标等。

岗位操作规程应对各生产主要工序规定具体操作要求，明确各车间、工序和个人的岗位职责。

各车间的生产技术和管理人员，应按照生产加工过程的各关键工序控制项目及检查要求，对每一批次产品从原料配制、中间产品质量、产品质量和卫生指标等情况进行监控和记录。

（2）生产操作应衔接合理，传递快捷、方便，应限定发酵液至分装的最长储存时间，以防止污染及交叉污染。应将原料、中间产品加工、包装材料和容器的清洁、消毒、成品包装和检验等工序分开设置。同一车间不得同时生产不同的产品；不同工序的容器应有明显标记，不得混用。

（3）应详细规定对于起始原料的技术规格要求，包括来源、制造方法、质量标准及其危害控制等，特别是微生物性危害控制。

（4）培养基灭菌与发酵。

①生产全过程应有足够的措施，使污染和交叉污染降低到最低限度。使用前后应确保发酵罐、接触产品的管道、阀门和过滤器系统清洁，并彻底灭菌，空气过滤器应定期灭菌和更换，并验证其过滤细菌的效果。

②尽量缩短培养基投料到灭菌的时间间隔控制微生物污染水平。培养基灭菌应原位消毒，采用高压蒸汽灭菌。

③接种应在严格无菌条件下进行，操作及消毒方式应被验证。

④向发酵罐和其他容器中添加原料或培养物以及从中取出样品均应在严格管理情况下进行，以确保没有污染。

⑤发酵过程保持正压，确保系统无菌，并对发酵液温度、pH 及罐内压力等技术参数进行连续监测。

（5）内包装材料消毒灭菌。

①内包装材料的消毒灭菌效果应经验证，防止造成再污染。玻璃容器不得有玻璃碎片掉下和碱性物质析出。

②内包装材料的精洗应在 30 万级或 10 万级环境下进行，灭菌后的内包装材料储存室应控制在 1 万级，以先出先用为原则，给予明显标记，并且仅限于 24h 内使用，否则重新灭菌。

（6）灌装或装填

①液态产品的灌装工序应在 100 级，或 1 万级环境中必须局部 100 级下进行，固态产品分离、干燥、装填也应根据相应要求在洁净室（区）内进行。

②直接与各种中间产品、半成品接触的灌装管道、分离、干燥设备应彻底清洗消毒，最好采用高压灭菌蒸汽灭菌，防止交叉污染。

③灌装或装填前应加强核对，防止错批、混批。不同批号的产品不得同一时间在同室灌装或装填。

④尽可能减少洁净室（区）内工作人员的数量，并且仅限于该区生产操作人员和经批准的人员进入。管理人员、机修人员进入洁净室（区）也应按规定程序执行。

⑤由机修人员带入 30 万级及十万级控制区的工具需经过清洁，带入 100 级及 1 万级控制区的工具须经清洁、消毒或灭菌。

⑥产品应尽量由原容器内直接灌装（有专门规定者除外），同一容器的产品应当日灌装完毕。原容器为大罐当日未能灌装完毕者可延至次日灌装完毕。不同亚批的制品使用同一套灌装系统时应按要求进行清洁灭菌后方可使用。

⑦在灌装过程中，应采取措施使悬液保持均匀，做到随灌装随密封。

⑧每批产品的每一生产阶段完成后必须由生产操作人员清场，填写清场记录。

清场记录纳入批生产记录。

⑨生产和产品包装应符合 GB 17405 的要求。

4. 标识和可追溯性

（1）产品标识必须符合 GB 7718、GB 17405 的要求。

（2）如需在特殊条件下保存，必须在产品的标签、使用说明书中标示。

（3）产品标签、使用说明书须明确标示其功效成分（活菌、死菌体或代谢产物），活菌类产品还须标示出保质期内活菌含量。

（4）为便于追溯，口服液批号编制应采用年、月、日加发酵罐号作为生产批号，如 2013 年 5 月 26 日用第 11 号发酵罐生产的产品，其批号为 13052611 或 2013052611。

（5）每批产品均有销售记录。根据销售记录能追查每批成品的售出情况，必要时能全部追回。销售记录内容应包括：品名、批号、规格、数量、收货单位和地址、发货日期、发货人。

（6）销售记录应保存至产品保质期后一年。

（7）生产企业应建立退货和收回程序并有记录。因质量原因退货和收回的产品，应在品质管理部门监督下销毁，涉及其他批号时，应同时处理。

四、 质量控制要点

1. 质量控制重点环节

所用菌种应属于卫健委所颁布的允许用于益生菌保健食品的菌种。

按工艺流程顺序，重点控制下列环节：

（1）应记录菌种的历史、来源及生物学特性。

（2）以原始种子建立主种子批，从主种子批制备工作种子批。保持主种子批、工作种子批与原始种子各种特性的一致。

（3）种子批的检定：菌种形态、纯度、生化特性、毒性试验、耐药性试验

（4）培养基配料、灭菌应经复核，灭菌前 pH 应进行测定。

（5）产品批分装分离前应进行 pH 测定、菌种形态、纯度及其他特殊鉴别试验。

（6）半成品及成品的检定按有关标准进行。

2. 益生菌保健食品生产主要验证项目

（1）发酵罐　温度探头、温度分布（冷点）密封性（试漏试验）、压缩空气系统、空气过滤器、实罐灭菌效果。

（2）灭菌锅　温度探头及温度分布。

（3）1 万级车间及 100 级洁净工作台　风速、压差、尘埃粒子、浮游菌、沉降菌。

（4）菌种用生物安全柜及层流罩　风速、风向 尘埃粒子、浮游菌、沉降菌。

（5）洁净生产车间清场　微生物检测。

第五节　操作标准、管理规范示例

一、　文件管理规程示例

（1）××产品工艺规程；
（2）××产品过程控制标准；
（3）物料取样 SOP；
（4）生产前检查 SOP；
（5）备料、称量 SOP；
（6）配液 SOP；
（7）洗瓶、塞 SOP；
（8）灌装 SOP；
（9）灯检 SOP；
（10）灭菌 SOP；
（11）包装 SOP；
（12）冷藏 SOP；
（13）筛粉 SOP；
（14）配料 SOP；
（15）制粒 SOP；
（16）干燥 SOP；
（17）整粒总混 SOP；
（18）胶囊填充 SOP；
（19）化胶 SOP；
（20）压丸定型 SOP；
（21）洗丸 SOP；
（22）灯检 SOP；
（23）内包装 SOP；
（24）纯化水制备 SOP；
（25）工艺用水监测 SMP；
（26）清场 SOP；
（27）文件管理 SOP；
（28）不合格品管理 SMP；
（29）生产过程偏差处理 SMP；
（30）物料标识 SMP；

(31) 产品放行 SMP;
(32) 物料储存、流转 SMP;
(33) 标签、说明书储存发放 SOP;
(34) 厂区卫生 SMP;
(35) 物料管道、容器清洁、消毒 SOP;
(36) 洁净区域清洁、消毒 SOP;
(37) 空调系统清洁 SOP;
(38) 洁净区监测 SMP;
(39) 员工个人卫生 SMP;
(40) 洁净工衣清洁 SOP;
(41) 洁净区员工更衣 SOP;
(42) 进入洁净区物料净化 SOP;
(43) 洁具清洁、消毒 SOP;
(44) 设备维护、保养 SMP;
(45) 计量器具 SMP;
(46) ××设备操作 SOP;
(47) 试验室管理 SMP;
(48) 验证管理规程 SMP。

备注:SOP——标准操作规程;SMP——标准管理规程。

二、 记录管理规程示例

(1) ××产品批生产记录;
(2) ××产品批包装记录;
(3) ××产品批检测记录。

三、 批生产记录示例

(1) 筛粉生产记录;
(2) 配料生产记录;
(3) 制粒干燥生产记录;
(4) 整粒总混生产记录;
(5) 胶囊填充生产记录;
(6) 压丸生产记录;
(7) 灌装生产记录;
(8) 灭菌生产记录;
(9) 内包装生产记录;
(10) 外包装生产记录。

四、成品质量标准示例

(1) ××口服液质量标准;
(2) ××片质量标准;
(3) ××粉质量标准;
(4) ××固体饮料质量标准;
(5) ××胶囊质量标准;
(6) ××软胶囊质量标准。

五、主要卫生标准操作规程 (SSOP) 目录示例

主要卫生标准操作规程SSOP目录见表11-4。

表11-4　主要SSOP目录一览表

序号	名称	序号	名称
1	编写说明	10	卫生间清洁消毒程序
2	水质监控程序	11	接种操作程序
3	供水设施管理程序	12	无菌取样操作程序
4	生产加工设备清洁消毒程序	13	消毒布使用操作程序
5	生产加工容器清洁消毒程序	14	玻璃控制程序
6	生产加工区环境、设施清洁消毒程序	15	有毒化合物管理程序
7	仓库清洁消毒程序	16	员工卫生和健康管理程序
8	生产加工区服装清洁消毒程序	17	虫害控制程序
9	生产加工区人员净化程序		

六、标准操作规程 (SOP) 示例——口服溶液剂配制标准操作规程

[例11-1]

口服溶液剂配制标准操作规程

题目

××口服液的配制

批准/日期	生效日期	页数
复核/日期	登记号	
起草/日期	原登记号	

分发

1. 目的

规范××口服液的配制过程。

2. 适用范围

××口服液。

3. 直接责任人

岗位操作工。

4. 间接责任人

车间主管、质量管理人员。

5. 文件制定依据

××口服液工艺规程，××口服液过程控制标准。

6. 具体内容

（1）生产前准备

①生产前进行清场检查。

②检查操作间的温度、湿度。温度应为18~26℃，相对湿度为45%~65%。

③检查操作间设备、容器、管道是否已清洁，并附有清洁合格标识。

④按批指令双人复核待用物料，代号、品名编号、数量无误，应在批记录上签字。

⑤安装过滤器。

⑥用纯化水将待用的配液罐、储液罐、过滤器、管道再清洗一遍。检查是否有密封不严现象。

⑦将清洁合格标识取下，挂上正在运行标识。

（2）配制

①开启配液罐夹层冷却水，在配液罐中加入A提取液。

②物料C用50L纯化水溶解，抽入配液罐中，搅拌15min。

③物料D在不锈钢桶中用约50L纯化水溶解，加入物料F，用真空抽至配液罐中，再抽入物料B，开启搅拌。

④配制10%的NaOH溶液10L，用真空先抽取2/3至配液罐中。搅拌10min，测定pH。若pH低于6.0，再适量加入剩余的NaOH溶液，少量多次，边加边搅拌，直至pH为6.2~6.5。

⑤加纯化水定容。继续搅拌15min。取溶液100mL，测色泽、密度、pH，符合过程控制标准要求，停止搅拌。

⑥开转液泵过滤，滤液回至配液罐。

⑦取少量滤液检测澄明度，合格则将滤液全部转移至储液罐。

⑧开启储液罐夹层冷却水，保持溶液温度不超过15℃。

⑨含量合格后灌装。溶液在配制完成后的8h之内灌装。

⑩填写溶液配制记录。

(3) 清场

①按清洁 SOP 清洗配液罐、管道和过滤器。

②所用器具移至洗涤室清洁。按洁净室清洁 SOP 对操作间台面、地面、地漏进行清洁。

③清洁完毕，填写清洁记录，挂合格标识。

七、标准操作规程（SOP）示例——管道、储罐清洁、消毒标准操作规程

[例 11 -2]

管道、储罐清洁、清毒标准操作规程

题目		
管道、储罐的清洁和消毒		
批准/日期	生效日期	页数
复核/日期	登记号	
起草/日期	原登记号	
分发		

1. 目的

合规范输送、储存物料的管道、储罐的清洁、消毒操作，防止微生物滋生和防止交叉污染。

2. 适用范围

适用于配液、灌装等工序的输液管道、配液罐、储液罐的清洁、消毒。

3. 直接责任人

岗位操作工。

4. 间接责任人

车间主管、QA。

5. 文件制定依据

《保健食品良好生产规范》（GB 17405—1998）；清场管理规程（SMP - ××××）。

6. 内容概述

(1) 明确各类清洁程序和消毒程序的适用条件。

(2) 规范清洁程序的具体操作。

(3) 规范消毒程序的具体操作。

7. 具体内容

(1) 适用条件

①7d 内连续生产同一产品每批生产完成后选用 A 类清洁程序。

②连续生产同一品种 7d 以上或更换品种或停产 2d 以上，恢复生产前应选用 B

类清洁程序。

③连续生产半个月或停产3d以上恢复生产前选用B类清洁程序，并使用消毒程序。

（2）A类清洁程序

①配液罐及输液管道的清洁

a. 每批结束后，打开配液罐盖，用饮用水冲洗罐盖及罐内壁各处。加纯化水至罐体2/3处，开启搅拌器，搅拌5min。

b. 如果储液罐有料液暂存，必须关闭储液罐进液阀门。

c. 开启转移泵，按物料转运方向，将配液罐的洗涤水通过输液管道的出水口排出。

d. 用纯化水重复洗涤配液罐及输液管道。

e. 从配液罐出水口及输液管道的出水口分别取水样，检查洗涤水是否无色⑥将配液罐水全部放出，管道存水用真空抽干。

f. 用抹布清洁罐体外壁。

g. 检查合格后填写清洁记录，并挂清洁合格标识。

②储液罐及灌液管道的清洁

a. 用饮用水冲洗储液罐盖及内壁。

b. 加水至储液罐的2/3处，开启转液泵，将水转到灌装机暂存罐并从灌装机针头流出，至流出液无色，放出多余水。

c. 用纯化水重复洗涤一遍，从储液罐出水口和灌装机针头分别取样，检查洗涤水是否合格。

d. 放出罐内多余存水，用真空抽干管道内存水。

e. 用抹布清洁罐体外壁。

f. 检查合格后填写清洁记录，并挂清洁合格标识。

（3）B类清洁

①用饮用水按A类清洁程序将配液罐、储液罐及管道冲洗至流出液无色。

②在按配液罐体积的2/3在配液罐内配制20g/L的NaOH溶液，循环搅拌10min，关闭搅拌机。

③将NaOH溶液通过管道转移至储液罐，罐内循环10min。

④将储液罐内NaOH溶液转至灌装机的暂存罐，通过灌装机针头流出。

⑤用饮用水按物料转移方向依次清洁，洗涤液从灌装机针头流出，至流出液pH呈中性。放干罐内清水，抽干管道残存水。

⑥纯化水重复洗涤配液罐、储液罐、管道和针头。

⑦检查各出口水的pH及水的色泽，与纯化水对照无差异即合格。

⑧放干罐内纯化水，抽干管道残存水。

⑨检查合格后填写清洁记录，并挂清洁合格标识。

(4) 消毒程序

①按B类清洁程序清洁。

②打开配液罐、储液罐的物料截止阀、排空阀，关闭排污阀。

③打开洁净蒸汽总阀，让蒸汽进入罐内。

④调节进出蒸汽大小，控制蒸汽≤0.2MPa，待罐内温度达到100℃开始计时。

⑤保温40min，关闭蒸汽阀。

⑥打开排污阀，排出冷凝水。

⑦检查合格后填写消毒记录，挂清洁合格标识，并注明已消毒。

(5) 已清洁或消毒管道、容器未及时使用时，使用前应按上述程序重新清洁或消毒。

八、标准操作规程（SOP）示例——生产过程偏差处理管理规程

[例11-3]

生产过程偏差处理管理规程

题目

生产过程中的偏差处理

批准/日期	生效日期	页数
复核/日期	登记号	
起草/日期	原登记号	

分发

1. 目的

严格偏差的报告和审批程序，确保偏差得到有效的分析、评估和纠正，防止不合格品的产生。

2. 适用范围

适用于公司生产的任何产品。

3. 责任部门

发生偏差的部门及质量保证部。

4. 文件制定依据

《保健食品良好生产规范》(GB 17405—1998)，工艺规程、质量标准。

5. 文件内容概述

(1) 明确偏差概念。

(2) 规范偏差的报告和处理程序。

6. 具体内容

(1) 偏差的定义　偏差是产品生产或储运过程中发现的，与已批准的工艺规

程、质量标准、批指令SOP等要求不相符的质量异常现象。该现象有可能导致产品不合格。

（2）偏差的分类　按偏差涉及的因素分为：工艺偏差、设备偏差、物料偏差、环境偏差、质量指标偏差等。

①工艺偏差：指产品生产的工艺参数、工艺过程等不符合工艺规程或SOP的要求。

②设备偏差：指产品生产所用的设备、设备状态或设备参数不符合工艺规程、SOP的要求。

③物料偏差：指产品生产所用物料不符合工艺规程、质量标准、批指令的要求。

④环境偏差：指产品生产或储运过程的环境不符合工艺规程、SOP的要求。

⑤质量指标偏差：指生产过程中发生的过程控制指标、半成品的质量检测指标、收率指标、物料平衡指标等与工艺规程、质量标准、SOP的要求不相符。

（3）流程

①发现偏差时，由发现岗位的操作人员立即填写《偏差报告和处理单》描述偏差现象以及发现或发生偏差的过程。

②由QA对偏差描述进行确认。

③分别由车间主管、QA主管对偏差产生的原因及可能产生的影响进行评估，并提出偏差处理建议。

④由发现偏差部门的负责人对偏差的评估和处理签署意见

⑤由偏差涉及的相关部门对偏差的评估和处理签署意见。

⑥由质量保证部负责人确定偏差的处理意见。

⑦根据《偏差报告和处理单》的最终意见实施偏差的纠正。

⑧《偏差报告和处理单》应在不超过1个工作日内处理完毕。

⑨由QA负责对实施效果进行跟踪，如果不能达到预期效果，由相关部门重新分析、评估并采取纠偏措施。

⑩偏差得到纠正、成品检验合格后可以放行。《偏差报告和处理单》纳入该批产品的批记录。

九、设备清洁验证参考示例

1. 目的

设备清洁认证是采用化学分析和微生物检测的方法来检查设备按清洁操作规程清洁后，设备上残留的污染物量是否符合规定的限度标准，以证明本设备容器清洁规程的可行和可靠，从而消除了更换品种设备清洁不彻底所造成的残留物对下一个生产品种污染的可能性，有效地保证了产品质量。

2. 范围

适用于洁净区内制剂过程中，直接接触物料的生产设备表面（尤其是直接接触物料的设备内表面及各部件）的清洁验证。

3. 职责

验证小组成员。

4. 内容

（1）设备清洁操作规程（SOP略）

（2）验证指标

①化学指标：残留量 $<100\mu g/25cm^2$（企业内控）。

②微生物指标：菌落数≤50个/棉签（30000级洁净区）。

（3）取样部位　接触物料最多的部位及最不易清洁的折角等部位。

（4）取样及样品处理　用棉签擦拭法取样 即用含有乙醇（水或生理盐水）的脱脂棉签擦拭取样部位的 $25cm^2$ 区域面积。

做微生物检查应先对镊子、棉签进行消毒灭菌，用镊子取棉签在无菌生理盐水中浸湿，用4个棉签共擦拭取样 $100cm^2$；做化学检查在每个取样部位取3个样，计算平均值。工微生物检测，将取样后4个棉签放于无菌生理盐水20mL中，用超声波洗涤2min，取洗涤水进行微生物检测。将灭菌后的琼脂培养基倒入培养皿中。取棉签洗涤水0.1mL均匀涂布在每个培养皿的培养基上，各接种十个培养皿，30~37℃培养48h，观察菌落数。将每个培养皿菌落数相加，每个棉签菌落数＝（菌落数总和总体积）/4。

化学检测，将棉签用乙醇（水）稀释溶解、过滤，配制定量浓度后用紫外分光光度计测定吸收度，同时做空白试验进行对照。

（5）分析方法的确定（此法针对某具体产品制定）

①寻找最大吸收波长：称取一定量清洁前产品于100mL容量瓶中，加适量乙醇（水）溶解，稀释至刻度，在紫外分光光度计上扫描，找出最大吸收波长。

②作直线，进行回归分析：配一系列不同浓度溶液，分别测定吸收度，以浓度为横坐标，以吸收度为纵坐标，作直线，进行回归分析（相关系数 $r>0.99$）。

③检验方法回收率试验：称取一定量清洁前产品于100mL容量瓶中，加适量乙醇（水）溶解并稀释至刻度，取1mL移至上述（3）的取样部位，待干后，按以上规定的取样方法取样、检测，计算回收率，重复做3次。

（6）验证实施　在产品生产结束后，按该设备清洁规程清洁后，按以上规定的取样部位和取样方法进行取样、检测。

（7）验证结论　从检测数据看，化学项目残留量 $<100\mu g/25cm^2$，符合限度指标；微生物项目菌落数≤50个/棉签，符合限度指标。

证明本设备执行此清洁规程，可以避免前一产品对后一产品的污染，保证产品质量。

十、 洁净车间清洁效果验证参考示例

1. 验证对象

车间10万级洁净室清洁、消毒后接触物料的机器、物品表面、操作台面。

2. 检查日期

2019年5月××日至5月××日。

3. 检查目的

通过采用微生物检测方法来检查洁净车间进行清洁、消毒的方法的有效性。

4. 清洁消毒方法

卫生标准操作规程，另参见“十万级及万级区清洁卫生规程（SSOP××-×××）”。

5. 验证方法

（1）按SOP 3-121-A要求进行清洁、消毒，采药棉擦拭法或接触碟法取样。在清洁消毒后的半小时内取样。主要取接触物料较多的表面。

（2）控制标准　菌落总数≤5个/cm^2（企业内控）。

（3）采样及样品处理

①用棉签擦拭法取样检测：取样者先用体积分数为75%的酒精棉擦拭双手，将无菌棉签在装有5mL无菌生理盐水的试管中湿润后，擦拭25cm^2面积的取样部位，再将之放回试管中，在旋涡混合器上混合10s，吸取其中4mL分别放入4个空平皿中，每皿加1mL，将已灭菌的营养琼脂培养基倒入其中2个平皿，检测菌落总数，同时做一个空白对照，已凝固的平板倒置（36±1）℃培养箱培养48h，观察记录。

②平板计数：2个平板上的平均菌落数乘稀释倍数（5）再除以擦拭面积（25cm^2）即为所擦拭部位的菌落数结果。检测结果如下表。

采样点检测结果

部位	菌落总数 /［个/（25cm^2）］	部位	菌落总数 /［个/（25cm^2）］
混合机出料口	2	称量操作台表面	2
粉碎机粉碎齿	2	集液盘内壁	1
转鼓内壁	1	充填2号机出料口	2
压版机胶壳入口	2	抛光用纱布	0
制粒用勺子内壁	0	颗粒摇摆机内壁	0
60目圆筛筛网	1	压版1号机料斗内壁	1
充填1号机计量盘	1	充填1号机模孔	1
抛光操作台面	5	制粒混合浆内壁	4
空白对照	0	—	—

6. 结果讨论

（1）空气清洁效果其微生物/细菌、尘粒内控制标准可参考“洁净室（区）空气洁净度级别表”（表4－1）。

（2）验证试验一般至少需进行3次，其他2次试验数据从略。

（3）从以上检测数据来看，所抽样部位的微生物数均符合微生物限度指标。该洁净室按SSOP3－121－A操作规程清洁消毒后，能够达到预期效果，保证产品质量。

验证人：×××、×××

思考题

1. 粉剂保健食品生产质量管理基本要点有哪些？
2. 胶囊剂保健食品生产质量管理基本要点有哪些
3. 片剂保健食品生产质量管理基本要点有哪些？
4. 软胶囊保健食品生产质量管理基本要点有哪些？
5. 口服液保健食品生产质量管理基本要点有哪些？
6. 益生菌保健食品生产质量管理基本要点有哪些？

第十二章

保健食品生产许可认证与实施

知识目标

1. 掌握食品生产许可申请规范要求和审查内容。
2. 熟悉保健食品生产许可认证过程。
3. 了解生产许可证管理及变更、延续、注销的要求与程序。

能力目标

1. 能够按照保健食品生产许可审查要求，指导企业规范化生产。
2. 能够按照生产许可审查的要求提供所需文件。

食品市场准入制度也称食品质量安全市场准入制度，是指为保证食品的质量安全，具备规定条件的生产者才允许进行生产经营活动，具备规定条件的食品才允许生产销售的监管制度。实行食品质量安全市场准入制度，是从我国的实际情况出发，为保证食品的质量安全所采取的一项重要措施。因此，实行食品质量安全市场准入制度是一种政府行为，是一项行政许可制度。

食品生产许可证制度是工业品许可证制度的一个组成部分，是为保证食品的质量安全，由国家主管食品生产领域监管工作的行政部门制定并实施的一项旨在控制食品生产加工企业生产条件的监控制度。该制度规定："凡在中华人民共和国境内从事食品生产加工的公民、法人或其他组织，必须具备保证食品质量的必备条件，按规定程序获得《食品生产许可证》，方可从事食品生产"。

食品生产加工企业实行生产许可证管理，是指对食品生产加工企业的环境条件、生产设备、加工工艺过程、原材料把关、执行产品标准、人员资质、储运条件、检测能力、质量管理制度和包装要求等条件进行审查，并对其产品进行抽样检验。对符合条件且产品经检验合格的企业，颁发食品质量安全生产许可证，允许其从事食品生产加工。

为规范食品生产许可活动，加强保健食品生产监督管理，做好保健食品生产许可的申请、受理、审查、决定及其监督检查工作，督促企业落实主体责任，保障保健食品质量安全，依据《中华人民共和国食品安全法》《中华人民共和国食品安全法实施条例》《食品生产许可管理办法》《保健食品注册与备案管理办法》《保健食品良好生产规范》《食品生产许可审查通则》等相关法律法规和技术标准的规定，制定保健食品生产许可认证与实施方案。

第一节 保健食品生产许可认证申请程序

一、材料申请

保健食品生产许可申请人应当是取得《营业执照》的合法主体，符合《食品生产许可管理办法》要求的相应条件。

申请人填报《食品生产许可申请书》，并按照《保健食品生产许可申请材料目录》（表12－1）的要求，向其所在地省级相关监督管理部门提交申请材料。

表12－1 保健食品生产许可申请材料目录

序号	材料名称
1	食品生产许可申请书
2	生产设备布局图和生产工艺流程图
3	生产主要设备、设施清单
4	专职或者兼职的食品安全专业技术人员、食品安全管理人员信息
5	保健食品质量管理规章制度
6	保健食品生产质量管理体系文件
7	保健食品注册或备案文件
8	与保健食品生产许可事项有关的其他材料

保健食品生产许可，申请人应参照《保健食品生产许可分类目录》（表12－2）的要求，填报申请生产的保健食品品种明细。

表 12 - 2　　保健食品生产许可分类目录

序号	食品、食品添加剂类别	类别编号	类别名称	品种明细	备注
27	保健食品	2701	片剂	具体品种	注册号或备案号
	保健食品	2702	粉剂	具体品种	注册号或备案号
	保健食品	2703	颗粒剂	具体品种	注册号或备案号
	保健食品	2704	茶剂	具体品种	注册号或备案号
	保健食品	2705	硬胶囊剂	具体品种	注册号或备案号
	保健食品	2706	软胶囊剂	具体品种	注册号或备案号
	保健食品	2707	口服液	具体品种	注册号或备案号
	保健食品	2708	丸剂	具体品种	注册号或备案号
	保健食品	2709	膏剂	具体品种	注册号或备案号
	保健食品	2710	饮料	具体品种	注册号或备案号
	保健食品	2711	酒剂	具体品种	注册号或备案号
	保健食品	2712	饼干类	具体品种	注册号或备案号
	保健食品	2713	糖果类	具体品种	注册号或备案号
	保健食品	2714	糕点类	具体品种	注册号或备案号
	保健食品	2715	液体乳类	具体品种	注册号或备案号
	保健食品	2716	原料提取物	原料提取物名称	保健食品名称、注册号或备案号
	保健食品	2717	复配营养素	维生素或矿物质预混料具体品种	保健食品名称、注册号或备案号
	保健食品	2718	其他类别	具体品种	注册号或备案号

申请人新开办保健食品生产企业或新增生产剂型的，可以委托生产的方式，提交委托方的保健食品注册证明文件，或以“拟备案品种”获取保健食品生产许可资质。

申请人申请保健食品原料提取物和复配营养素生产许可的，应提交保健食品注册证明文件或备案证明，以及注册证明文件或备案证明载明的该原料提取物的生产工艺、质量标准，注册证明文件或备案证明载明的该复配营养素的产品配方、生产工艺和质量标准等材料。

二、 受理与移送

省级监督管理受理部门对申请人提出的保健食品生产许可申请，应当按照《食品生产许可管理办法》的要求，做出受理或不予受理的决定。

保健食品生产许可申请材料受理后，受理部门应将受理材料移送至保健食品生产许可技术审查部门。

第二节　保健食品生产许可认证书面审查

一、书面审查

（1）技术审查部门按照《保健食品生产许可申请材料目录》（表12-1）的内容与要求，对申请人的申请材料进行书面审查，并如实填写审查记录，包括符合要求的项目、不符合要求的项目、书面审查结论、审查人员签字等内容。

（2）技术审查部门应当核对申请材料原件，需要补充技术性材料的，应一次性告知申请人予以补正。

（3）申请材料基本符合要求，需要对许可事项开展现场核查的，可结合现场核查核对申请材料原件。

二、审查内容

1. 主体资质审查

申请人的生产许可申请书规范、保健食品注册证明文件或备案证明合法有效，产品配方和生产工艺等技术材料完整，专职或者兼职的食品安全专业技术人员、食品安全管理人员信息齐全。备案保健食品符合保健食品原料目录技术要求。

2. 生产条件审查

保健食品生产场所应当合理布局，洁净车间应符合保健食品良好生产规范要求。保健食品安全管理规章制度和体系文件健全完善，生产工艺流程清晰完整，生产设施设备、设施清单与生产工艺相适应。

3. 委托生产

保健食品委托生产的，委托方应是保健食品注册证书持有人，受托方应能够完成委托生产品种的全部生产过程。委托生产的保健食品，标签说明书应当标注委托双方的企业名称、地址以及受托方许可证编号等内容。保健食品的原注册人可以对转备案保健食品进行委托生产。

三、审查结论

（1）书面审查符合要求的，技术审查部门应做出书面审查合格的结论，组织审查组开展现场核查。

（2）书面审查出现以下情形之一的，技术审查部门应做出书面审查不合格的结论：

①申请材料书面审查不符合要求的；

②申请人未按时补正申请材料的。

(3) 书面审查不合格的，技术审查部门应按照本细则的要求提出未通过生产许可的审查意见。

(4) 申请人具有以下情形之一，技术审查部门可以不再组织现场核查：

①申请增加同剂型产品，生产工艺实质等同的保健食品；

②申请保健食品生产许可变更或延续，申请人声明关键生产条件未发生变化，且不影响产品质量安全的。

(5) 申请人在生产许可有效期限内出现以下情形之一，技术审查部门不得免于现场核查：

①保健食品监督抽检不合格的；

②保健食品违法生产经营被立案查处的；

③保健食品生产条件发生变化，可能影响产品质量安全的；

④相关监督管理部门认为应当进行现场核查的。

第三节　保健食品生产许可认证现场核查

一、组织审查组

(1) 书面审查合格的，技术审查部门应组织审查组开展保健食品生产许可现场核查。

(2) 审查组一般由 2 名以上（含 2 名）熟悉保健食品管理、生产工艺流程、质量检验检测等方面的人员组成，其中至少有 1 名审查员参与该申请材料的书面审查。

(3) 审查组实行组长负责制，与申请人有利害关系的审查员应当回避。审查人员确定后，原则上不得随意变动。

(4) 审查组应当制定审查工作方案，明确审查人员分工、审查内容、审查纪律以及相应注意事项，并在规定时限内完成审查任务，做出审查结论。

(5) 负责日常监管的监管部门应当选派观察员，参加生产许可现场核查，负责现场核查的全程监督，但不参与审查意见。

二、审查程序

(1) 技术审查部门应及时与申请人进行沟通，现场核查前两个工作日告知申请人审查时间、审查内容以及需要配合事项。现场核查是动态核查，需“动态审查关键生产工序”。

(2) 申请人的法定代表人（负责人）或其代理人、相关食品安全管理人员、专业技术人员、核查组成员及观察员应当参加首、末次会议，并做好签到记录。

（3）审查组按照《保健食品生产许可现场核查记录表》（表 12－3）的要求组织现场核查，应如实填写核查记录，并当场做出审查结论。

表 12－3　　保健食品生产许可现场核查记录表

一、机构与人员

审查项目	序号	审查内容	是否符合要求（是/否/不适用）	核查记录
组织机构	*1.1	建立健全组织机构，完善质量管理制度，明确各部门与人员的职责分工		
	1.2	企业应当设立独立的质量管理部门，至少应具有以下职责：①审核并放行原辅料、包装材料、中间产品和成品；②审核工艺操作规程以及投料、生产、检验等各项记录，监督产品的生产过程；③批准质量标准、取样方法、检验方法和其他质量管理规程；④审核和监督原辅料、包装材料供应商；⑤监督生产厂房和设施设备的维护情况，以保持其良好的运行状态		
	1.3	企业生产管理部门至少应具有以下职责：①按照生产工艺和控制参数的要求组织生产；②严格执行各项生产岗位操作规程；③审核产品批生产记录，调查处理生产偏差；④实施生产工艺验证，确保生产过程合理有序；⑤检查确认生产厂房和设施设备处于良好运行状态		
人员资质	*1.4	配备与保健食品生产相适应的具有相关专业知识、生产经验及组织能力的管理人员和技术人员，专职技术人员的比例不低于职工总数的 5%。保健食品生产有特殊要求的，专业技术人员应符合相应管理要求		
	1.5	企业主要负责人全面负责本企业食品安全工作，企业应当配备食品安全管理人员，并加强培训和考核		
	*1.6	生产管理部门负责人和质量管理部门负责人应当是专职人员，不得相互兼任，并具有相关专业大专以上学历或中级技术职称，三年以上从事食品医药生产或质量管理经验		
	1.7	采购人员等从事影响产品质量的工作人员，应具有相关理论知识和实际操作技能，熟悉食品安全标准和相关法律法规		
	1.8	企业应当具有两名以上专职检验人员，检验人员必须具有中专或高中以上学历，并经培训合格，具备相应检验能力		

续表

审查项目	序号	审查内容	是否符合要求（是/否/不适用）	核查记录
人员管理	*1.9	企业应建立从业人员健康管理制度，从事保健食品暴露工序生产的从业人员每年应当进行健康检查，取得健康证明后方可上岗		
	1.10	患有国务院卫生行政部门规定的有碍食品安全疾病的人员，不得从事保健食品暴露工序的生产		
	1.11	企业应建立从业人员培训制度，根据不同岗位制订并实施年度培训计划，定期进行保健食品相关法律法规、规范标准和食品安全知识培训和考核，并留存相应记录		
二、厂房布局				
厂区环境	*2.1	生产厂区周边不得有粉尘、有害气体、放射性物质、垃圾处理场和其他扩散性污染源，不得有昆虫大量滋生的潜在场所，避免危及产品安全		
	2.2	生产环境必须整洁，厂区的地面、路面及运输等不应当对保健食品的生产造成污染；生产、行政、生活和辅助区的总体布局应当合理，不得互相妨碍		
	2.3	厂房建筑结构应当完整，能够满足生产工艺和质量、卫生及安全生产要求，同时便于进行清洁工作		
布局设计	**2.4	生产车间分为一般生产区和洁净区。企业应按照生产工艺和洁净级别，对生产车间进行合理布局，并能够完成保健食品全部生产工序		
	2.5	生产车间应当有与生产规模相适应的面积和空间，以有序地安置设备和物料，便于生产加工操作，防止差错和交叉污染		
	*2.6	生产车间应当分别设置与洁净级别相适应的人流物流通道，避免交叉污染		
	*2.7	保健食品洁净车间洁净级别一般不低于十万级。酒类保健食品（含酒精度在35%以上的保健食品）应有良好的除湿、排风、除尘、降温等设施，人员、物料进出及生产操作应参照洁净车间管理		
	*2.8	保健食品生产中直接接触空气的各暴露工序以及直接接触保健食品的包装材料最终处理的暴露工序应在同一洁净车间内连续完成。生产工序未在同一洁净车间内完成的，应经生产验证合格，符合保健食品生产洁净级别要求		
	**2.9	保健食品不得与药品共线生产，不得生产对保健食品质量安全产生影响的其他产品		

续表

三、设施设备				
审查项目	序号	审查内容	是否符合要求（是/否/不适用）	核查记录
生产设施	3.1	洁净车间的内表面应当平整光滑、无裂缝、接口严密、无颗粒物脱落，并能耐受清洗和消毒，墙壁与地面的交界处宜成弧形或采取其他措施，以减少灰尘积聚和便于清洁		
	3.2	洁净车间内的窗户、天棚及进入室内的管道、风口、灯具与墙壁或天棚的连接部位均应当密封，洁净车间内的密闭门应朝空气洁净度较高的房间开启		
	3.3	管道的设计和安装应当避免死角和盲管，确实无法避免的，应便于拆装清洁。与生产车间无关的管道不宜穿过，与生产设备连接的固定管道应当标明管内物料类别和流向		
	*3.4	洁净区与非洁净区之间以及不同级别的洁净室之间应设缓冲区，缓冲区应设联锁装置，防止空气倒灌		
	3.5	洁净车间内产尘量大的工序应当有防尘及捕尘设施，产尘量大的操作室应当保持相对负压，并采取相应措施，防止粉尘扩散、避免交叉污染		
	*3.6	洁净车间的人流通道应设置合理的洗手、消毒、更衣等设施，物流通道应设置必要的缓冲和清洁设施		
	3.7	洁净车间内安装的水池、地漏应符合相应洁净要求，不得对物料、中间产品和成品产生污染		
	3.8	一般生产区的墙面、地面、顶棚应当平整，便于清洁；管道、风口、灯具等设施应当安全规范，符合生产要求		
生产设备	**3.9	具有与生产品种和规模相适应的生产设备，并根据工艺要求合理布局，生产工序应当衔接紧密，操作方便		
	3.10	与物料、中间产品直接或间接接触的设备和用具，应当使用安全、无毒、无臭味或异味、防吸收、耐腐蚀、不易脱落且可承受反复清洗和消毒的材料制造		
	*3.11	产品的灌装、装填必须使用自动机械设备，因工艺特殊确实无法采用自动机械装置的，应有合理解释，并能保证产品质量		
	3.12	计量器具和仪器仪表定期进行检定校验，生产厂房及设施设备定期进行保养维修，确保设施设备符合保健食品生产要求		
	3.13	生产设备所用的润滑剂、冷却剂、清洁剂、消毒剂等不得对设备、原辅料或成品造成污染		

续表

审查项目	序号	审查内容	是否符合要求（是/否/不适用）	核查记录
空气净化系统	**3.14	企业应设置符合空气洁净度要求的空气净化系统，洁净区内空气洁净度应经具有合法资质的检测机构检测合格		
	3.15	企业应具有空气洁净度检测设备和技术人员，定期进行悬浮粒子、浮游菌、沉降菌等项目的检测		
	*3.16	洁净车间与室外大气的静压差应当不小于10Pa，洁净级别不同的相邻洁净室之间的静压差一般不小于5Pa，并配备压差指示装置		
	*3.17	洁净车间的温度和相对湿度应当与生产工艺要求相适应。无特殊要求时，温度应当控制在18～26℃，相对湿度控制在45%～65%		
	3.18	直接接触保健食品的干燥用空气、压缩空气等应当经净化处理，符合生产要求		
水处理系统	3.19	保健食品生产用水包括生活饮用水和纯化水，生产用水应当符合生产工艺及相关技术要求，清洗直接接触保健食品的生产设备内表面应当使用纯化水		
	*3.20	企业应当具备纯化水制备和检测能力，并定期进行pH、电导率等项目的检测		
	3.21	生产用水的制备、储存和分配应当能防止微生物的滋生和污染，储罐和输送管道所用材料应当无毒、耐腐蚀，明确储罐和管道的清洗、灭菌周期及方法		
	3.22	企业每年应当进行生产用水的全项检验，对不能检验的项目，可以委托具有合法资质的检验机构进行检验		
四、原辅料管理				
原辅料管理	*4.1	企业应当建立并执行原辅料和包装材料的采购、验收、存储、领用、退库以及保质期管理制度，原辅料和包装材料应当符合相应食品安全标准、产品技术要求和企业标准		
	4.2	企业应当建立物料采购供应商审计制度，采购原辅料和包装材料应查验供应商的许可资质证明和产品合格证明；对无法提供合格证明的原料，应当按照食品安全标准检验合格		

续表

审查项目	序号	审查内容	是否符合要求（是/否/不适用）	核查记录
原辅料管理	4.3	原料的质量标准应与产品注册批准或备案内容相一致		
	4.4	企业应设置专库或专区储存原辅料和包装材料，对验收不合格、退库、超过保质期的原辅料和包装材料，应按照相关规定进行处置		
	*4.5	采购菌丝体原料、益生菌类原料和藻类原料，应当索取菌株或品种鉴定报告、稳定性报告。采购动物或动物组织器官原料，应当索取检疫证明。使用经辐照的原料及其他特殊原料的，应当符合国家有关规定。生产菌丝体原料、益生菌类原料和藻类原料，应当按照相关要求建立生产管理体系		
原料提取物	4.6	企业应当具有两名以上能够鉴别动植物等原料真伪优劣的专业技术人员		
	**4.7	保健食品生产工艺有原料提取、纯化等前处理工序的，需要具备与生产的品种、数量相适应的原料前处理设备或者设施		
	4.8	原料的前处理车间应配备必要的通风、除尘、除烟、降温等设施并运行良好，应与其生产规模和工艺要求相适应		
	*4.9	原料的前处理车间应与成品生产车间分开，人流物流通道应与成品生产车间分设		
	*4.10	企业应按照生产工艺和质量标准要求，制定原料前处理工艺规程，建立原料提取生产记录制度，包括原料的称量、清洗、提取、浓缩、收膏、干燥、粉碎等生产过程和相应工艺参数。每批次提取物应标注同一生产日期		
	*4.11	具有与原料前处理相适应的生产设备，提取、浓缩、收膏等工序应采用密闭系统进行操作，便于管道清洁，防止交叉污染。采用敞口方式进行收膏操作的，其操作环境应与保健食品生产的洁净级别相适应		
	*4.12	提取物的干燥、粉碎、过筛、混合、内包装等工序，应在洁净车间内完成，洁净级别应与保健食品生产的洁净级别相适应		
	4.13	原料的清洗、浸润、提取用水应符合生产工艺要求，清洗提取设备或容器内表面应当使用纯化水		
	*4.14	提取用溶剂需回收的，应当具备溶剂回收设施设备；回收后溶剂的再使用不得对产品造成交叉污染，不得对产品的质量和安全性有不利影响		

续表

审查项目	序号	审查内容	是否符合要求（是/否/不适用）	核查记录
原料提取物	4.15	每批产品应当进行提取率检查，如有显著差异，必须查明原因，在确认无质量安全隐患后，方可按正常产品处理		
	*4.16	申请原料提取物生产许可的企业应当具备原料提取物的检验设备和检验能力，能够按照提取物质量标准或技术要求进行全项目检验，并按照全检量的要求进行提取物留样		
	4.17	企业应当对提取物进行稳定性考察，确定原料提取物有效期，有效期一般不超过两年		
	4.18	原料提取物的生产记录、检验记录、销售记录等各项记录的保存期限不得少于5年；提取物留样至少保存至保质期后1年，保存期限不得少于2年		
复配营养素	4.19	企业应按照生产工艺和质量标准的要求，制定复配营养素的产品技术标准、工艺操作规程以及各项质量管理制度		
	*4.20	企业应按照保健食品产品配方要求，采用物理方法将两种或两种以上单一维生素、矿物质营养素补充剂，通过添加或不添加辅料，经均匀混合制成复配营养素。复配营养素在生产过程中不应发生化学反应，不应产生新的化合物		
	**4.21	企业应具备自动称量、自动投料、自动混合等生产设施设备，并能够进行实时检测和生产过程记录，保证产品的均匀混合和在线追溯		
	*4.22	复配营养素的生产过程应在密闭设备内完成，并采用有效的防尘捕尘设备，生产环境洁净级别应与保健食品生产的洁净级别相适应		
	4.23	企业应建立复配营养素批生产记录制度，每批次复配营养素应标注同一生产日期		
	*4.24	企业应具有复配营养素的检验设备和检验能力，每批产品均应按照相关要求开展感官、有害物质、致病性微生物以及维生素、矿物质、微量元素含量的检验。复配营养素的感官、有害物质、致病性微生物等项目，可参照《复配食品添加剂通则》（GB 26687）的要求进行检验		
	4.25	企业按照全检量的要求做好产品留样，并对复配营养素进行稳定性考察，确定产品有效期，有效期一般不超过两年		
	4.26	复配营养素的生产记录、检验记录、销售记录等各项记录的保存期限不得少于5年；产品留样至少保存至保质期后1年，保存期限不得少于2年		

续表

五、生产管理				
审查项目	序号	审查内容	是否符合要求（是/否/不适用）	核查记录
生产管理制度	**5.1	企业应根据保健食品注册或备案的技术要求，制定生产工艺规程，并连续完成保健食品的全部生产过程，包括原料的前处理和成品的外包装		
	*5.2	企业应建立生产批次管理制度，保健食品按照相同工艺组织生产，在成型或灌装前经同一设备一次混合所产生的均质产品，应当编制唯一生产批号。在同一生产周期内连续生产，能够确保产品均质的保健食品，可以编制同一生产批号		
	*5.3	保健食品生产日期不得迟于完成产品内包装的日期，同一批次产品应当标注相同生产日期。批生产记录应当按批号归档，保存至产品保质期后1年，保存期限不得少于2年		
	*5.4	建立批生产记录制度，批生产记录至少应当包括：生产指令、各工序生产记录、工艺参数、中间产品和产品检验报告、清场记录、物料平衡记录、生产偏差处理以及最小销售包装的标签说明书等内容		
	5.5	根据注册或备案的产品技术要求，制定保健食品企业标准		
生产过程控制	5.6	工作人员进入生产区，要按规定进行洗手、消毒和更衣，不得化妆和佩戴饰物，头发藏于工作帽内或使用发网约束		
	5.7	工作服的选材、式样及穿戴方式应当与生产操作和空气洁净度级别要求相适应，不同洁净级别区域的工作服不得混用		
	*5.8	原辅料和包装材料的投料使用应当经过双人复核，确认其品名、规格、数量等内容与生产指令相符，并符合相应质量要求		
	5.9	物料应当经过物流通道进入生产车间，进入洁净区的物料应当除去外包装，按照有关规定进行清洁消毒		
	5.10	中间产品应当标明名称、批号、数量和储存期限，按照储存期限和条件进行储存，并在规定的时间内完成生产		
	*5.11	每批产品应当进行物料平衡检查，如有显著差异，必须查明原因，在确认无质量安全隐患后，方可按正常产品处理		
	5.12	需要杀菌或灭菌的保健食品，应当按照生产工艺要求选择合适有效的杀菌或灭菌方法		
	5.13	每批产品生产结束应当按规定程序进行清场，生产用工具、容器、设备进行清洗清洁，生产操作间、生产设备和容器应当有清洁状态标识		

续表

审查项目	序号	审查内容	是否符合要求（是/否/不适用）	核查记录
委托生产	**5.14	委托方应是保健食品注册证书持有人，受托方应能够完成委托生产品种的全部生产过程。保健食品的原注册人可以对转备案保健食品进行委托生产		
	5.15	委托双方应当签订委托生产协议，明确双方的质量责任和权利义务		
	*5.16	受托方应建立受委托生产产品的质量管理制度，承担受委托生产产品的质量责任		
	5.17	受托方应留存受委托生产产品的生产记录，并做好产品留样		
六、品质管理				
质量管理制度	*6.1	企业应制定完善的质量管理制度，至少应包括以下内容：企业组织机构与部门质量管理职责；人员培训与健康管理制度；物料供应商管理制度；物料、中间产品和成品质量标准和放行制度；设施设备保养维修制度、仪器仪表检定校验制度；生产过程质量管理制度、储存和运输管理制度、清场管理制度、验证管理制度、留样管理制度、稳定性考察制度、文件与记录管理制度、生产质量管理体系运行自查制度、不合格品管理制度、实验室管理制度、产品跟踪监测制度、不安全品召回制度以及安全事故处置制度等		
	*6.2	企业应定期对工艺操作规程、关键生产设备、空气净化系统、水处理系统、杀菌或灭菌设备等进行验证，验证结果和结论应当有记录并留存		
	6.3	建立产品记录管理制度，原料的采购、发放、投料以及产品的生产、检验、放行等记录要有专门机构负责管理，至少保存至保健食品保质期后1年，保存期限不得少于2年		
产品留样和标签标识管理	6.4	企业应当设立与保健食品生产规模相适应的留样室和原料标本室，具备与产品相适应的存储条件		
	6.5	企业生产的每批保健食品都应留样，留样数量应满足产品质量追溯检验的要求，样品至少保存至保质期后一年，保存期限不得少于两年		
	6.6	产品包装、标签和说明书应当符合保健食品管理的相关要求，企业应当设专库或专区按品种、规格分类存放，凭生产指令按需求发放使用		

续表

审查项目	序号	审查内容	是否符合要求（是/否/不适用）	核查记录
实验室设置	*6.7	自行检验的企业应当设置与生产品种和规模相适应的检验室，具备对原料、中间产品、成品进行检验所需的房间、仪器、设备及器材，并定期进行检定校准，使其经常处于良好状态		
	*6.8	每批保健食品要按照企业标准的要求进行出厂检验，每个品种每年要按照产品技术要求至少进行一次全项目型式检验		
	6.9	对不能自行检验的项目，企业应委托具有合法资质的检验机构实施检验，并留存检验报告		
	6.10	成品检验室应当与保健食品生产区分开，在洁净车间内进行的中间产品检验不得对保健食品生产过程造成影响。致病菌检测的阳性对照、微生物限度检定要分室进行，并采取有效措施，避免交叉污染		
检验报告	**6.11	企业应提供一年内的保健食品全项目检验合格报告；不能自行检验的企业，应委托具有合法资质的检验机构进行检验，并出具检验报告		
七、库房管理				
库房管理	7.1	企业应当建立库房台账管理制度，入库存放的原辅料、包装材料以及成品，严格按照储存货位管理，确保物、卡、账一致，并与实际相符。企业使用信息化仓储管理系统进行管理的，应确保信息安全备份可追溯，系统信息与实际相符		
	*7.2	库房面积应当与所生产的品种、规模相适应，根据成品储存条件要求设置防尘、防蝇、防虫、防鼠、照明、通风、避光以及温湿度控制设施		
	7.3	物料和成品应当设立专库或专区管理，物料和成品应按待检、合格、不合格分批离墙离地存放。采用信息化管理的仓库，应在管理系统内进行电子标注或区分		
	*7.4	不合格的物料和成品要单独存放，并及时按规定进行处置		
	7.5	固体和液体物料应当分开存放，挥发性物料应当避免污染其他物料，相互影响风味的物料应密闭存放		
	7.6	物料应当按规定的保质期储存，无规定保质期的，企业需根据储存条件、稳定性等情况确定其储存期限		
	7.7	物料和成品应当采用近有效期先发、先进先出的原则出库，储存期内如有特殊情况应当及时复验		

注：*关键项。

**重点项。

（4）《保健食品生产许可现场核查记录表》包括103项审查条款，其中关键项9项（表12－3中标注＊＊项目），重点项37项（表12－3中标注＊项目），一般项57项，审查组应对每项审查条款做出是否符合要求或不适用的审查意见。

（5）审查组应在10个工作日内完成生产许可的现场核查。因不可抗力原因，或者供电、供水等客观原因导致现场核查无法正常开展的，申请人应当向许可机关书面提出许可中止申请。中止时间应当不超过10个工作日，中止时间不计入生产许可审批时限。

三、审查内容

1. 生产条件审查

保健食品生产厂区整洁卫生，洁净车间布局合理，符合保健食品良好生产规范要求。空气净化系统、水处理系统运转正常，生产设施设备安置有序，与生产工艺相适应，便于保健食品的生产加工操作。计量器具和仪器仪表定期检定校验，生产厂房和设施设备定期保养维修。

2. 品质管理审查

企业根据注册或备案的产品技术要求，制定保健食品企业标准，加强原辅料采购、生产过程控制、质量检验以及储存管理。检验室的设置应与生产品种和规模相适应，每批保健食品按照企业标准要求进行出厂检验，并进行产品留样。

3. 生产过程审查

企业制定保健食品生产工艺操作规程，建立生产批次管理制度，留存批生产记录。审查组根据注册批准或备案的生产工艺要求，查验保健食品检验合格报告和生产记录，动态审查关键生产工序，复核生产工艺的完整连续以及生产设备的合理布局。

4. 做出审查结论

（1）现场核查项目符合要求的，审查组应做出现场核查合格的结论。

（2）现场核查出现以下情形之一的，审查组应做出现场核查不合格的结论，其中不适用的审查条款除外：

①现场核查有一项（含）以上关键项不符合要求的；

②现场核查有五项（含）以上重点项不符合要求的；

③现场核查有十项（含）以上一般项不符合要求的；

④现场核查有三项重点项不符合要求，五项（含）以上一般项不符合要求的；

⑤现场核查有四项重点项不符合要求，两项（含）以上一般项不符合要求的。

（3）现场核查不合格的，审查组应按照本细则的要求提出未通过生产许可的审查意见。

（4）申请人现场核查合格的，应在1个月内对现场核查中发现的问题进行整改，并向省级市场监督管理部门和实施日常监督管理的市场监督管理部门书面报告。

四、 审查意见

（1）申请人经书面审查和现场核查合格的，审查组应提出通过生产许可的审查意见。

（2）申请人出现以下情形之一，审查组应提出未通过生产许可的审查意见：

①书面审查不合格的；

②书面审查合格，现场核查不合格的；

③因申请人自身原因导致现场核查无法按时开展的。

（3）技术审查部门应根据审查意见，编写《保健食品生产许可技术审查报告》，并将审查材料和审查报告报送许可机关。

第四节　生产许可证

一、 行政审批

1. 决定与听证

除可以当场作出行政许可决定的外，市场监督管理部门应当自受理申请之日起10个工作日内作出是否准予行政许可的决定。

市场监督管理部门应当根据申请材料审查和现场核查等情况，对符合条件的，作出准予生产许可的决定，并自作出决定之日起5个工作日内向申请人颁发食品生产许可证；对不符合条件的，应当及时作出不予许可的书面决定并说明理由，同时告知申请人依法享有申请行政复议或者提起行政诉讼的权利。

市场监督管理部门认为食品生产许可申请涉及公共利益的重大事项，需要听证的，应当向社会公告并举行听证。

食品生产许可证发证日期为许可决定作出的日期，有效期为5年。

2. 许可证

市场监督管理部门按照“一企一证”的原则，即同一个食品生产者从事食品生产活动，应当取得一个食品生产许可证。对通过生产许可审查的企业，颁发《食品生产许可证》，并标注保健食品生产许可事项。

食品生产许可证分为正本、副本。正本、副本具有同等法律效力。食品生产许可证应当载明：生产者名称、社会信用代码、法定代表人（负责人）、住所、生产地址、食品类别、许可证编号、有效期、发证机关、发证日期和二维码，以及保健食品的注册号或者备案登记号。副本还应该包含《食品生产许可品种明细表》，载明保健食品类别编号、类别名称、品种明细以及其他备注事项。

接受委托生产保健食品的，还应当载明委托企业名称及住所等相关信息。保健食品原料提取物生产许可，应在品种明细项目标注原料提取物名称，并在备注栏目载明该保健食品名称、注册号或备案号等信息；复配营养素生产许可，应在品种明细项目标注维生素或矿物质预混料，并在备注栏目载明该保健食品名称、注册号或备案号等信息。

食品生产许可证编号由SC（“生产”的汉语拼音字母缩写）和14位阿拉伯数字组成。数字从左至右依次为：3位食品类别编码、2位省（自治区、直辖市）代码、2位市（地）代码、2位县（区）代码、4位顺序码、1位校验码。

二、生产许可证变更、延续、注销

1. 变更

食品生产许可证有效期内，食品生产者名称、现有设备布局和工艺流程、主要生产设备设施、食品类别等事项发生变化，需要变更食品生产许可证载明的许可事项的，生产者应当在变化后10个工作日内向原发证的市场监督管理部门提出变更申请。申请人需提交食品生产许可变更申请书，提供包括生产质量管理体系运行情况的自查报告等的生产许可事项有关的材料。市场监督管理部门应按照本细则的要求，根据申请人提出的许可变更事项，组织审查组、开展技术审查、复查审查结论，并做出行政许可决定。

保健食品注册或者备案的生产工艺发生变化的，申请人应当办理注册或者备案变更手续后，申请变更保健食品生产许可。食品生产者的生产场所迁址的，应当重新申请食品生产许可。食品生产许可证副本载明的同一产品类别内的事项发生变化的，生产者应当在变化后10个工作日内向原发证的市场监督管理部门报告。生产者的生产条件发生变化，不再符合食品生产要求，需要重新办理许可手续的，应当依法办理。

申请人生产条件未发生变化，需要变更以下许可事项的，省级市场监督管理部门经书面审查合格，可以直接变更许可证件：

（1）变更企业名称、法定代表人的；

（2）申请减少保健食品品种的；

（3）变更保健食品名称，产品的注册号或备案号未发生变化的；

（4）变更住所或生产地址名称，实际地址未发生变化的；

（5）委托生产的保健食品，变更委托生产企业名称或住所的。

2. 延续

生产者需要延续依法取得的食品生产许可的有效期的，应在该生产许可有效期届满30个工作日前，向原发证的省级市场监督管理部门提出延续申请。申请人需提交食品生产许可延续申请书，提供包括生产质量管理体系运行情况的自查报告等的生产许可事项有关的材料。

省级市场监督管理部门对延续食品生产许可的申请材料进行审查，并按照规定实施现场核查。

申请人声明生产条件未发生变化的，且不影响产品质量安全的，市场监督管理部门可以不再进行现场核查。申请人的生产条件及周边环境发生变化，可能影响保健食品安全的，市场监督管理部门应当就变化情况进行现场核查。

市场监督管理部门决定准予延续的，应当向申请人颁发新的食品生产许可证，许可证编号不变，有效期自市场监督管理部门作出延续许可决定之日起计算。不符合许可条件的，市场监督管理部门应当作出不予延续食品生产许可的书面决定，并说明理由。

3. 注销

保健食品生产者终止食品生产，食品生产许可被撤回、撤销，应当在20个工作日内向原发证的市场监督管理部门申请办理注销手续。

食品生产者申请注销食品生产许可的，应当向原发证的市场监督管理部门提交食品生产许可注销申请书。

食品生产许可被注销的，许可证编号不得再次使用。

三、附则

（1）申请人为其他企业提供动植物提取物，作为保健食品生产原料的，应按照本细则的要求申请原料提取物生产许可；仅从事本企业所生产保健食品原料提取的，申请保健食品产品生产许可。

（2）申请人为其他企业提供维生素、矿物质预混料的，应按照本细则的要求申请复配营养素生产许可；仅从事本企业所生产保健食品原料混合加工的，申请保健食品产品生产许可。

拓展阅读

从“QS”到“SC”

国家对食品生产经营实行许可制度。从事食品生产、食品销售、餐饮服务，应当依法取得许可。但是，销售食用农产品，不需要取得许可。

2004年1月1日起，我国首先在大米、食用植物油、小麦粉、酱油和醋五类食品行业中实行食品质量安全市场准入制度。认证企业的产品需经过强制性检验合格，且带有QS（Quality safety英文缩写，质量安全）标志的产品才能出厂销售。至2010年逐步发展到了28大类食品的生产许可，标志QS（Qiyeshipin Shengchanxuke拼音缩写，企业食品生产许可）标注的“质量安全”字样改为“生产许可”，表示了企业生产许可之意。2015年10月1日，新修订的《食品安全法》开始施行，同步实施的《食品生产许可管理办法》取消了实施12年的QS标志，取而代之为SC（“生产”的汉语拼音字母缩写），从此食品生产行政许可进入SC时代，新获证食品生产者应当在食品包装或者标签上标注新的食品生产许可证编号“SC”加14位阿拉伯数字，不再标注“QS”标志。食品许可类别范畴扩大到32类。

思考题

1. 保健食品生产许可申请材料主要有哪些?
2. 保健食品生产许可现场审查主要包括哪些内容?
3. 保健食品生产许可证载明的内容有哪些?
4. 现场核查应注意什么? 出现哪些情况时审查组应做出现场核查不合格的结论?

实训操作项目十八　保健食品生产许可证申请

一、实训目的

通过保健食品生产许可申请和《食品生产许可证申请书》的填写，让学生掌握保健食品生产许可SC申请的过程、要求及申请书的书写规范。

二、实训准备

学习本任务中有关的食品生产许可证申办的相关内容；利用各种搜索引擎，查找阅读食品、保健食品企业获取SC证书、申请书填写的相关案例；进入政府监管部门网站，查看“食品生产许可”窗口，了解获取SC证的基本要求。

三、实训原理

按照《保健食品生产许可申请材料目录》的要求，填写食品生产许可申请书；参照《保健食品生产许可分类目录》，填报申请生产的保健食品品种明细并可以提供相关材料；用电脑登录政府监管部门“食品生产许可”窗口，模拟填报SC证申请信息。

四、实训安排、内容

（1）将班级学生分组，每组3~5人，通过企业参观和网络查找资料，每组分别填写一份保健食品企业的《食品生产许可证申请书》，基本内容如下：

①申请人基本情况。

申请人名称			
法定代表人（负责人）			
食品生产许可证编号	（变更、延续申请时填写）		
统一社会信用代码			
住所			
生产地址			
联系人		联系电话	
传真		电子邮件	
变更事项	（变更、延续申请时填写）		
备注			

②产品信息表。

序号	保健食品、食品添加剂类别	类别编号	类别名称	品种明细	备注

③保健食品生产主要设备、设施。

设备、设施				
序号	名称	规格/型号	数量	使用场所
检验仪器				
序号	检验仪器名称	精度等级	数量	使用场所

④食品安全专业技术人员及食品安全管理人员。

序号	姓名	身份证号	职务	文化程度与专业	人员类别	专职/兼职情况
					□专业技术人员 □管理人员	□专职人员 □兼职人员
					□专业技术人员 □管理人员	□专职人员 □兼职人员
					□专业技术人员 □管理人员	□专职人员 □兼职人员

⑤保健食品安全管理制度清单。

序号	管理制度名称	文件编号

⑥保健食品生产设备布局图和生产工艺流程图

（2）分组汇报和讲解本组的《食品生产许可证申请书》，学生、教师共同进行讨论、提问、评价。

五、 实训注意事项

（1）按照《中华人民共和国食品安全法》及《食品生产许可管理办法》要求，提出食品生产许可申请，所填写申请书及其他申请材料内容需真实、有效，不得造假。

（2）按照《保健食品生产许可申请材料目录》申请保健食品生产许可，申请人还需提交材料目录中的其他材料。

（3）作为实训成果，每组学生提交一份《食品生产许可证申请书》，可以由教师、学生、企业专家共同评价。具体评价表格和权重，可以由老师自行设计。

实训操作项目十九　模拟保健食品生产企业现场审查

一、 实训目的

通过模拟保健食品生产企业必备条件现场审查，让学生学习掌握保健食品 SC

现场审查的过程，了解各审查项目的内容及要求，能够做好相应条款的核查记录。

二、 实训准备

学习本任务中有关的食品、保健食品生产企业必备条件现场审查内容；利用各种搜索引擎，查找阅读食品、保健食品企业必备条件现场审查的相关案例。

三、 实训安排、 内容

（1）将班级学生分组，每组3～5人，参观某保健食品生产企业，或走进食品实训实验车间。

（2）小组内的部分学生扮演食品生产企业必备条件现场审查员、观察员，部分学生扮演企业中不同角色的职员，如法定代表人（负责人）或其代理人、相关食品安全管理人员、专业技术人员、车间负责人等。

（3）审查组（员）按照《保健食品生产许可现场核查记录表》（表12－3）的要求进行现场核查，并填写核查记录；企业职员带领审查员进行现场检查，回答审查员提出的问题，并提供相应的信息、资料。

（4）核查结束后，各小组分别填写现场核查意见表，并当场做出审查结论。

现场核查意见

不合格关键项 （标注＊＊项目）	
不合格重点项 （标注＊项目）	
不合格一般项	
现场核查结论	
核查人员签字	
观察员签字	
企业签字、盖章	

四、 实训注意事项

（1）《保健食品生产许可现场核查记录表》包括103项审查条款，其中关键项9项，重点项37项，一般项57项，各小组应对每项审查条款做出是否符合要求或不适用的审查意见。

（2）各小组应当制定审查工作方案，明确审查人员分工、审查内容、审查纪律以及相应注意事项，并在规定时限内完成审查任务，做出审查结论。

参 考 文 献

[1]陈梁军. 保健食品生产质量管理[M]. 北京:中国医药科技出版社,2019.

[2]徐科. 保健食品良好生产规范实施指南[M]. 北京:化学工业出版社,2004.

[3]王丽平. 保健食品 GMP 实用指南[M]. 北京:中国轻工业出版社,2007.

[4]谷燕. 食品质量管理[M]. 北京:人民卫生出版社,2018.

[5]罗文华,翟铁伟. GMP 实施与管理[M]. 北京:中国医药科技出版社,2012.

[6]何思煌,罗文华. GMP 实务教程[M]. 北京:中国医药科技出版社,2017.

[7]梁毅. GMP 教程[M]. 北京:中国医药科技出版社,2015.

[8]吴立军. 天然药物化学[M]. 北京:人民卫生出版社,2008.

[9]侯团章. 中草药提取物[M]. 北京:中国医药科技出版社,2004.

[10]杨义芳. 中药与天然活性产物分离纯化和制备[M]. 北京:科学出版社,2011.